本书是河南省高等学校智库研究重大项目（2022ZKYJ01）、河南省财政厅专项"大别山革命历史文献搜集、整理与研究"的阶段成果之一

吴宏亮 主编

中国社会科学出版社

第 8 辑

图书在版编目（CIP）数据

嵩山学刊. 第 8 辑 / 吴宏亮主编. —北京：中国社会科学出版社，2023.10
ISBN 978-7-5227-2590-1

Ⅰ.①嵩…　Ⅱ.①吴…　Ⅲ.①河南—地方史—文集　Ⅳ.①K296.1-53

中国国家版本馆 CIP 数据核字（2023）第 169891 号

出 版 人	赵剑英
责任编辑	刘　芳
责任校对	李　敏
责任印制	李寡寡

出　　版	中国社会科学出版社
社　　址	北京鼓楼西大街甲 158 号
邮　　编	100720
网　　址	http://www.csspw.cn
发 行 部	010-84083685
门 市 部	010-84029450
经　　销	新华书店及其他书店

印　　刷	北京明恒达印务有限公司
装　　订	廊坊市广阳区广增装订厂
版　　次	2023 年 10 月第 1 版
印　　次	2023 年 10 月第 1 次印刷

开　　本	710×1000　1/16
印　　张	15.75
插　　页	2
字　　数	241 千字
定　　价	88.00 元

凡购买中国社会科学出版社图书，如有质量问题请与本社营销中心联系调换
电话：010-84083683
版权所有　侵权必究

《嵩山学刊》编辑委员会

主　　任　吴宏亮
副 主 任　谢晓鹏　巴　杰
委员名单（以姓氏笔画为序）
　　　　　　王献玲　江　沛　刘保刚　苏全有　张华腾
　　　　　　张宝明　吴宏亮　陈谦平　汪朝光　周　蓓
　　　　　　姚润田　郭晓平　翁有为　谢晓鹏
主　　编　吴宏亮
执行编辑　周　蓓
英文翻译　吴军超

目　录

经济与社会研究

论清末民初郑州开埠 …………………………………… 徐有礼 / 1
从开发航运到服务军事殖民：1926—1944 年日本的
　　黄河调查研究 ……………………………………… 周　蓓 / 13

思想与文化研究

"平等"抑或"差等"：康有为养老思想之探析 ……… 李华丽 / 31
晚清上海法租界会审公廨实践的多维透视
　　………………………………………… 吴　飞　赵肖斌 / 53
民国土壤制图事业中土壤分类理论的推进 …………… 李昊林 / 70
黄际遇河南行历考述 …………………………………… 林才伟 / 91

政治与军事研究

民初河南"省议会法"之争研究 ……………………… 陈　杰 / 114
民国监察区的早期建制与运作 ………………… 岳威成　石　威 / 133
伤病员工作的主体力量及其作用
　　——以红二十五军长征为例 ………… 刘　征　周雨迪 / 149

研究述评

近五年来鄂豫皖苏区史研究状况与展望
.... 巴 杰 郑渝珮 / 176
新中国成立初期妇女解放运动国内研究述评 .... 姚二涛 / 208

史料评介

中原解放区的重要文献
　　——肖章革命历史档案（1946—1949）探析
.... 赵长海 王国伟 / 226

Contents

Economic and Social Studies

On the Opening-up of Zhengzhou as a Commercial Port in the
  Late Qing Dynasty and Early Republic of China ········· Xu Youli / 1
From Developing Shipping to Serving Military Colonization:
  Japan's Investigation of the Yellow River from 1926 to
  1944 ·· Zhou Bei / 13

Ideological and Cultural Studies

"Equality" or "Hierarchy": An Analysis of Kang Youwei's
  Thoughts on Providing for the Aged ····················· Li Huali / 31
A Multidimensional Perspective on the Practice of Joint Trial
  Court of the French Concession in Shanghai in the Late
  Qing Dynasty ···························· Wu Fei, Zhao Xiaobin / 53
Advances of Soil Classification Theory in the Field of Soil
  Cartography in the Republic of China ················ Li Haolin / 70
A Study on Huang Jiyu's Life and Career Experiences
  in Henan ·· Lin Caiwei / 91

Political and Military Studies

A Study on the Debate over the "Provincial Council Law"
　in Henan Province during the Early Republic of
　China ·· Chen Jie / 114
The Early Establishment and Operation of the
　Supervision District in the Republic of
　China ························· Yue Weicheng, Shi Wei / 133
The Main Forces and the Significance of Caring for the
　Sick and Wounded in the Long March of the Twenty-fifth
　Red Army ···················· Liu Zheng, Zhou Yudi / 149

Research Review

The Status and Prospects of Research on the History of
　Hubei-Henan-Anhui Soviet Area in the Last Five
　Years ·························· Ba Jie, Zheng Yupei / 176
A Review of Domestic Research on Women's Liberation
　Movement in the Early Years of the Founding of the
　People's Republic of China ················· Yao Er-tao / 208

Historical Materials Review

Important Documents in the Central Plains Liberated Area:
　An Analysis of Xiao Zhang's Revolutionary Historical Archives
　(1946 – 1949) ·········· Zhao Changhai, Wang Guowei / 226

【经济与社会研究】

论清末民初郑州开埠

徐有礼

摘　要　19世纪末20世纪初，在国内"自开商埠"的热潮中，新兴交通重镇郑州先后两次申报开埠并获批准。新型商埠的规划和建设，一定程度上推动了郑州由农业性城镇向商贸城市的转型，有利于以河南为中心的内陆地区的经济发展。由于政治、军事等因素的强力干扰，拥有便利交通条件和商贸基础的郑州，商埠建设时断时续，不无遗憾地失去了一次极好的发展机遇。

关键词　清末　民初　郑州　开埠

19世纪末20世纪初，沿海、沿江、沿边（疆）及一些交通要隘城市，陆续对外开放通商，形成中国近代史上影响深远的"自开商埠"热潮。作为新兴交通重镇的郑州适逢其时，先后两次申报开埠并获批准。新型商埠的规划和建设，一定程度上推动了郑州由农业性城镇向商贸城市的转型，也有利于以河南为中心的内陆地区的经济和社会的发展。

一

一般认为，清末"自开商埠"开始于1898年（光绪二十四年）。

是年，先后有岳州、秦皇岛、三都澳（今福建省宁德市东南）等地经总理衙门批准开埠。又有光绪颁布上谕，要求"沿江、沿边各将军督抚就各省地方悉心筹度，如有形势扼要、商贾辐辏之区，可以推广口岸展拓商埠者，即行洽商总理衙门办理"①。此时内陆地区的郑州仍在传统生产方式的轨道上运行，一般民众安土重迁，不善经商贸易。逢有市集交易，仅限日常所用，全然与"开埠""通商"之类毫无相干。

也是在1898年，酝酿已久的卢汉铁路从南北两端开始施工。建于郑州老城之外的火车站不仅拓展着城市空间，也潜移默化地剥蚀着旧城墙的多重桎梏。1903年春，陈夔龙出任河南巡抚，感慨于"豫省绾毂中原，不邻商埠，人情安于固陋，风气迄未开通，坐弃膏腴"的现状，遂以"振兴实业，振兴商务"相号召，因地制宜推行"新政"措施的落实。

陈夔龙认为，"生财于今日，豫省较他省为难，亦较他省为尤亟"，而修建铁路沟通内外是振兴商务和产业的重要前提。1903年10月，河南巡抚陈夔龙会同督办铁路总公司事务大臣盛宣怀上奏清廷，请求援引卢汉铁路成例，向比利时借款在开封洛阳间修建卢汉铁路支路。在此之前，陈夔龙亲赴上海，与比利时公司代理人具体商定借款修路合同的内容。不久，陇海铁路的前身——由开封经郑州到达洛阳的京汉铁路支路汴洛铁路开工修建。

以两路交会处的郑州作为河南省新的商贸中心，借此打开内陆窗口，以达"生财""求富"的目的，陈夔龙的意图日渐显现。1904年3月，京汉铁路郑州车站建成。4月，汴洛铁路工程局在郑州成立。11月，陈夔龙上《郑州知州改为直隶州折》，内称"卢汉铁路南北将次衔接，开洛东西支路亦经兴工，两路纵横交互，郑州适居其中为之枢纽。火车往来以此为停息要站，将来商旅络绎，华洋辐辏，冲剧繁难数倍曩昔"，而隶属于开封府的郑州，难以应付势必增多的经济、贸易乃至于对外交涉等事宜。建议援照山东省以胶济铁路开通而改胶州为直隶州成案，将郑州改为直隶州。之后，奏请照准，郑州由普通州升为直隶州，

---

① 朱寿朋：《光绪朝东华录》（四），中华书局1958年版，第4158页。

下辖荥泽、荥阳、汜水3县。

1906年4月,京汉铁路全线修通。次年3月,汴洛铁路开封到郑州段通车。两条铁路的交会贯通,使郑州"轨道衔接,商民辐辏,财赋荟萃,其繁盛尤逾于昔时"。闻风而至的商界人士纷纷"试水",各色货物由少到多、由近及远在郑州中转装卸,在内地与沿海、沿江等工业发达地区之间流通。很快,棉花在众多商品的交易中脱颖而出,从少数棉农沿街兜售随身携带的棉花到车拉肩扛的贩运,从席棚下一杆杆称重的木秤到服务周到的花行,棉花交易量的逐年攀升,使郑州成为名副其实的棉花集散市场。收购、打包、仓储、转运等各个环节衔接有序,火车更以旧式车马无法比拟的能力将棉花等货物运往各地。20世纪20年代前后,郑州每年的棉花集散量为50万—60万担,成为沿海、沿江棉纺织中心的重要原料来源地之一。"交通畅而百业兴。"以棉花交易为中心的商贸活动,催生了相关工业、金融、通信、服务等行业的出现和发展,郑州由一个农业性的小城镇开始近代化的转型。

1905年1月,河南巡抚陈夔龙上报清廷,以"郑州为河南最关冲要之处,往来客商络绎不绝"等由,申请郑州自开商埠,"以免外人觊觎",且"自行开埠将来获利当不少"[1]。与此同时,责成郑州知州叶济进行相关勘察,再拟定开埠办法及章程。5月,县城西北拟立商埠之区划出界址,修筑马路17条,"各省知名商店设分店于该处者络绎不绝"[2],"钱塘里""平阳里"等居住区域的命名吸引着各地商人前来"列肆而居",形成了有"第二汉口"之称的初具规模的市场。

陈夔龙于1906年初调离河南之际,郑州开埠一事尚未得到批复。1906年3月,商部致电河南巡抚张人骏:"郑州开辟商埠本部业已核准,当经咨取章程在案,迄今日久未报部。现在立等查核,应行电催,作速咨送勿再迟延。"[3]直到1908年10月,新任巡抚吴重熹将郑州开埠章程报送外务部、农工商部,并由"二部详细查核,分别改正,已经组

---

[1]《汴抚电请开埠》,《申报》1905年1月8日第3版。
[2]《郑州商埠之发达》,《南洋商务报》1907年7月1日第3版。
[3]《电催开埠章程》,《大公报》1906年3月21日第2版。

织完善，日内即行咨明豫抚查照办理"①。虽然如此，但由于诸多原因特别是新旧政权的更替，郑州商埠有名无实，各项建设基本处于停滞状态。

二

民国初年，得益于交通枢纽的地理位置，郑州商贸业持续发展，带来了城市的繁荣，有效提升了郑州在国内的知名度，成为开封、洛阳间一大都市的趋势日渐凸显。在此基础上，河南当局积极筹划并上报北京政府，再度申请郑州开埠。

与晚清时期相比，民国初年郑州开埠的条件更为成熟。在市政建设方面，自1908年郑州第一条有路基并以泥结碎石铺设路面的现代道路——马路大街（今大同路）修成，到民国初年，郑州新增加街道40多条，全城道路比起清代多出了一倍。1913年，郑县政府设立成路工程局，专职维修道路、养护路面等城市建设的管理。1914年春，开封普临电灯公司创办者魏子青在郑州开办明远电灯股份两合公司，厂址设在车站附近的商业区域，配置75千瓦立式蒸汽发电机一台，专供大同路、福寿街、德化街等大商号和火车站及部分军政机关的照明。在商贸服务业方面，1912年10月15日，占地60亩的郑县商场在火车站附近建成开业。先后开业的客栈、旅馆、中西饭店数量众多，更有"华阳春"饭店、"豫顺楼"饭店、"法国饭店""小有天"饭庄、"大金台旅社"等闻名于世。与棉花交易相关的工厂增加，特别是由上海民族资本家穆藕初开办的郑州豫丰纱厂，拥有纱锭5万多枚，布机200多台，工人人数达4000多人，是郑州乃至河南最大的近代企业。在金融方面，国内主要银行的分支机构纷纷登陆郑州，与众多经营灵活的银号展开金融竞争，火车站附近北起大同路，南至西敦睦路，形成了独具一格的"银行街"。

---

① 《郑州开辟商埠》，《大公报》1908年10月3日第2版。

随着铁路运输的活跃,大量外国商品涌入,英美烟草公司的卷烟、美孚公司的煤油等行销于郑州市场,而日本商界则"收买本地著名土产,如棉花、鸡蛋、牛皮、羊毛等,又向各处邻乡收买耕牛,每头不过数元,获利无算。公兴存转运公司本系华商所经营,凡火车所达之处,均有分设,公司生涯,极为发展,近又割其堆栈之半,借与日信洋行为工厂,并代其收买棉花,从事制造。日人又利用此间工值极廉(工作镇日仅百文左右),除制棉外,又令鄂人某某出名组织蛋厂,一面用机器制蛋粉,一面运生蛋售汉沪各处,以此间鸡蛋每枚仅六七文至十文,一转手即有厚利可图也"①。加上与铁路有关的外籍工程师、工人,长期停留郑州的外籍人士一度多达600余人。与此同时,郑州土地升值,地价"较民八民九(1919、1920年)时代价昂数倍。其与车站相近者,每方已值千元,车站相距三五里之麦地,每亩值五百元"。其间,不时传出外人欲非法购买土地的消息,报界疾呼对此违反条约的举动,严加提防。驻守洛阳的直鲁豫巡阅使吴佩孚也专电河南省和郑州当局,要求"严行禁阻外人购地,以维约章和主权"。凡此种种,使通过开埠宣示和维护主权、规范经贸秩序显得十分迫切。

1919年年初,在清末开埠计划的基础上,河南省当局上报内务部,提出在郑州开办市场,为将来自辟商埠之用。之后,又先后拟定土地所有权章程、调验文契、清丈地亩细则等相关文件上报。关于经费问题,拟将育才馆经费、中原公司红利等挪作郑县商埠局经费。1920年年初,省实业厅派夏和清赴天津、济南、汉口、上海、浦口、蚌埠等处进行考察;同时派员携款在郑州先行办理市政。1920年年底,省议会表决通过,郑州开辟商埠一事,"始为定议"。在筹建商埠局过程中,省财政厅厅长陈善同与实业厅厅长张之锐角逐局长一职,久而未决,直接干扰了开埠事宜。

从1921年5月开始,河南省实业厅颁布条例,对商埠区域内的建筑物进行清理。8月,河南当局向内务部报送商埠界址图说、商埠局组织章程、辟埠理由书等文件,除要求原定商埠局局长改称总办外,均获

---

① 《旱灾中之郑州实业》,《大公报》1920年10月29日第7版。

许可。但外交部要求"所有租地设警及对外各节，应由该省另拟详章咨部，再行核办"。此后，税务处、司法部、财政部均无异议。惟农商部、交通部迟迟未予答复，遂暂行搁置。直到11月初，内务部尚表示"正在会核发办理之中"①。

1922年2月，河南督军赵倜、省长张凤台联名致电内务、财政、司法、外交、交通、农商各部以及税务处等部门，重申郑州开埠要求，强调"豫省居天下之中，而郑县尤扼豫省之喉。京汉陇海各路，纵横交错，百货骈臻，相形度势，实为汴洛间一大都会。现列强以商战惟天下，多一商埠即多一财源，商埠早开一日，即财源日盛一日。非特使国货之流通，且以杜外人之觊觎。需款较钜，受益实多"。明确所需经费已列入年度预算，经省议会议决公布。希望各部门对此"上辅国家，下益民生"一事，"迅予会核，转之大总统，明令照准，俾振商权而慰民望"②。1922年3月31日，徐世昌签署《大总统令》："派张凤台兼督办河南郑州商埠事宜。"③6月23日，北洋政府颁发河南郑县商埠关防及小官印。至此，郑州开埠一波三折，终于完成了相应的审批程序，进入商埠建设的实施时期。

郑州开埠酝酿时期，赵倜等一度谋划并决定在郑州西北10里处另辟商埠界址。消息传出之后，郑州绅商各界极其反对，强烈建议界域南移，与火车站一带新形成的商业圈相连；且通过将该区域官地出售，为商埠建设筹一笔巨款，收一举两得之利。1919年8月，县知事王光弟专程赴汴向省方陈述意见。最终形成的商埠区域大致在京汉铁路以东、老县城以西，北部以海滩寺为界线，东部从胜岗一直延伸至胜岗杜岭一带，经过县城西壁至陇海铁路，面积10多平方千米。商埠设计规划为：将现有市区街道大部分保持原样，仅仅进行一些道路修理维护。新的市区街道以金水河为中心，预计以现有市区街道的北部为界。该区域地形起伏不大，总体平坦。通过几年的努力，使新市区形成整齐有序的街道。

---

① 《郑县市场改商埠》，《大公报》1922年3月13日第7版。
② 《河南催辟郑县商埠电》，《申报》1922年2月26日第10版。
③ 《大总统令》，《政府公报》1922年4月1日。

三

迭经曲折、终获核准的郑州商埠,并未迅速进入城市建设的正常轨道。除了经费紧缺的原因之外,最主要的障碍是政局的动荡和社会活动的失序。作为铁路枢纽的郑州是军阀混战争夺的重点,经济、政治、文化、社会等事业的发展机遇反复受挫,在城市转型的过程中举步维艰。

1919 年 8—11 月,赵倜和财政厅厅长郑焯多次与日本东洋拓殖株式会社秘密谈判,签订总额为 300 万元的两年期借款合同,年息 13%。河南方面以郑州商埠地产、建筑物、营业税收入及中原公司股票 100 万元、全省牲畜税为担保。借款名目为"郑州商埠地开设资金",其方式则是,由河南省公署咨议、郑州开埠筹备员韩懋斋与东洋拓殖株式会社合组河南东豫实业公司,承包郑州商埠地建设,开封自来水、电灯工程及黄河以南矿山采掘和铁道建筑等。1920 年冬,借款消息传出,全省舆论哗然。各地各界民众以游行示威、召开国民大会、通电全国、派代表赴京请愿等各种形式抗议赵倜盗卖郑州主权的非法行径。历经月余,终使日本承包郑州商埠建设一事不了了之。

开埠获批,张凤台派员在郑州设立筹备机关。但估算下来,商埠各项基础建设所需费用在 1000 万元左右。河南财政历年困窘,上无中央政府支援,下无聚财渠道,即百万元亦难筹集。所有商埠建设无从下手,所派要员旋即撤回,从长计议。规划中的商埠及周边一度上涨的地价随之迅速暴跌,无人问津。

1922 年 4 月,第一次直奉战争爆发。5 月,冯玉祥率部由陕西入河南驱逐赵倜并出任河南都督。不及半年,又被吴佩孚的亲信张福来取代。1924 年 10 月,冯玉祥、胡景翼、孙岳等人发动北京政变,推翻了直系军阀的统治。年底,胡景翼率国民二军进入河南。1925 年 9 月,胡下令恢复郑州商埠督办公署,并自顾任命其驻京办事处处长李可亭为商埠督办。10 月,督办公署工程科主任李公甫将历任所绘商埠"四面界线"详图，印出多份，以布告形式张贴城内各要处，供各界人士观览。布告宣称，依据古制划定区域，"以便商便民，便于目前之交通，便于日后之开拓，为唯一之目的"①。1926年春，吴佩孚由汉口再起，所部靳云鹗、寇英杰北上驱赶国民二军，再占河南。4月，吴所任命的河南省省长靳云鹗擅自任命程汉卿（后尹之鑫）为郑州商埠督办。6月，吴佩孚批准商埠督办公署在汉口设奖券局，并以讨贼联军司令部名义，下令河南、湖北、湖南、安徽、江西、江苏、浙江、山东、直隶及北京、天津、烟台、上海、青岛等省、市军政当局"一体保护，以期推广"。在"城头变幻大王旗"屡屡发生之际，各派系都越过中央擅自任命商埠官员，借此增加搜刮民财的渠道。商埠督办的主要任务就是筹集军费，并不关心基本建设以及制度、设施的完备等商埠建设问题。

与此同时，各派系军队为战争调兵运物而肆意拦截、征调列车，使京汉铁路、陇海铁路客货运输无法正常进行。各种名目的摊派勒索加重了郑州商户的负担，乃至于经营困难甚至破产倒闭。1926年下半年，吴佩孚盘踞河南与广州政府北伐军抗衡。京汉铁路南段中断，陇海铁路车辆被吴部扣押，导致郑州市面"凡属商家，几无一家不缺货者，除绸缎一项，可以邮寄，若土货，粮食、皮张、棉花、花生、豆饼、生油、金针等项，不能不一律停运"②。客车由郑州开往信阳，300多千米的路程要五六日才能到达。"其原因不外军人干涉路政，各站每有军人强令开车，或阻止开车。路员稍行劝阻，即以恶言相向，辄使路员战栗失措。"③被困于"进不去，出不来"困境的郑州，商贸活动陷入低谷。借开埠之机遇、以经贸为中心，推动城市规范化有序发展的预期成为难以实现的幻想。

1928年3月，在河南省政府主席冯玉祥推动下，经国民政府批准，郑州市政府成立，刘治洲出任市长。市政府设立财务局、社会局、工务

---

① 《郑州开辟商埠之进行》，《晨报》1925年10月12日第7版。
② 《郑州现时商业之状况》，《晨报》1926年11月18日第6版。
③ 《豫省拟提用邮政储金说》，《晨报》1926年12月23日第4版。

局、公安局及秘书处，聘参事、技师、技士若干。所辖事务中，土地事务、街道建筑等土木工程、统计、公共卫生、公共娱乐场所管理等具有建设现代城市的职能。在民初开埠规划的基础上，市区从原郑县城区析出约10.5平方千米，设计人口25万左右。此后，《郑埠设计图》《郑州新市区建设计划草案》等城市规划方案先后公布。《郑市地亩登记法》《郑市商店注册条例》《扫除街道简章》等法规条例也分别制定，经省政府审核开始实施。除了涉外事务外，市政府的一般举措与自开商埠章程规制基本一致。值得注意的是，规划充分考虑郑州因"商业性质"而设市的特点，强调将来市政的进展，"亦唯商务是赖"。全市当时"大小商号，计有万余家，若不起战乱，交通秩序得以维持，市面安谧，金融流通，则市政收入项下，如路捐、车捐、灯捐，暨公益卫生营业等捐，均可得大宗之进款，以资经理市政之挹注"。

可惜的是，刚刚起步的郑州市政建设，再度卷入战争的漩涡。1929—1930年10月，蒋（介石）冯（玉祥）战争、蒋（介石）唐（生智）战争、蒋（介石）阎（锡山）冯（玉祥）中原大战先后爆发，处于战争中心的郑州深受其害。1930年10月，中原大战结束，河南纳入南京政府统治体制。1931年1月，国民政府明令撤销郑州市，郑州又回复到郑县的体制格局。

四

1936年年初，日本驻郑州领事馆在撤离多年后恢复办公。在策划华北自治进而全面侵华的战略布局中，郑州是一个向中原及西部纵深扩张的重点城市。随着涉外事宜的增多，郑州当局急需依据开埠章程进行处理和规范。咨询南京政府相关部委的结果表明，郑州自开商埠虽经批准，但章程及各类细则并未及时制定。不仅开埠徒有虚名，也为后来的政事处理留下诸多隐患。

日本驻郑州领事馆开办于1931年2月，是七七事变前日本在中国内地开办的最后一个领事馆。九一八事变后由于河南省、郑州地区反日情绪高涨,日本领事馆被迫撤离。1935年华北事变发生,日本先后派员从事恢复郑州领事馆的活动,相随而来往郑州的各色日本人、韩国人大量增加。其中一些日本人在"经商考察"和"游学旅行"等名义掩护下,从事携带现银破坏中国的币制改革、贩运毒品、窥测地形绘制地图等不法活动。此类事件屡屡发生并引起中外舆论的强烈关注,但地方政府"并无何项规约,此时应付一切,毫无成例可援"①,大都对嫌犯以短暂扣留,交付日本郑州领事馆处理,结果往往不了了之。

早在1909年,清廷农工商部曾拟定《各省自开商埠办法》,强调自开商埠"与租界有别",外国"所有领事权力及兵力均不能侵及";既然"为振兴而设,既开商埠,自不能禁与外人交易",但"应明定权限",要求各省督抚监督自开商埠在制定章程中详加说明。由于时局的动荡和公文的散失,郑州地方当局遍寻相关文件而不得。

为妥善处理相关涉外问题,河南第一区行政督察专员(专员公署设在郑州)阮藩侪决定经由河南省政府向南京政府有关部门咨询请示。主要问题归纳为五个方面:第一,郑州非通商口岸,原无租借地,日本领事馆设立后,日人必纷至沓来。日人居住问题,应否制定外人租赁房地规则?第二,新来日人,"其租赁房屋无从觅保,可否由该领事出具证明书代替铺保,至于保甲经费及清洁、消防队、路灯各种公益税捐,可否向其征收"?第三,日、韩人往来者日多,"照例均须检查,除无照者,婉言劝其离境外,其有护照者多有免于检查之要求,但检查人员言语不通,诚恐来往人多,互相争执,发生误会,嗣后如遇游历日人,持有护照并经领事证明无不法行为者,可否免予检查"?第四,"日本在郑恢复领事馆,将来日侨,必有设立工厂,开设商店等情事,应否加以干涉,抑或任其经营"?第五,"郑市地处要冲,密迩华北,一旦发生事故,诚恐贻误事机,况外交事项每有时间性,辗转请示,反贻外人口实,拟恳援照苏州先例,请由外交部特派秘书驻郑,办理外交事宜,以

---

① 《河南省政府密函》,1936年,原件存第二历史档案馆,民3字第327号。

专责成"①。

1936年3月初，河南省政府正式向南京国民政府相关部门提出咨询，"当日决定自开商埠之时，有无订定章程，曾否将章程通知各国驻使查照，其办法内容，凡各国侨民来居商埠者，是否须遵守我国警察法令缴纳地方公益税捐及能否在此设立工厂，制造土货，其来商埠居住者既与内地游历不同，应否执持护照，抑只须领事证明"等。② 31日，国民政府内政部警政司复函，对外人居住、外人租赁房屋、外人游历护照、外人设厂建店等问题，依据自开商埠章程规定予以答复；关于外人居住、外人租赁房屋可由地方从速制订章程；外人纳税，可由税务处派员处理；外人游历，由通商口岸直达商埠时，可不必领照；领事证明者可免于检查；商埠界址之外，不准外人购地建厂；商埠界址之内土地及建筑事项，非经批准不得自由处理。4月6日，内政部土地司回复，郑州开埠章程细则之类，原本允准开埠后制定，因未曾上报，故"卷内无从稽考"③。

上述表明，郑州有自开商埠之实，自然允许中外人士往来，进行贸易经商活动。但开埠的准备工作先天不足，法律性、制度性的规范和约束严重欠缺。又因政权更迭的混乱和行政管理的无序，未能及时堵漏补遗，致使外人的非法活动有机可乘。1936年夏，日人志贺秀二、田中教夫、山口忠勇等受日本中国驻屯军（天津）派遣，在郑州大同路通商巷开办"文化研究所"。以此为掩护，收买汉奸，在豫陕甘三省收集情报、从事策反等活动，为日军扩大侵华战争作准备。郑州日本领事馆与之互为表里，利用其外交特权，成为日谍向天津日方传递情报的中介。直到1937年年初，中国方面破获了这一间谍机关，陆续被曝光的间谍情报和文件，在使人震惊的同时，也为商埠之地维护国家主权提供了新的警示。

在清末民初自开商埠的众多城镇中，郑州是为数不多的先后经清廷

---

① 《河南省政府密函》，1936年，原件存第二历史档案馆，民3字第327号。
② 《河南省政府密函》，1936年，原件存第二历史档案馆，民3字第327号。
③ 《土地司文件》，1936年，原件存第二历史档案馆，民3字第327号。

和民国政府批准的城市,也是最终未能完成商埠建设的城市之一。由于政治、军事等因素的强力干扰,拥有便利的交通条件和商贸基础的郑州,商埠建设一波三折终至半途而废,丧失了一次极好的发展机遇,留下了值得深思和总结的历史经验及教训。

(作者系郑州大学历史学院教授)

从开发航运到服务军事殖民：
1926—1944年日本的黄河调查研究

周 蓓

摘 要 20世纪以来，日本进行黄河调查研究的深度和广度与中日关系的变化密切相关，获取黄河流域的资源与市场是其根本目的。1926年，以中日合资创办天来轮船局为契机，日本首先展开对黄河货运及其流域内资源情况的调查，希图借助开发黄河航运获得商业利益。全面抗战爆发前后，日本情报机构对黄河集中进行经济调查，为日本在华北的经济扩张和军事行动提供决策参考。花园口决堤后，为了解决黄河改道引发的一系列问题，日本军方和政府多次秘密组织人员研讨、实施应急对策，以确保其军事交通运输。"东亚研究所"组建第二（黄河）调查委员会，综合研究黄河治理和开发利用问题，以科学"治水"之名，为日本军事殖民提供技术服务。厘清日本对黄河进行调查研究的本质，可为解读中日政治、军事性冲突提供一种新的视角。

关键词 黄河调查研究 黄河航运 天来轮船局 "东亚研究所" 第二（黄河）调查委员会

日俄战争后，日本挟其近代工业化之后的政治、经济优势，试图将中国纳入其经济圈，充当其原料供应地和产品销售地。为此，日本陆续设立南满洲铁道株式会社（简称满铁）等国策会社，对特定目标地区进行战略性、综合性情报搜集和分析。大量日本公司及个人接受日本政府或满铁等机构的资金资助，进入中国的工矿业、商业、农业、运输等领域，以扩张日本在中国的权益。"一战"期间，日本势力逐步渗透至华北，特别是山东地区，由此开始对黄河及其流域地区展开调查研究。抗战爆发前后，黄河调查研究的深度和广度随着战争进程不断拓展。学界对于日本调查机构的活动作了多方探讨，其中满铁的调查活动①最受关注。此外，丁晓杰就日本在内蒙古的调查和经营活动作了论述；杜蓉对20世纪20年代日本中国驻屯军对华调查情况进行了研究；中国台湾学者萧明礼对日本在华海运和长江航运经营情况进行了研究。② 但是，目前学术界鲜少涉及民国时期日本针对黄河的调查研究活动，且基本是从中方的视角出发。③ 本文尝试利用民国时期黄河水利档案及日本公布的历史文献，跳脱单纯的水利史研究框架，从更全面性的角度动态考察1926—1944年日本调查研究黄河的活动、目的，及其与日本对华经济、政治、军事政策之间的关系。

一 《黄河航运计划》制订与天来轮船局航线的开发

由于泥沙问题造成河道迁移不定、水深难测，加之水患频仍，黄河

---

① 相关论文包括刘永祥《满铁情报调查机构述论》，《辽宁大学学报》1991年第3期；崔艳明《满铁调查与日本全面侵华》，《河北学刊》1997年第6期；陈永欣《"满铁"与松花江水路运输研究》，硕士学位论文，哈尔滨师范大学，2019年；白鹏晓《满铁对中国华北煤矿资源的掠夺（1931—1945）》，硕士学位论文，河北师范大学，2020年；石嘉、程涛《七七事变前后满铁对华北农业资源的调查研究》，《日本侵华南京大屠杀研究》2020年第1期等，分别对满铁的性质及其经营、调查活动做了研究。

② 分别参见丁晓杰《日本东洋拓殖株式会社在伪蒙疆的经营计划及活动述论》，《抗日战争研究》2010年第1期；丁晓杰《日本大东亚省西北研究所及其调查活动》，《社会科学研究》2010年第1期；杜蓉《日本中国驻屯军对华调查及评述》，硕士学位论文，内蒙古师范大学，2018年；萧明礼《"海运兴国"与"航运救国"——日本对华之航运竞争（1914—1945）》，台湾大学出版中心2017年版。

③ 除了一些研究中提到决堤后日军被困情形外，王兴飞的论文中叙述了日本华中、华北派遣军关于处置决口的不同意见（王兴飞：《政治还是民生？——伪政权黄河堵口研究（1938—1945）》，硕士学位论文，南京大学历史系，2012年）。《民国黄河史》（侯全亮主编：《民国黄河史》，黄河水利出版社2009年版，第207—215页）有论及日本在此期间开展的黄河研究，但侧重于水利技术层面的介绍。

一直被认为不可能发展轮船航运，只能依靠小型民船往返输送。但20世纪20年代以后，随着沿岸物资流通需求的增加，以及水陆联运方式的出现，黄河航运进入一个新的发展时期。沿岸众多的码头市镇成为内河航运的物资中转和集散地，中游陕西和山西的棉花大部分经由潼关至河南陕县的黄河运抵郑县的棉花集散市场，下游自郑县到山东泺口，及至山东全境的干流河段均可全线通航。1920年1月，北洋政府交通部批准设立山东省内河轮船股份有限公司，计划在山东省黄河河段试行汽船航运。[①] 开发黄河航运越来越受到时人关注，1926年，一些中国报纸甚至喊出了"长江时代已经过去，黄河时代来临"的口号。

日本对黄河进行调查研究，一开始是试图仿效英国开发长江航运获得沿江地带工商业利益的模式，通过开发黄河航运，打开黄河流域资源外运的通道。日本早在明治维新发轫之初便开始在中国经营轮船航运，日本政府通过资金补助方式给予航运企业政策性保护，在海运和长江航运上与英、德等国展开竞争。1919年，借着欧战期间的积极发展，日本轮船在华北各通商口岸的航线均占有优势地位。[②] 这一年，日本驻青岛守备军司令官由比光卫和民政长官秋山雅之介商议，计划将日本势力引入河南。借助东洋拓殖株式会社（简称东拓）参与投资郑州开埠的机会，接受外务省秘密指令的林重二郎出任河南省实业顾问，往来于郑州与济南之间。郑州开埠之事搁浅后，他转而倡导开发黄河航运，并获得青岛守备军司令部的支持。

1926年冬天，在秋山雅之介赞助下，日本方面组织人员完成了有关黄河航运的调查研究，绘制了《黄河沿岸物产图》《黄河沿岸物资集散现势图》《黄河沿岸都市分布图》《黄河航线图》《黄河河宽图》等大型地图，并对黄河主要码头、民船种类、沿岸气候、航行季节、输出输入货品，以及沿黄各省铁路等情况作了详细调查。据统计，当时山东

[①] 关赓麟主编：《交通史航政编》第3章第6款第2目，黄河下游，交通、铁道部交通史编纂委员会1935年版。

[②] 刘素芬：《近代北洋中外航运势力的竞争（1858—1919）》，转引自张彬村、刘石吉编《中国海洋发展史论文集》第五辑，台北"中研院"中山人文社会科学研究所1993年版，第124页。

的民船已达3000多艘，由此可见航运的需求量。① 根据这些调查报告，秋山雅之介等人制订了一份《黄河航运计划》，筹谋在黄河中下游投资经营内河航运。计划提出，参照1920年12月枯水期的实测数据，黄河沿岸各地水深在2米至7米左右，夏季丰水期水深可增长数倍。如采用美国、德国最新式的浅吃水汽船，可曳引拖载两三只载重二三十吨的浮船，载重量达80吨，大大提高运载量，同时减少运输时间。若以这种方式开发黄河航运，将带来以下几方面的影响：第一，是可将流域内蕴藏的无限资源运送到世界市场，从黄河入海口到日本之间的海上运输非常便利，因地理之便，使日本在原料进口上大大受益，困扰日本的粮食和燃料短缺问题有望借助黄河流域的开发得到解决，与此同时，日本的产品也可沿航线销往流域各地；第二，航运交通的革新必然带来沿岸重要交通码头的市镇建设、港口修筑，以及工业、银行、仓储、陆路运输、保险等行业的迅速发展，日本通过参与其中学校、医院等公益事业的建设，可营造所谓"日中亲善"的氛围；第三，随着黄河航运的改善，物资外运数量增加，也能惠及京汉、津浦、胶济等铁路线的运营；第四，黄河在日本与中国的军事关系中具有非常重要的作用。② 从这份计划案，可见其目的不止于开发航运，而是意图以航运交通线作为导引，建立起一条原料与产品流通的运输通道，将整个黄河流域纳入日本经济圈。同时，该计划也特别指出了黄河的军事价值。

  要实施这一航运计划，首先必须获得中国政府批准的黄河航运权。根据1904年中日《通商航海条约》追加的第三条规定，在清政府海关登记、以贸易为目的的日本籍汽船，在遵守中国内地水陆汽船航行规则的条件下，可以往返航行于中国内河的通商港口。实质上，黄河流域除了山东境内有通商口岸外，其余沿黄省份尚未开放，郑州开埠又一波三折。加之排日风潮高涨，以日资公司身份经营黄河航运几无可能。为此，秋山雅之介等人筹备设立天来轮船局（总局），取"黄河之水天上

---

  ① 林重二郎：《黄河調查目次》，https://www.jacar.go.jp，查询编号：B09030175400。
  ② 《黄河航運計畫二就而》（1927年7月13日），https://www.jacar.go.jp，查询编号：A08071815600。

来"之意,预备投入资金200万元,分别由中日两家公司均摊,以股份形式募集。中国公司也称天来轮船局,由北洋政府交通部参事洪铸等十余人组成,负责航线经营。日本公司由日本人投资,但以中国人的名义持有股份。两家公司是"一身同体"的关系,均隶属于天来轮船局(总局),业务范围包括船舶建造、融通资金、经营对华贸易等。1927年1月,天来轮船局呈请北洋政府交通部批准后在北京成立,取得了从陕西潼关至山东黄河入海口700哩(英里——引者注)河道30年的独家汽船航运权。计划分四期开发黄河航线:第一期从郑县以东黄河南岸至黄河入海口500余哩,重点经营黄河南岸至山东泺口的200哩河段;第二期从黄河南岸到孟县50余哩;第三期从孟县至陕西潼关200余哩;第四期开发渭河、汾水、洛水等黄河支流。[1] 1929年10月,天来轮船局租赁日本东亚运输株式会社的新造汽船"天地号"开始试航,往返于大连至山东半岛海域之间及第一期黄河航线上。

天来轮船局(总局)在成立之初便向日本递信省申请50万元的资金补助。1927年至1933年间,其创立发起人之一、最高顾问林重二郎多次致信日本首相及递信省、外务省大臣,递交请愿书,希望获得像专营中国航运的国策会社——日清汽船株式会社那样的官方补助及经营保护。但日本政府认为,从中国的时局变化、治安状况及黄河原有民船的抵触情形看,黄河航运业务恐怕难以维持。1929年9月,天来轮船局(总局)申请补助金的议案在日本贵族院审议时被报纸新闻披露,时值南京国民政府发起"改订新约运动",计划回收内河航运权,为避免成为排日的话柄,这一议案被暂且搁置。[2] 由于资金投入不足,天来轮船局的航路经营始终未有起色,但日本关于黄河航运的调查研究非但没有因此停止,反而在其后不断地持续深入。

---

[1] 《黄河航運計畫ニ就而》(1927年7月13日),https://www.jacar.go.jp,查询编号:A08071815600。
[2] 《天来輪船局黄河航運事業関係一件》(1927年7月13日),https://www.jacar.go.jp,查询编号:B09030175500;林重二郎:《御保護請願書》(1932年1月20日),https://www.jacar.go.jp,查询编号:B09030175800。

二　黄河经济调查及花园口决堤应急对策

九一八事变后，日本以东北为基地，通过一系列事件加强对华北政治和军事上的控制。1933年《塘沽协定》签订后，日本暂停了军事行动，但关东军及驻天津的华北驻屯军仍力图扩大对华北的影响力。在日本军部主导下，满铁拟定华北经济调查计划，目的是"扶植华北经济实力并促成日满支经济圈之结成"①。随后在华北驻屯军的授意下，扩大华北调查活动的规模。为进一步推动经济渗透，1935年11月，满铁成立兴中公司，经营范围以华北电力事业投资，长芦盐、铁矿、煤矿的经营与输出，棉花仓储与汽车运输为主，还投资了航运业。② 1936年2月，华北驻屯军拟定《华北产业开发指导纲领》，准备筹建中日合办的华北兴业有限公司，作为产业统制开发的中枢机构。③

这一时期，满铁各调查机构、华北驻屯军司令部等部门组织一些日本学者对黄河及沿黄省份展开密集的经济调查。所刊行的调查报告及文献包括有满铁资料课《中国的水灾及其灾民》（1935），满铁经济调查部《山西省水电测量及初步计划报告》（1935）、《黄河水灾》（1936）、《黄河调查报告书》（1936）、《大运河及南运河状况》（1936）、《包头、宁夏间黄河测量和通船计划》（1936）等，满铁华北事务局调查部《山东省的经济建设》（1937）、《华北各河流域面积及流域内人口调查》（1938），华北驻屯军司令部《绥远省特别调查报告第十一号黄河上游的航运》（1935）、《华北水利治理计划案》（1936）、《华北运河计划案》（1936）、《华北港湾调查报告》（1937）、《华北河流航运调查报告

---

① 萧明礼：《"海运兴国"与"航运救国"——日本对华之航运竞争（1914—1945）》，台湾大学出版中心2017年版，第228页。
② 小林英夫：《東アジアの経済圏─戦前と戦後》，选自大江志乃夫《植民地帝国日本》，岩波书店1992年版，第182页。
③ 中国抗日战争史学会编：《日本对华北经济的掠夺和统制》，北京出版社1995年版，第14页。

写真辑》（1937）等，还有马场锹太郎《中国航运论》（1936），中村英男、赵南喆《黄河上游航运调查》（1937）以及渡边金三《黄河治水事业》（1938）等著述。① 这些报告中，黄河上游及华北其他内河航运是其调查重点，与天来轮船局的《黄河航运计划》相比，日本借助拓展航线经营中国西北内陆的意图更为明显。此外，对黄河治理及沿黄省份地情的调查研究，也为日本下一步在华北实施其经济开发计划和军事行动提供情报资料。

与此同时，日本军方加紧对华北地区展开军事侦察，认为"黄河在作战上是一大屏障，对于来自山东方向的攻势可以起到侧面掩护的防御作用，又可以利用河道航运为河南方向作战的兵站提供后勤补给"②。日军意图控制黄河为其所用，但这一企图被花园口事件打断。1938年6月9日，黄河堤坝被国民政府军队掘溃，致使日本华北方面军第十四、第十六师团两部辎重武器多数被淹，兵员受损。③ 19日，华北方面军参谋部第二课即拿出第一份关于黄河决堤泛滥的调研报告，报告对黄河决口流量、泛区面积、淮河及其支流容量、堤防破坏状况以及今后泛滥趋势等情况作出推算，并提示要对津浦线蚌埠附近的最大洪水量有足够的警戒。日军刚刚在徐州会战后打通了这条铁路线。④

经过三个多月的调查研究，华北方面军特务部和满铁华北事务局各自提出了一个《黄河泛滥对策研究方案》。特务部方案的基本思路是在京汉线铁路桥上游的八里胡同附近设置两个水库，八里胡同的库容量为7亿立方米，兼具蓄洪和发电功能。利用兰封附近的元代旧黄河河道经江苏灌云引黄入海，同时在黄河中游及渭河、汾河、沁河等支流修筑防

---

① 《满铁所藏黄河关系文献目录》（1939年7月），黄河档案馆藏，民国黄河档案，档案号：MG10-23。
② 防卫研修所战史部参谋本部：《河南省兵要地誌概说一章用兵の观察》（1938年6月16日），https://www.jacar.go.jp，查询编号：C13032568200。
③ 有关花园口掘堤的具体细节，详见渠长根《千秋功罪——花园口决堤研究》，博士学位论文，华东师范大学，2003年，第43—58页；胡中升：《国民政府黄河水利委员会研究》，中国社会科学出版社2015年版，第228—236页。
④ 甲集团参谋部第二课：《第一次研究报告今次黄河破堤ニヨル氾滥推移ニ就テ》（1938年6月19日），https://www.jacar.go.jp，查询编号：C04120431000。

沙工事，植树造林，意图通过这次整治黄泛区进而达到根治黄河、开发中上游的目标。这个方案设计的最高流量为 30000 立方米/秒，足以容纳黄淮合流的洪水，所需费用为 6.5 亿日元。满铁的方案则以应急处置为出发点，采用分流手段解决黄泛问题。计划在中牟、大井附近修筑水库，库容量为 3.6 亿立方米，汛期蓄洪，减少泛水南流。同时在中牟赵口及花园口口门附近设置一座水门，控制黄河流量，利用贾鲁河—淮河水系的河道（日本称为"新黄河"）分流洪水，方案设计的最高流量为 15000 立方米/秒。当洪水量超过此限时，可在封丘以东的陈桥、大车集之间以及兰封东面元代旧河道上，利用黄河河湾修筑蓄洪水库及分水工程，引水分流。该方案所需经费为 1420 万日元，仅为特务部方案的 2% 左右。华北方面军参谋部召集相关人员开会讨论，认为任由黄淮合流、自然放置黄泛区危害很大，如要实施特务部方案，军事上必须攻取郑州，而根治黄河，最低限度要占领西安。虽然目前处于最佳施工期，但因天气寒冷、战局未定，不适合作业。会议最终提出两个实施方案：第一方案是在年底之前，堵塞三刘砦（即中牟赵口），然后按满铁方案施工，待治安恢复、新政权势力范围扩大后，再以特务部方案为基础实施治水计划；第二方案则将上述计划实施时间推延至 1939 年秋，但在洪水期间，要采取措施确保开封的堤防以及津浦线蚌埠附近的铁路交通线安全。[①] 面对突如其来的决堤和洪水，华北日军计划以水库蓄洪、分流黄泛的方案来应急化解。

在处置黄泛问题上，正处于决口下游黄泛区的华中派遣军与华北日军存在意见分歧。从自身处境考虑，他们反对满铁在中牟建蓄洪水库的方案。从军事角度看，中日军队隔河对峙，郑州尚掌握在中国军队手中，在其下游修筑水库，危险性极大。技术层面上，下游平原建造水库极易造成泥沙沉淀，不出三年，水库将淤满，失去调节洪水的功能，且耗资巨大，移民困难。而对特务部的方案则表示赞同。通过控制设置在花园口附近的水门，可以调节中游水库的库容、管理下游

---

① 甲集团参谋部第二课：《黃河氾濫對策ニ關スル研究》（1938 年 9 月 27 日），https://www.jacar.go.jp，查询编号：C04120606000。

流量：冬季开闸放水，给淮河补给水量，维持河道的交通运输能力；夏季关门蓄水，防止洪水溢出淮河一线。华中派遣军建议用节制上游来水的方法解决下游防洪和航运交通问题，以便在皖苏两省实现有效占领。①

黄河溃决后，主流由安徽正阳关与淮河合流，经蚌埠，横断津浦铁路入洪泽湖，津浦线随时面临被阻断的危险。平汉线及黄泛以西的陇海线均已被破坏，华北与华中、华东的交通联系中断。华北日军的黄泛应急对策中，首先考虑的是如何维护其军事交通。特务部方案选择徐州以北的元代旧河道入海，满铁方案利用贾鲁河—淮河河道引流泛水、在决口处设置水门控制水量等措施，其目的均在于确保宿县以南津浦线的畅通，以避免洪水危及蚌埠附近的津浦线桥梁。1941年10月，由于泛水东移，灌入涡河，危及津浦线，"兴亚院"会同内务省、陆军省、海军省等部门商讨，曾提出"迅速堵塞决口"、增大津浦线蚌埠桥梁间径距的应急对策。②武汉会战激战正酣时，日军乐观地认为不久将攻占郑州，从而可以获得潼关以东陇海铁路沿线的控制权，"预计1939年秋天即可着手实施中牟贮水池及八里胡同、三门峡水库的修建计划"③，执行特务部的方案。战争进入相持阶段，花园口口门及溃水以西地域仍在中国军队手中，这些方案只能是纸上谈兵。华北日军转而修筑从开封到新乡的汴新铁路，用以连接平汉与陇海线，解决华北与华中日军的交通联络问题。

三 "东亚研究所"的黄河调查研究

黄河改道泛滥不仅造成豫皖苏三省人口和财富的巨大损失，也使得

---

① 《黄河应急处置研究》（1938年12月15日），黄河档案馆藏，民国黄河档案，档案号：MG10-6。
② "兴亚院"：《黄河應急處理方策》（1941年10月），https://www.jacar.go.jp，查询编号：C12121860900。
③ 甲集团参谋部第二课：《黄河汎濫對策二關スル研究》（1938年9月27日），https://www.jacar.go.jp，查询编号：C04120606000。

黄河故道所在的华北平原面临缺水和"沙漠化的危险"①。武汉会战后，日本不得不接受对华长期战争的现实。1938年12月6日，陆军省发布新的对华策略，将占领地域分为"治安地域"和"作战地域"，治安地域包括包头以下的黄河、新黄河、庐州、芜湖、杭州连线以东，以治安恢复为第一要义。②显然，上述两个黄泛处理方案只是军方的应急之策，由于日本存在维持华北和华东占领区治安稳定、开发资源供应战时军需生产的迫切需求，必须解决黄河改道造成的问题，确保"以战养战"策略的实施。

1939年3月，日本在"东亚研究所"之下设置第二（黄河）调查委员会，计划用3年时间，以黄河改道问题为中心，对黄河流域进行综合性调查研究，包括航运、灌溉、水力发电等方面的利用，并制订黄河综合治理开发基本计划。"东亚研究所"实质上是一家以财团法人形式组成、由日本军方掌控的情报机构，时任日本首相的近卫文麿担任总裁，并受其监督，日本国策研究会常务理事、原满铁理事大藏公望为副总裁，行政事务归企划省掌管。"东亚研究所"的理事和监事成员主要为日本政府官员和商界人士，如陆军中将林桂、海军中将原敢二郎、企划院次长青木一男、东拓总裁安川雄之助、大阪商船社长村田省藏等，顾问由外务、大藏、陆军、海军、文部、拓务各省次长以及一些日本民间学者组成。每年经费大约有100万日元来自民间捐赠，其余为政府拨付的补助金。③

第二（黄河）调查委员会由内地、华北和蒙疆三个分支委员会组成，分支委员会下设若干部会，分别承担不同的调查研究任务，共计289人，组成了一个规模庞大的黄河调查研究临时机构。委员会成员均为兼职，来自不同界别和机构。内地委员会负责黄河文献的调查整理，成员主要是日本政府各部门的相关专业技术人员，如内务省、陆军省、

---

① 《第二（黄河）调查委员会综合报告书·总论》（日文）（1944年6月），黄河档案馆藏，民国黄河档案，档案号：MG10-157。

② 防卫厅防卫研修所战史室：《战史丛书：支那事变陆军作战（2）昭和十四年九月まで》，朝云新闻社1976年版，第288页。

③ 《东亚研究所概要》（日文）（无具体日期），黄河档案馆藏，民国黄河档案，档案号：MG10-172。

农林省、商工省（商务部）、铁道省、文部省、中央气象台等，还有的来自"兴亚院"。华北和蒙疆委员会分别承担黄河下游和中上游区域的调查，成员构成较为多元，除了"兴亚院"和日本大使馆等一些政府职员外，还有以下几类来源：一是军方人员，以驻华北的杉山部队为主；二是满铁各调查机构人员，占据了突出的比例；三是伪华北政务委员会建设总署人员；四是日本为侵华而设立的研究机构及一些大学教授和专家，如华北矿业科学研究所、中央农事试验场、华北交通株式会社、东京帝国大学、东京工业大学、伪北京大学、伪新民学院等。[1]"东亚研究所"同时还组建了第四（黄土）调查委员会，配合黄河研究，对黄土高原进行材料学、农林学、地质学等方面的调查研究。

第二（黄河）调查研究委员会的前期研究以文献调查为主。日本各情报机构收藏的黄河资料几乎囊括清代以来河工的重要文献，如清代治河名臣靳辅所著的《治河方略》，成书于雍正三年（1725）的《行水金鉴》，光绪年间绘制的《山东、直隶、河南三省黄河全图》等。满铁上海事务所将南京国民政府全国经济委员会水利处所藏资料全部搜罗在内，包括黄河水利委员会、华北水利委员会等水利机构的各种治河计划、调查报告、工程报告、会议记录等。中外水利专家张含英、沈怡、恩格思、费礼门、塔德等研讨黄河问题的论著文章也是重点搜集对象。[2] 在调研期间，各部会根据进展情况随时提交中间报告，包括翻译整理的文献汇编、各项调查报告、设计规划方案、图表图集、分支委员会综合报告书等，共计193件，约1400万字，调查内容详尽细密。1943年9月，汇总编写出《第二（黄河）调查委员会综合报告书》[3]

---

[1]《第二（黄河）调查委员会内地委员会构成案》（1939年3月），黄河档案馆藏，民国黄河档案，档案号：MG10-16；《第二调查委员会（黄河）北支委员会构成》（1939年8月1日），黄河档案馆藏，民国黄河档案，档案号：MG10-17；《黄河调查委员会构成（案）》（1939年1月），黄河档案馆藏，民国黄河档案，档案号：MG10-8。

[2]《满铁所藏黄河关系文献目录》（1939年7月），黄河档案馆藏，民国黄河档案，档案号：MG10-23。

[3] 除特别标注外，该小节有关《第二（黄河）调查委员会综合报告书》的资料均采自该报告的总论部分。《第二（黄河）调查委员会综合报告书·总论》（日文）（1944年6月），黄河档案馆藏，民国黄河档案，档案号：MG10-157。

（以下简称《报告书》），1944年6月由"东亚研究所"出版。《报告书》分为五编：第一编，黄河治理与政治经济之间关系的调查；第二编，黄河治理与航运调查；第三编，黄河水力发电调查；第四编，黄河流域的农林业及水产调查；第五编，黄河流域的气象调查。共计73万字，包含黄河全流域的调查报告和治理开发方案。日本在战时动用大批政府工作人员和学者进行如此大型的黄河调查研究，国家力量深度介入，在科学研究的外衣下，其真实目的何在？

　　花园口决堤改变了黄河河道，也改变了战争进程。正是基于黄河"河道进一步恶化将对经济、政治影响巨大"[1]的判断，日本第一时间组织人员开展一系列调查研究。虽是出于安抚民心、稳定舆情的政治考虑，但更重要的是欲图将黄河流域纳入日本战时统制经济体系中，增强对华北、西北的经济开发和资源控制，其研究具有政治和经济双重目的，以经济目的为主。政治上，要维持占领区秩序稳定，确保民生，就必须回应泛区民众要求堵口的呼声，无论是国民政府还是日伪政权都必须通过"治水"获得争取民心的筹码。1939年12月8日，满铁总裁室嘱托渡边金三与伪中华民国临时政府的王克敏、王揖唐、王荫泰、殷同建等人会谈，双方达成了"实行以黄河治理为国策"的意见，得到华北方面军、"兴亚院"联络部、华北交通株式会社、满铁调查部等机构的赞成。次年6月，渡边金三在日本国防协会发表题为《华北水灾状况及黄河治理方法》的演讲，将黄河治理问题提升到了一个新的高度。他指出，"这个问题是确立和巩固日本在东亚新秩序中地位的主要基石。如果不治理黄河，东亚新秩序建设就像一所没有建造屋顶的房子，一艘舱漏的船航行在大海上"，基础不稳，且异常危险。[2]谚语"水治则国治"道出了黄河治理对于中国政治的特殊重要意义。经济上，黄河改道带来黄淮流域生态环境崩溃及华北平原荒漠化的双重恶果，农业生产受到严重破坏，致使粮食供给日益匮乏。珍珠港事件后，美国对日本海上

---

[1] 甲集团参谋部第二课：《黃河氾濫對策ニ關スル研究》（1938年9月27日），https://www.jacar.go.jp，查询编号：C04120606000。

[2] 《大日本国防义会会报》（日文）（1940年7月），黄河档案馆藏，民国黄河档案，档案号：MG10-57。

交通线进行破坏和空中封锁，使其从东南亚占领区获取资源越发困难。因此，黄河流域丰富的煤、铁、盐、棉花等工矿原料，尤其华北占领区的工业资源成为日本战时统制经济重要的支柱之一。在治理水患之外，如何增加粮食供应，如何将流域内资源运往日本，如何推动华北工业化，从原料供应地转变为战时工业生产地，成为"东亚研究所"黄河调查研究的研究重点。

治理黄泛的首要问题必须考虑是否堵口复故，堵口后选择哪一条河道更稳定、更合理。《报告书》在河道选择时考虑了几个基本条件：（1）破堤、溃流对沿线地区造成损失的轻重；（2）政治、经济上的得失；（3）技术上实施的难易程度；（4）河流利用可能性的大小。依照这些条件对可能选择的新旧三条河道进行研究比较。第一条是入淮河道，这是花园口决堤后形成的新河道。这条河道黄淮合流，假如两河洪水叠加，合并流量可达25000—30000立方米/秒，泛区面积也将增大。且全线需修筑新堤，工费巨大。第二条是徐州河道，黄河从兰封经徐州注入铜瓦厢决口前的明清故道，这条河道已使用530年，河道淤高严重，疏浚改修花费巨大。由于河道与陇海铁路相平行，其航运利用价值大大降低。第三条是济南河道，即花园口决堤前流经的河道，黄河自兰封经济南注入渤海。这条河道堤防系统完善，恢复较为容易，在交通方面可与几条铁路线形成陆海联运。对比之下，黄河回归济南河道无疑是最佳选择。同时，建议在中上游实施防沙工程，以延长河道寿命。通过修建水库调节各河段的流量，达到防洪目标。在一系列治理工程实施完成后，再进行花园口堵口。但对于如何堵口及整理黄泛区问题，只是在总论结尾处模棱不清地写了四条处理意见：做好预防流量为15000立方米/秒普通洪水的应急措施；花园口决口附近设一道泄洪堤，流量超过8000立方米/秒时，将洪水排泄到新黄河；整固和加强京水镇下游旧黄河右岸的堤防；堵塞花园口决口的所有费用约为4000万日元。①

为了解决华北的粮食危机，日本对黄河流域的农业和水产作了全面

---

① 《第二（黄河）调查委员会综合报告书·总论》（日文）（1944年6月），黄河档案馆藏，民国黄河档案，档案号：MG10-157。

调研。针对京汉线铁桥以下地区提出土地改良计划，通过改良灌溉设施，确保农业用水。改良耕作方式，以插种大豆、作物轮作、休耕等手段提高土壤肥力，增加农作物产量。谋划在黄河流域各省县设置水产养殖场，在泉水丰富的济南、明水、博山等地养殖日本产的冷水鱼，"可以经常性供给符合日中两国人民喜好的鱼肉，缓和军需、民需鱼肉的不足"，通过改变华北民众传统饮食结构来迎合日本人的饮食习惯。同时开垦黄河沿岸种植棉花，使之成为日本纺织业的原料供给地。

　　交通线路是日本战时经济的动脉。以天来轮船局的《黄河航运计划》为基础，日本制定了以黄河为中心的华北内河航运整理计划。计划大的航道有三条：一是整治黄河下游河道，利用上中游水库调蓄水量，自孟津至利津通汽船；二是利用卫河和运河，从黄、沁河补水，自修武、新乡、临清、德县而达天津，通行300吨拖驳；三是整理黄河水道自花园口经周家口、正阳关、凤台、怀远、蚌埠、洪泽湖、高邮湖与大运河汇合，沟通长江水运，行驶300吨拖驳。① 通过这三条航道，日本试图构建数条从中国内陆经由东部港口——如天津、秦皇岛、青岛、连云港、上海等——去往日本的陆海通道，华北的煤炭、盐等可由此交通线路源源不断地运至日本国内。1940年日本输入的煤炭中，华北煤炭占38%，1941年对日输出量近480万吨，比1936年增加近五倍，② 足见华北煤炭之于日本战时能源的重要性。《报告书》以济南河道作为黄河最佳水路，除具有水利方面的合理性之外，也存在着利用它与京汉、津浦、陇海等铁路线连通的考量，使之成为华北内陆经山东港口去往日本距离最短的交通运输线路。

　　开发黄河水力发电是日本黄河调查研究的又一个重点。1938年4月，日本政府通过了《生产力扩充计划要纲》，要对钢铁、煤炭、电力、轻金属等军需基础物资部门的生产设施进行扩建和增产。计划在1938—1941年四年内，将华北煤炭年产量从800万吨增加到2270万吨，增长率为184%；将华北电力年发电量从16000千瓦提高至229000千

---

① 侯全亮：《民国黄河史》，黄河水利出版社2009年版，第208页。
② 陈慈玉：《日本在华煤业投资四十年》，稻乡出版社2004年版，第229页。

瓦，增长率为1431%①。显然，华北电力的极度短缺严重阻碍了日本开发华北资源、生产战时工业品计划的执行。为了扩充华北电力生产，1938年，南满铁路公司即已派人查勘了黄河上游支流清水河附近的水电站坝址。《报告书》则提出在黄河上中游修建多座堰堤式水力发电站，水库兼具蓄洪、防沙、灌溉、发电等多重功能。水电造价低廉，可用于大规模开发华北的矿产资源和工业生产。内地委员会建议在包头至龙门河段建筑坝厂14处，常年平均发电380万千瓦。华北委员会则在包头至郑州之间选定11处地点，预计年均发电800万千瓦，二者选址有相同地点。这些选址中，有8处曾先后有华北水利委员会、黄河水利委员会、山西省建设厅等水利机构及欧美水利专家做过实地踏勘，或绘制过地形图，分别为清水河、河曲、壶口、禹门口、三门峡、垣曲、八里胡同和小浪底。计划电站建成后，可大大缓解华北的用电压力，为华北的工业生产提供电力供应，如冀东、山东的矾土页岩开采，大同、太原、济南附近的钢铁工业，以及国防上重要的液体燃料工业等。将清水河的电力输送到北平，禹门口附近及三门峡以下电站的电力经新乡、彰德输往济南，或将一部分电力输送至汉口，用于沿线省份和城市的工业生产。在满足东部中原地带的经济需求之外，还可为伪蒙疆地区提供"军需工业的需要"②。

《报告书》是"东亚研究所"的初步黄河调查报告，因缺乏实地查勘和科学实验环节，成果较为粗略。但它采用了多学科综合调查的研究方法，是近代较大规模的黄河研究成果之一。1946年夏，南京国民政府全国经济委员会为美国治黄顾问团准备技术资料而编纂的《黄河研究资料汇编》中，选入了5种"东亚研究所"的黄河调查报告，分别为《东亚研究所第二调查（黄河）委员会综合报告书》《东亚研究所第二部会调查报告书（治水、土木）》《东亚研究所第三部会调查报告（农业）》《东亚研究所第四部会调查报告书（黄河水力发电计划报告书）》

---

① 萧明礼：《"海运兴国"与"航运救国"——日本对华之航运竞争（1914—1945）》，台湾大学出版中心2017年版，第226—227页。
② 高津彦次：《黄河の水》，《学士会月报》1940年第623号。

和《东亚研究所第五部会调查报告（交通）》，数量占到汇编资料的近1/3，从中也可窥见这批研究报告的技术价值。大藏公望在《报告书》的序中写道："虽然过去曾有各国专家对黄河进行过调查研究，但其报告的角度和范围仅限于黄河局部，未尝有各部门协作进行的综合性调查。这项调查网罗日本各界最优秀的专家，制定了关于黄河治理的基本计划，它是真正意义上日本科学的胜利。"[①] 这段话带有自我标榜和鼓吹的成分，必须认识到，是中国传统的河工经验、近代水利技术及河流治理观念的更新发展，为这项黄河调查研究的系统性、深度和广度提供了深厚的基础。在构建"东亚新秩序"的国策下，日本长时间宣传和动员全民为扩张侵略搜集情报，因而日本朝野上下大多数人对于开展黄河流域综合调查予以支持。这些日本知识分子的参与、胁从不仅对日本军国主义兴起和对外扩张负有不可推卸之责任，也将自己推上了历史耻辱台。

结　语

黄河是一个与政治、社会、经济、自然环境相互缠绕的水利体系，近代黄河受到外国研究者关注始于1855年铜瓦厢改道，它作为一个极富挑战性的水利难题引发了欧美学者的研究兴趣。与欧美的黄河研究专注于水利科学不同，日本关于黄河的调查研究初始都集中在交通和流域内资源利用两个方面，而非惯常的河流治理。在日本的认知图像中，黄河居于欧洲陆路通往日本最近的交通线上，不仅流域面积广阔、沿岸物产丰富，具有很高的经济开发价值，也有其特殊的军事战略地位。"一战"期间，日本的国际贸易和工业飞速发展，经济结构发生转变，贸易增长带动工业增产的同时，其经济圈也不断扩大到东亚各国。中国的原料和市场是日本经济扩张的动力及生命线，航运交通成为维系中日两国

---

① 《第二（黄河）调查委员会综合报告书·总论》（日文）（1944年6月），黄河档案馆藏，民国黄河档案，档案号：MG10-157。

物资流通的重要手段。借助黄河航运可使日本经济、政治势力深入华北、西北内陆,增强对黄河流域的控制。资源与市场的争夺实为中日战争背后的经济性因素,花园口事件迫使日本的黄河研究回归河流本身,重点调研黄河改道引发的一系列问题。纵览1926—1944年日本的黄河调查研究,随着扩张需求、中日关系以及河道走向的改变,可观察到从开发航运到服务军事殖民的目的变迁,国家干预的程度一步步加深。不同时期的调研内容既有延续性,也各呈特色,其演变表象的背后都遵循着日本以武力为后盾的对华政策。

  日本初期的黄河调查研究首先围绕商业航运展开。从天来轮船局的创办及运营过程看,这是一批带有官方色彩的中日政军人物、财阀之间进行的一次商业性合作。日本的目的在于以经营黄河航线为契机,谋求"充实我方的工业原料、开拓我方市场、实施新通商政策"[①] 的商业利益。尽管林重二郎再三阐明黄河的经济价值和军事重要性,但当时日本政府重点扶植的是经营海运和长江航运的企业,出于对商业风险和价值的衡量,以及对华策略上的考虑,最终没有涉入黄河航运开发。这一时期的调查研究属于半官半民性质,以经营货运和贸易为目的。

  日本第二阶段的黄河调查研究是在七七事变前后,以搜集和分析华北的地情资料为主,黄河航运再度成为研究重点的同时,增加了水力发电的内容,黄河水灾及其治理也开始受到关注。这种变化与日本希冀将华北变为第二个东北、建立"东北亚经济圈"直至军事占领的计划有密切关联。黄河决堤后的两个应急方案均以确保军事交通为目标,日本特务部的方案则有整体治理黄河的初步设想。这一时期的调查研究以日本军方为主导,其目的是为日本控制黄河中下游地区提供基础性的决策参考。

  由于河道崩坏已对稳固华北、华中占领区统治以及维持战时统制经济体系运行造成威胁,日本不惜集全国之研究力量投入黄河问题的调查研究。"东亚研究所"在很短时间内完成第二(黄河)调查委员会的组

---

① 《黄河航運計畫ニ就而》(1927年7月13日),https://www.jacar.go.jp,查询编号:A08071815600。

建，从人员配备、部门机构协作到专业覆盖等方面都做了全方位的精心架构，参加的日本学者之多、规格之高堪称空前。但这一时期的黄河调查研究是以"利水"为主，"治水"为辅，《报告书》60%的内容是研讨综合开发黄河的计划，致力于研究如何利用和开发黄河流域的资源，如何为日本增强战力。对治理黄河关键的堵口计划则未做进一步的研究，基本沿袭了华北日军最初的应急处理策略。其研究首要目的并非着眼于解决黄河决口和黄泛区问题，而是配合与执行日本政府及军部的战时经济政策，以"治水"为名，在科学的外衣下，为其战争机器和军事殖民提供技术服务。厘清20世纪上半叶日本对黄河进行调查研究的本质，可为解读中日政治、军事性冲突提供一种新的视角。

（作者系郑州大学历史学院教授，近现代河南与中国研究中心研究员）

【思想与文化研究】

"平等"抑或"差等":
康有为养老思想之探析

李华丽

摘　要　康有为一方面极力推崇儒家的家庭伦理道德并身体力行;另一方面,他对此又进行彻底颠覆,主张破家界,消灭家庭,实行公养、公教、公恤。学界多以为康有为构建的大同社会主张人人平等,带有空想社会主义色彩。诚然,康有为主张人人平等,提出建立公立养老院实行"公恤",这与康氏之主张平等说似乎浑然天成。事实上,康有为对老年人之"公恤"仍然带有自上而下的怜悯情怀。在康有为构建的大同社会里,不仅养老院具有等级差异,而且老人分有不同等级,不同等级老人享受的待遇具有显著"差等",这与其主张的平等思想则又背道而驰。

关键词　"平等"　"差等"　康有为　养老思想

康有为是活跃于中国近代政治史、思想文化史上的一个重要人物,也是一个颇有争议的人物。赞之者,称其为中国"先时之人物","引社会原动力"者;[①] 谬之者,称其为"妖孽"或"康怪人"。究其本,

---

[①] 梁启超:《南海康先生传》,载夏晓虹编《追忆康有为》,生活·读书·新知三联书店2009年版,第2页。

是康有为的言论在清末民初那个乱象丛生、新旧交替的时代总是不合时宜。在晚清，康有为主张变法维新，实行君主立宪，因而不见容于同时代之人；到了民国共和已定，康有为仍然主张"虚君共和"，参与复辟，被时人讥讽是"为名为利"①。康有为还是一个矛盾混合体，不仅其前后思想抵触，而且其言行之间颇多矛盾。然而，谈论中国近代史，康有为究竟是不可回避的重要人物，在中国近代政治史、思想史上，可谓掀起一股惊涛骇浪，对于近代中国之社会变革、思想激荡起到重要作用。《大同书》是康有为的代表作，寄托了康有为的乌托邦思想，因此康有为被称为中国近代早期的空想社会主义者，是中国第一个系统建构乌托邦社会的学者。目前学术界对康有为大同思想之研究着墨甚多，对其养老思想研究者较少，对其养老思想究竟是"平等"抑或"差等"更是鲜有触及，基于此，本文对康有为养老思想进行系统梳理，并进一步探求其养老思想。

一

在康有为构建的大同世界里，他开篇即讲人生皆苦，不仅有自然界之苦，如地震、火灾、火山爆发等，也有灾异之苦，如疫疠之苦，有交通意外之苦，如汽车碰撞、舟船覆沉等，更有贫富等级差异之苦、鳏寡孤独之苦。然而在康有为看来，即使是富人、帝王也不免于苦，甚至是圣神仙佛都不免各种苦楚。康有为共述及三十七种之苦，道尽人间苦难百态，绘制出一幅人生皆苦的苦海，"盖普天之下，全地之上，人人之中，物物之庶，无非忧患苦恼者矣"②。接着以"思有以救之"之救世主的口吻道出欲拯救斯民于水火，最终使全世界人类共同奔赴大同，进至大同的途径，则"惟行大同之道"，"大同之道"是"至平""至公"

---

① 康同璧：《回忆康南海史实》，载夏晓虹编《追忆康有为》，生活·读书·新知三联书店2009年版，第152页。

② 康有为：《大同书》，《康有为全集》第七集，中国人民大学出版社2007年版，第6页。

"至仁"之道。① 康有为的这种救世之心,由来已久,他年少时代即以圣人自居,年长之后便"日日以救世之心,刻刻以救世为事"②。进至大同之道,首先要破"九界",即"国界""级界""种界""形界""家界""产界""乱界""类界""苦界";然后在全球设立大同公政府,由公政府推行"公养""公教""公恤"的社会保障体系。之所以设立公政府,康有为的解释是,"人人皆直隶于天而独立。政府者,人人所公设也"③。康有为把人称为"公人",把政府称为"公政府"。设立公立政府,其职责就是对公人进行公养。

"公养"包括胎教院、公立育婴院、公立怀幼院;"公教"包括公立蒙学院、公立小学、中学院、大学院;"公恤"包括公立医疾院、公立养老院、公立恤贫院、公立养病院、公立化人院。很明显,康有为主张建立的公立养老院属于"公恤",收容六十岁以上不能自理者,"九曰公立养老院。凡人六十以后不能自养者入焉"④。在康有为看来,老人为公家辛苦服务数十年,到年老无依之时,理应受到公家的回报,公家有义务对他们实行"公恤"。他认为这种"公恤"的养老方法是最理想的途径,在大同社会,父母对于子女"无鞠养顾复之劬,无教养糜费之事"。而且子女自出生就养在育婴院,因而"与父母隔绝不多见","辗转不相识",是"不待出家而自然无家"⑤。父母对于子女没有养育之恩,那么子女对于父母亦无养老之责,不受抚育之恩而不赡养父母,自然不属于"背恩"。公立养老院归地方自治局管辖,资金来源于公金行。值得注意的是,康有为将对老年人的赡养归于"公恤"而非"公养",显然带有自上而下的怜悯情怀。康有为在《大同书》中主张人人平等,人人平等是对传统君臣父子伦理的否定,他还勾勒出一张从"据

---

① 康有为:《大同书》,《康有为全集》第七集,中国人民大学出版社2007年版,第6—7页。
② 康有为:《康有为自编年谱》,《中国近代史资料丛刊:戊戌变法》第4册,上海人民出版社1957年版,第118页。
③ 康有为:《大同书》,《康有为全集》第七集,中国人民大学出版社2007年版,第92页。
④ 康有为:《大同书》,《康有为全集》第七集,中国人民大学出版社2007年版,第93页。
⑤ 康有为:《大同书》,《康有为全集》第七集,中国人民大学出版社2007年版,第93页。

乱世"到"升平世"再到"太平世"的人类平等进化表，但是其养老思想中的这种带有自上而下俯视的色彩，与其人人平等的观念似有矛盾。

康有为于1895年在《上清帝第二书》①中提出"养民之法"有四："一曰务农，二曰劝工，三曰惠商，四曰恤穷。"②康有为以京师之四通八达为例，对当时中国流民遍地、孤老无依、废死道路之现象予以披露，借此引起统治者的仁者之心以行其变法之道。康有为这里所言之"养民"法，尚无直接述及养老问题。同年，康有为作《进士康有为请及时变法富国养民教士治兵呈》即《上清帝第三书》，相较于《上清帝第二书》之总体有所增补，但是"养民"之四法与《上清帝第二书》完全一致。③毫无疑问，在《上清帝第二书》与《上清帝第三书》中，康有为此时的"养穷"思想与《礼记》中所描绘的大同世界具有相似之处。康有为曾多次声称他所处的时代是"据乱世"，在给光绪上书中表达的即是"据乱世"中对穷苦无告之人的抚恤方法。他所声称的令各州县设"诸院""同善堂"即所谓传统的官方养济院和民间善堂，无论官方养济院还是民间善堂对老人进行收养这种方式，均属于传统社会保障的范畴。

然而，康有为在更早的著作《礼运注》（1884年）即已提到人类必进化至大同，并提及养老。他对"自亲其亲，自爱其子，而不爱人之亲，不爱人之子"④的现象进行揭露，并进一步披露当时社会"老幼、矜寡、孤独、废疾者，皆困苦颠连，失所教养"的不平等现象。为解决老幼弱者的生存问题，康有为提出"公世"说："故公世，人人分其仰

---

① 即《公车上书》，康有为自称都察院拒收，据今人考证，《公车上书》并未向都察院呈递，但是仍能从中反映康有为的养老思想。《康有为全集》第二集，中国人民大学出版社2007年版，第32页。

② 康有为：《上清帝第二书》，《康有为全集》第二集，中国人民大学出版社2007年版，第39页。

③ 康有为：《上清帝第三书》，《康有为全集》第二集，中国人民大学出版社2007年版，第71页。

④ 康有为：《礼运注》，《康有为全集》第五集，中国人民大学出版社2007年版，第555页。

事俯畜之物产财力，以为公产，以养老、慈幼、恤贫、医疾。"① 可见康有为早在1884年即已勾画出大同社会的雏形，提出"公养"的养老思想，而且还提出破除"国界""家界""身界"之说："夫有国、有家、有己，则各有其界而自私之。其害公理而阻进化，甚矣。……故只有天下为公，一切皆本公理而已。公者，人人如一之谓，无贵贱之分，无贫富之等，无人种之殊，无男女之异。分等殊异，此狭隘之小道也。平等公同，此广大之道也。无所谓君，无所谓国，人人皆教养于公产，而不恃私产。……人人皆公，人人皆平，故能与人大同也。"② 可知，《礼运注》已经提出大同社会的构想，并且具备了大同社会的雏形，这也奠定了康有为大同社会"公养"思想的基础。虽然康有为强调只有天下为公，人人财产归公，才能真正实现平等公同，然而显而易见，康有为此时的养老思想，带有对老人悲天悯人之情怀，这仍然可以说是中国传统养老思想的一种延续，于此，康有为养老思想中的"差等"已初露端倪。

二

康有为描述了一个"大同之世，天下为公，无有阶级，一切平等"的乌托邦社会。但仔细研读康氏之学说，可发现在康氏之乌托邦社会里，尤其是公立养老院中，并非人们所想象的那么平等，而是带有鲜明的"差等"秩序，这在《大同书》"养老院"一目中的叙述中非常直白。"养老院"目下共二十四条条例，为使读者对康有为的养老院设计有更清晰的认识，我们在各条例前加上序号以编排别类，其中第一、二条为条件和宗旨；第三、四、十五、十九、二十三条是对养老院之管理，如护侍、医生人员之配备；第五、十、十一、十二、十三、十四、

---

① 康有为：《礼运注》，《康有为全集》第五集，中国人民大学出版社2007年版，第555页。
② 康有为：《礼运注》，《康有为全集》第五集，中国人民大学出版社2007年版，第555页。

十八、二十二条是养老院环境之建设，包括养老院选址、建筑设计、室内装饰及文化娱乐设施；第六、七、八、九、十六、十七、二十、二十一、二十四条是关于养老院"差等"秩序之建构，共有九条。

从以上条例之编排上，可以看出康有为在养老院的设计规划上思维极为跳跃，杂乱无序。第一、二条是对养老院的入院条件和宗旨进行概述，"凡人年六十以上者，许入此院公养之"。"此院以安人之老，务穷极人生之乐，听人之自由欢快，一切无禁。""除杀人、伤人仍科罪外，余罪但减削名誉，不列宴会，少加耻辱而已。"[①] 康有为对养老院的选址非常讲究，择温度均衡、园林茂盛、风景宜人之处建立，以宜于老者养生。养老院"以在温带之地为上"，"冷带热带可不设"（第十一条）；"养老院择地，当于海滨、山麓、河畔、水边、高原、广阜"，"不可于墓地、市场、作厂哗嚣之所，又不可在山谷崎岖、不通风气、无可游玩之所"（第十二条）。其建筑设计和室内装饰均应备极华美，"院宇、楼阁、林园、池沼，广大庄严，备极华适。其裀褥、帘幕、床榻、几案、玩器、乐具，无不穷极美备"（第五条），"院中园林宜极大，池沼、花木、亭台、鱼鸟当极美备"（第十三条）。养老院还设立有专门为老年人服务的文化娱乐活动，"院中书画乐玩皆具"（第十四条），[②] 有"戏场、乐场、舞场"（第十条）；"养老院有讲堂，每日讲道，谈古今天下之名理"，"院中所悬图画亦然"（第十八条）；"老者以养魂为主，许其招僧道同居讲道；院中特设寺庵，延高僧高尼主持，以备老者讲习"（第二十二条）。[③] 从康有为对养老的规划设计来看，虽然近代以来西方自然科学知识输入中国，康有为突破了中国传统的地理学知识，了解到世界有温带、热带、寒带等划分，但是从他规划的花鸟亭台、歌舞书画、园林寺庵这些极具中国传统色彩的设计来看，他对未来生活的理

[①] 康有为：《大同书》，《康有为全集》第七集，中国人民大学出版社2007年版，第114页。
[②] 康有为：《大同书》，《康有为全集》第七集，中国人民大学出版社2007年版，第114页。
[③] 康有为：《大同书》，《康有为全集》第七集，中国人民大学出版社2007年版，第115页。

想,并未完全脱离桃花源的印记,这与其从整体勾画的现代意义上的乌托邦似有出入。①梁启超在追忆康有为时,也认同康有为"其理想与之暗合者甚多"②。梁所指即《礼记·礼运》开篇对大同社会的构思。

《大同书》规定,男女皆可在养老院工作,但是必须考试取得相关证书才能从事本工作,而且任职期限为一年,其任职合格与否需要得到老人的监督与认同,对那些不称职的职员要施以名誉上的惩罚,"其贤否以老人所许可之证书为据。老人所恶者革除。凡革除者,削除名誉职业,终身不得选上职"③。康有为认为,工作人员称职与否关系到养老院老人的生活安定,"盖老者之安否,全赖护侍人之服事,故护侍人之不能服侍,则老者不安"④。工作人员不仅要对老人进行生活照料,而且还要对老人进行精神赡养,即所谓的色养。康有为认为在大同社会里,老年人没有子女,那么护侍人则行使的是子女的职责,因而护侍之人对于老人应该"如孝子之于父母,先意承志,怡声悦色,问所欲而敬进之,以得老人之欢为主"⑤(第三条)。可见康有为不但重视老人生活上的照料,而且还非常重视其精神赡养。老人按照年龄进行划分,分别配给不同数量的护侍人员,年六十岁以上者数名老人配一名护侍人,年七十以上者每位老人配一名护侍人,年八十以上者每位老人配两名护侍人,年九十以上者每位配三名护侍人,百岁老人则配四名护侍人,过百岁者则"每人亦以每加十岁递加一护侍人"⑥(第四条)。不过康有为说到未来大同之世,人们的寿命延长,身体也会更加强健,则需服侍人之

---

① 王东杰认为《大同书》完成了中国理想社会"从桃花源"到"乌托邦"的转变,而这一转变反映出中国近代思想基本取向的变化。王东杰:《从"桃花源"到"乌托邦":〈大同书〉关于理想社会的构想》,《近代史研究》2022年第2期。
② 梁启超:《南海康先生传》,载夏晓虹编《追忆康有为》,生活·读书·新知三联书店2009年版,第15页。
③ 康有为:《大同书》,《康有为全集》第七集,中国人民大学出版社2007年版,第115页。
④ 康有为:《大同书》,《康有为全集》第七集,中国人民大学出版社2007年版,第113页。
⑤ 康有为:《大同书》,《康有为全集》第七集,中国人民大学出版社2007年版,第113页。
⑥ 康有为:《大同书》,《康有为全集》第七集,中国人民大学出版社2007年版,第113页。

数量可以更改，此可待未来之修改制订。康有为既主张平等，那么对于护侍之人的称职与否，完全依靠老人的主观判断与认同，护侍之独立人格此处完全湮没，以我们看来，在康有为的大同世界里，护侍之人与奴隶或奴仆无异，显而易见二者人格上之不平等。

康有为更为直观的表述是，直接把老人按照等级进行划分，分别为元老、大老、群老、庶老、老人、老年，共分为三等六级："于大同之中仍有差等，盖于养老院中，仍寓奖功之意，以资劝诫，俾其壮者有所慕励，而不怠惰也。"如何划分老人等级，康有为的原则是"以壮年所行为判"，也就是按照其壮年时期个人的功绩作为划分标准。

> 第一等曰元老，凡曾充全世界大长官、大教主、总医长，及有殊功、大德、高名为人所公推为元老者为之。第二等曰大老，凡曾为各职长官、各业总长、各学大教习，及有功德、大名、硕学者为人所公推为大老者为之。第三等曰群老。其第四等凡有仁人、智人、宝星者，皆为庶老，不待公推。第五等曰老人，其未尝得有宝星者，则但曰老人而已。其曾犯刑罚、削名誉及不齿者，则曰老年，是为第六等。①

前已述及，康有为设计了一套完整的公养、公教、公恤之公立机构，从人本院到化人院共有12种机构，涵盖人一生之生老病死，按照他所提倡的大同之世人人平等的思想，养老院中老人也应该享受平等待遇，但是事实上却具有严格的"差等"秩序。康有为认为"差等"养老具有合理性，按其解释说，大同社会"于诸院，皆无差别"，唯独至养老院独具"差等"，盖以"尊贤、崇德、尚智、量功"，以激励人们壮年时期勤勉有为，也是"其亦不得已者"（第六条）。②虽然康有为自认为其辩解合乎情理，亦其不得已而为之，但是以我们的眼光看仍然不

---

① 康有为：《大同书》，《康有为全集》第七集，中国人民大学出版社2007年版，第113页。
② 康有为：《大同书》，《康有为全集》第七集，中国人民大学出版社2007年版，第114页。

免带有鲜明的等级烙印。在康有为这种等级划分的原则下,元老、大老为上等,群老、庶老为中等,老人、老年为下等。差等不同,不同差等老人享受的待遇自然具有很大差异:"一等与二等为上等,名号虽殊,而受用略同。三等与四等为中等,五等与六等为下等,皆名号殊而受用略同。"①(第七、八、九条)哪些人能够称得上元老、大老这些上等老人呢?康有为说得也很清楚,"其高位、大名、殊功、大德,若全地统领,若大教主,若大医士,若大党魁,若大哲学家"为上等者②。康有为的自相矛盾处处可显,他明确说大同之世,"无有臣妾奴隶,无有君主统领,无有教主教皇"③,前有护侍人似奴仆,此处明确有大统领、大教主,前后充满矛盾。

上等元老、大老因有大功于公众,因而公众以丰厚之礼报之,给予其豪华之享受。元老、大老享受的衣食住行各方面都臻于极致,首先"自宫室、饮食、起居、衣服、玩乐之具,穷极世界之珍美精异"④。其在服饰、饮食、住处、出行等方面享受的待遇,皆有定制,且定制随时公议,如"其车马衣服皆示别异","其有游遨,皆为公费","其每人宫室崇伟,特为大院,一切具备,膳亦特设"。元老、大老居住的相当于独栋别墅或独立庭院,极尽豪华之能事。群老、庶老为中等老人,他们享受的待遇次之:"中等之群老庶老,宫室饮食、衣服玩乐之具,皆次一等。不供游费,不问所欲。其群老六十,则用一人,以次递加。每人一室,室有内外,内为卧室,外为客室;附设卧室一所,书室一所,以容客,或读书,浴室一所,杂物房一所。"⑤ 按照康有为的标准,中等老人的住处相当于现在的四室,包括两间卧室、一间书房、一间杂物

---

① 康有为:《大同书》,《康有为全集》第七集,中国人民大学出版社2007年版,第113—114页。
② 康有为:《大同书》,《康有为全集》第七集,中国人民大学出版社2007年版,第115页。
③ 康有为:《大同书》,《康有为全集》第七集,中国人民大学出版社2007年版,第182页。
④ 康有为:《大同书》,《康有为全集》第七集,中国人民大学出版社2007年版,第114页。
⑤ 康有为:《大同书》,《康有为全集》第七集,中国人民大学出版社2007年版,第114页。

房，有卫生间。老人、老年为下等老人，康有为认为他们"虽为人身，少受公家教养，壮年无补于众，无劳无功，虚负公养，是实有罚"①。换言之，康有为认为这些人不但对公众没有任何功劳，反而还有罪，对他们进行养老只是考虑到他们作为"人身"而"徒哀怜其老而恤之耳"，因而他们享受的待遇削减如下，"宫室饮食、衣服玩乐，皆削减粗下"，"七十乃两人用一护侍人，八十乃用一人，以次递增。每人一室，室有内外，内为卧室，外为客室，溷浴备具"②。他们的住处相当于现在的一室一厅一卫。由此可见，在康有为的大同社会里，不同等级老人享受的待遇迥然有别。

不同等级老人的日常出行待遇差异也巨大，上等老人"乘双马"，且为常备；中等老人隔日允许乘马一次，下等老人则年满七十方许乘马，且"每七日许乘车马一次"。对于不同等级老人乘坐汽车亦有详细规定，上等老人可以在全球享受"公出游费"，也就是可以免费全球旅行，其乘坐的汽车亦为上等位。中等老人可以享受千里之内的免费出行，免费乘坐中等位汽车。下等老人可享受百里之内的免费汽车出行，其乘坐的汽车亦为下等车。③

康有为还特别注重对于老人尤其是元老、大老的陪伴，对于元老、大老在护侍人数上不设限制，"惟所欲，随时定义，仍以年限为等"。对于他们的要求是尽量满足，"其有所欲，皆告于长吏而供给之"④。除护侍之人的陪伴外，还允许老人男女同居。如果男女同居者的等级不同，则依照比上的原则，即"听附于上等"。如果一方未及老年，允许未及老年者与之同居，对不同等级老人的同居者之待遇亦有不同，"若衣服、饮食皆不得出公费，惟上等者许其附食"，以示上等老人待遇的优异；对于中等老人，虽允许其同居，但是对于同居者要收租金；而下等老人不允许"久居"，以防止他们将房屋"私租"⑤。也就是连康有为

---

① 康有为：《大同书》，《康有为全集》第七集，中国人民大学出版社 2007 年版，第 114 页。
② 康有为：《大同书》，《康有为全集》第七集，中国人民大学出版社 2007 年版，第 114 页。
③ 康有为：《大同书》，《康有为全集》第七集，中国人民大学出版社 2007 年版，第 115 页。
④ 康有为：《大同书》，《康有为全集》第七集，中国人民大学出版社 2007 年版，第 114 页。
⑤ 康有为：《大同书》，《康有为全集》第七集，中国人民大学出版社 2007 年版，第 115 页。

自己都认为下等老人待遇较差，甚至需要防备他们出租房间来增加收入，甚有防贼之嫌。就连丧葬，不同老人享受的丧葬级别亦大不相同，元老、大老的葬礼，不仅其所属地的有司都要到场，还要派警察列队举行盛大的葬礼以为其送终。对于群老、庶老则有一个官员及数个警察兵送之即可。而对于下等老人"惟有司及知识送之"①。"考终院"目下对此有更详尽的表述。考终院是人死之后，根据其生前的功绩，也分为三等，"其高位、大名、殊功、大德，若全地统领，若大教主，若大医士，若大党魁，若大哲学家"为上等；中等者，"曾为各职长吏、各师学长、各业长官等"；而下等者则为无仁智、无功德名誉者。② 每等享受的丧葬待遇差别很大，这与其所主张的养老院的差等具有异曲同工之处，然与其主张的人人平等则相去甚远。

显然，康氏的大同世界仍然具有严格的"差等"秩序，虽然强调奖功罚惰，但仍然摆脱不了康有为作为资产阶级所固有的等级烙印，奖智、奖仁即蕴含有此意，"所奖励者，惟智与仁而已"③。还设置奖仁院、奖仁分院，小政府设奖仁局，对于仁惠之事，"差其仁惠之大小以为之等"④。对于人本院、育婴院、慈幼院、养老院、医疾院、考终院等机构之工作人员，皆进行考核，如无过则赠与"仁人"之称号，而且视其功绩之大小颁发奖金，以别差等。⑤ 仁人按其功德，可获赠大仁人、至仁人、上仁等称号；仁、智兼顾者还可获赠美人、贤人、哲人、大人、圣人、天人等称号，天人、圣人并推者，则可称为"神人"⑥。

---

① 康有为：《大同书》，《康有为全集》第七集，中国人民大学出版社2007年版，第115页。
② 康有为：《大同书》，《康有为全集》第七集，中国人民大学出版社2007年版，第115页。
③ 康有为：《大同书》，《康有为全集》第七集，中国人民大学出版社2007年版，第177页。
④ 康有为：《大同书》，《康有为全集》第七集，中国人民大学出版社2007年版，第177页。
⑤ 康有为：《大同书》，《康有为全集》第七集，中国人民大学出版社2007年版，第178页。
⑥ 康有为：《大同书》，《康有为全集》第七集，中国人民大学出版社2007年版，第178页。

康有为是矛盾的,他的理想是建立一个"无有阶级,人人平等"的大同社会,"无有臣妾奴隶,无有君主统领,无有教主教皇"①,但是他设计的考终院对人们的一生进行考订的等级中就有"大教主""统领"之名,还有仁人、圣人、神人之差异,其内在矛盾体现出康有为作为资产阶级改良派,既具有空想社会主义的幻想,以达其"博爱"之名,又不免带有资产阶级改良派的烙印。"平等"抑或"差等",在此已经不言自明,这构成康有为养老思想的矛盾,梁启超在述及此时,也说"其中又分特别、普通二者"。耐人寻味的是,梁启超还说到"其自有府第,不入公院者,亦听"②。也就是说,老人如果自有府邸,可自由选择是否入养老院,也就是在大同社会里仍有私产,这与康有为"去产界"的思想颇有矛盾。《大同书》中并未见到这句原话,但是却出现有"私屋"字样:"凡公所、客店、私屋制造形式,皆以合卫生为宜。"这表明,在康有为未来的大同社会里,是允许有私产的。已有学者指出康有为想要建立的大同社会,并非一个"公产""无有阶级"的社会,而是一个资产阶级共和国形式的"世界"③。

三

康有为养老思想的矛盾,不仅在于前述"平等"抑或"差等"之间的矛盾,而且还表现在他对待家庭的观念。一方面,康有为极力推崇儒家的家庭伦理道德,并且身体力行;另一方面,他又对此进行彻底颠覆,主张消灭家庭,实行公养、公教、公恤。为什么康有为会发生这么剧烈的变化?萧公权在论及该问题时没有给予肯定的答案,只是进行猜测,他猜测的原因是:康有为"对西方社会制度和风俗之兴趣,他之厌

---

① 康有为:《大同书》,《康有为全集》第七集,中国人民大学出版社2007年版,第182页。
② 梁启超:《南海康先生传》,载夏晓虹编《追忆康有为》,生活·读书·新知三联书店2009年版,第21页。
③ 汤志钧:《康有为的大同思想与〈大同书〉》,上海人民出版社2016年版,第155页。

恶中国家庭制度的阴暗面，以及他充沛的想象力，都可能助成此一不寻常见解的产生"①。在论述康有为主张破家界思想之成因时，萧公权提出有几点对其产生的影响：佛教的出家思想；一些亲戚和朋友的不幸遭遇对该想法的加强。② 笔者认为这并不能完全构成康有为对传统的家庭伦理进行彻底颠覆的理由，在其破家界思想基础上产生的养老思想应该是康有为在对中国文化、西方文化和佛家文化等多种文化批判的基础上自成一家之言论。

康有为养老思想的理论，来源于多种思想的糅合。儒家的伦理道德是康有为根深蒂固的一种信仰，即使在具有空想主义的大同世界里，他在内心深处仍然推崇传统的儒家伦理道德，极力推重"孔子之重孝，以为报而已"③。康有为是非常重视孝道的，"先生事母以孝闻"④。对于不孝之人，"可依欠债不还，科而罪之"⑤。他认为欧美的经济水平已经达到升平世，但是西方不知有父子之道，西方人由于自由自立而对于父母之情比较淡薄，乃至"父母贫病而不见侍养"，父子不同居至"老父寡母，茕独寡欢穷困之无养而亦听之"⑥。认为西方人不养父母则无异于欠债不还，忘记父母之恩荒谬之极。可见在中西养老文化价值观的选择上，康有为更倾向于中国传统文化，他专门比较中西养老文化，提出"论孝报欧美不如中国，耶教不如孔教"，继而说"吾取中国也，吾从孔子也"⑦。但因为中国现"据乱世"，种种违反儒家伦理的行为均遭到康有为批判。他认为老人一生辛勤操劳，养育子女艰难，他们理应有一

---

① [美]萧公权：《近代中国与新世界：康有为变法与大同思想研究》，汪荣祖译，江苏人民出版社2007年版，第381页。
② [美]萧公权：《近代中国与新世界：康有为变法与大同思想研究》，汪荣祖译，江苏人民出版社2007年版，第13页。
③ 康有为：《大同书》，《康有为全集》第七集，中国人民大学出版社2007年版，第83页。
④ 梁启超：《南海康先生传》，载夏晓虹编《追忆康有为》，生活·读书·新知三联书店2009年版，第19页。
⑤ 康有为：《大同书》，《康有为全集》第七集，中国人民大学出版社2007年版，第83页。
⑥ 康有为：《大同书》，《康有为全集》第七集，中国人民大学出版社2007年版，第84页。
⑦ 康有为：《大同书》，《康有为全集》第七集，中国人民大学出版社2007年版，第85页。

个很好的归宿。康有为曾经认为欧美文明发达,能够实现他理想中的大同社会,但他游历欧洲以后才发现其不但经济上远不及他所说的大同社会,"未游欧洲者,想其地若皆琼楼玉宇",然却"所见远不若平日读书时之梦想神游,为之失望",甚至风俗民心亦远不若中国,"岂知其垢秽不治、诈盗遍野"①,可谓"其去性善自由,皆甚远也",因而说:"吾昔者视欧美过高,以为可渐至大同,由今按之,则升平尚未至也。"② 康有为对欧美之人心风俗进行批判,表达出对西方文明的失望。他虽然不满意欧美人对父母之"薄报"现象,但对欧美人捐钱设立学院、医院、恤贫、养老院等机构以泽被全国的现象大加赞美。他于1904 年到瑞典旅游,对瑞典恤贫院记载尤详:"院高二层,皆整洁异常,垣墙、道路及地皆洁,地板用疏,浴厕皆如富贵家。……医共四人,日视二次,其老人别一室,有九十余岁者,熙熙甚乐。室尤雅洁,沿廊及室窗多陈花木,无一不洁净。凡贫人五百五十,二三人共一室,人日给费七十二儿,皆国给,本人不须出。看护女二十九人,岁费二三十万,皆支国帑。此院五十年矣,仁矣哉!如见大同之世也。今虽未至,然美意良法如此,亦可谓升平世矣。……五十后无所归,遂入院,以为俗焉,英美尤甚。"③ 虽然康有为认为西方社会尚达不到大同之世,但是对西方社会公立养老院的制度表现出赞同,称其为"美意良法"。

  佛教对康有为的养老思想亦有影响。虽然康有为主张破家界实行公养,但他并不主张出家,因为他认为人出生后,受到父母的养育之恩,应该报答父母,而出家虽然从自身来说逃避了世间之苦,但是对父母而言则是负恩的表现。康有为说道:"若逃之而出其家,其自为则巧矣,其负恩则何忍矣!"④ 康有为还说贷人钱财尚且要偿还,更何况欠父母

---

  ① 康有为:《意大利游记》,《康有为全集》第七集,中国人民大学出版社 2007 年版,第 351 页。

  ② 康有为:《意大利游记》,《康有为全集》第七集,中国人民大学出版社 2007 年版,第 374 页。

  ③ 康有为:《瑞典游记》,《康有为全集》第七集,中国人民大学出版社 2007 年版,第 481 页。

  ④ 康有为:《大同书》,《康有为全集》第七集,中国人民大学出版社 2007 年版,第 92 页。

之生育教养之恩，而出家之行为无异于欠父母钱财而逃逸："此与负万亿重债而分毫不偿，乃挟人财，逃之他方以夸豪富，其所以为享用富乐，则计诚得矣，试问公理、国法能容之乎？"① 康有为将出家不仅看作负恩的表现，而且将其上升到公理与国法难容的程度。再则康有为认为佛家的禁欲主义违背人道精神，这与康有为的享乐思想背道而驰。但佛教的"兼爱"思想、众生平等思想又是康有为大同思想的直接来源，"佛兼爱众生，而耶氏以鸟兽为天之生以供人食，其道狭小，不如佛矣"②，这表明康有为不但主张兼爱人类，而且还要将爱施之于物类。甚至康有为认为基督教源自佛教，"窃审耶教全出于佛。其言灵魂，言爱人，言异术，言忏悔，言赎罪，言地狱、天堂，直指本心，无一不与佛同"，"且以外仪观之，耶教亦无一不同于佛教焉"③。甚至认为"耶稣、马哈麻、一切杂教皆从此出也"，此即指"佛氏之教"。不仅如此，康有为还认为基督教所提倡的"令人人有四海兄弟之爱心"之学说"皆我旧教之所有"④。显然，康有为的宗教哲学观带有偏执、虚妄的成分。佛教、基督教与中国儒家相比，康有为更推崇儒家，他认为儒家顺乎人性，合乎人情，为阳教，而佛教则"逆人之情，阴教也"⑤。

说到"兼爱"，墨家的"兼爱"思想对康有为影响至深。康有为对墨家所提倡的"兼爱"说不无赞赏："兼爱无弊，既爱我又爱人。老吾老以及人之老，幼吾幼以及人之幼，爱何弊焉？"⑥ 不过，康有为认为

---

① 康有为：《大同书》，《康有为全集》第七集，中国人民大学出版社2007年版，第91页。
② 康有为：《意大利游记》，《康有为全集》第七集，中国人民大学出版社2007年版，第398页。
③ 康有为：《意大利游记》，《康有为全集》第七集，中国人民大学出版社2007年版，第397页。
④ 康有为：《意大利游记》，《康有为全集》第七集，中国人民大学出版社2007年版，第398页。
⑤ 康有为：《康子内外篇》，《康有为全集》第一集，中国人民大学出版社2007年版，第103页。
⑥ 康有为：《康子内外篇》，《康有为全集》第一集，中国人民大学出版社2007年版，第107页。

墨子的"兼爱"源于孔子的大同学说,他说:"墨子兼爱,亦出孔子。墨子学孔子之道。"① 康有为认为墨家源于儒家,现代学界也有此种观点,但是墨家主张兼爱众人且爱无差等的思想已经超越了儒家的"泛爱众,而亲仁"的"爱有差等"思想。虽然康有为对墨子及墨子的"兼爱"思想推崇备至,但是他反复批判墨子的苦道精神,认为墨子的苦道精神与人道精神背道而驰,这是他认为墨家学说不能行之久远的原因。他说:"墨子尚俭,其道太苦,其行难为,虽有兼爱之长,究不可以治万世。"②"墨子之道苦,故人不从之。"③"墨子尊天、明鬼、尚同、兼爱,无一不与耶同。……夫不言魂而尚苦行,此必不可行者也。"④ 从康有为对墨家和儒家的比较来看,他认为墨家比较偏颇,不如儒家能够安邦定国,因而墨家不能行之久远,而且墨子之苦道精神也不符合康有为的享乐思想。康有为是个享乐主义者,他不仅反对墨家的苦道精神,而且对佛教的禁欲主义、婆罗门教的苦道主义也持批判态度。因此,他大体上不提倡墨家学说,但是不置可否,墨子"兼爱"学说对康有为影响至深。

由上可以看出康有为的思想实际上并不局限于一家之言,而是在对各家进行批判继承的基础上,吸取对己有用之说,并加以改造,自成一家之言。汤志钧说康有为的《大同书》汲取了"孔子的大同说和耶教、佛教'平等'教义",并受到"达尔文进化论、柏拉图乌托邦思想以及傅立叶、欧文等空想社会主义的影响"⑤。对于康有为的养老思想而言,他虽极力推崇儒家的孝道及儒家所勾勒的理想范本,但是墨家的"兼爱"学说、佛教的兼爱众生、基督教的平等思想及西方的慈善思想,都对康有为的养老思想产生重要影响,他对各种学说中的不利成分进行批

---

① 康有为:《南海康先生口说》,中山大学出版社1985年版,第14页。
② 张伯桢:《康南海先生讲学记》,《康有为全集》第二集,中国人民大学出版社2007年版,第124页。
③ 康有为:《大同书》,《康有为全集》第七集,中国人民大学出版社2007年版,第8页。
④ 康有为:《意大利游记》,《康有为全集》第七集,中国人民大学出版社2007年版,第398页。
⑤ 汤志钧:《康有为的大同思想与〈大同书〉》,上海人民出版社2016年版,第3页。

判的吸收，终成康氏一家之言。萧公权先生曾提出"康氏到底是一忠实的信徒呢，还是一个伪装的叛徒"①，到此为止，我们至少可以回答：虽然康有为骨子里的儒家成分还是占有多数，但他并非一个忠实的儒家信徒，也非一个伪装的叛徒。甚至可以这样说，康有为从来就不是一个忠实的儒家信徒："吾少尝欲自立为教主矣，欲立乎孔子之外矣，日读孔氏之遗书，而吹毛求疵，力欲攻之。"② 究其本质，康有为就是"康有为"，他的养老学说是在批判吸收各种学说的基础上而自成一家之体系，正如其学生梁启超评价曰"自成家数，崛起一时"③。

四

《大同书》固然寄托了康有为的乌托邦理想，焉知儒家的家庭伦理关系不是寄托了一代又一代儒士的理想？因此，我们在批判儒家伦理之时，也要明白儒家所讲的家庭伦理关系仅仅是一个理想，是儒家所设计的人们行为的最高规范，然而现实社会并非如此。在传统社会，统治者拼命劝孝，正是因为现实中为孝之艰难。康有为看到中国现世社会中的种种不如意，从而引发其对现世的批判，这成为康有为养老思想的现实依据，因而康有为的养老思想与其所经历的现实颇有联系。

康有为在《康子内外篇》（1886年）中描述了现世中父子关系恶化的现象："予出而偶有见焉，父子而不相养也，兄弟而不相恤也，穷民终岁勤动而无以为衣食也。僻乡之中，老翁无衣，孺子无裳，牛宫马磨，蓬首垢面，服勤至死，而曾不饱糠核也。"④ 他还目睹一乡人原本家富巨万，因为子女众多最后落得穷死的地步。康有为对"据乱世"

---

① ［美］萧公权：《近代中国与新世界：康有为变法与大同思想研究》，汪荣祖译，江苏人民出版社2007年版，第36页。
② 康有为：《参政院提议立国之精神议书后》，《康有为全集》第十集，中国人民大学出版社2007年版，第206页。
③ 梁启超：《清代学术概论》，商务印书馆1921年版，第129页。
④ 康有为：《康子内外篇》，《康有为全集》第一集，中国人民大学出版社2007年版，第104页。

中子不养父现象进行强烈的批判,不仅不孝之人无以养父母,他还认为即使是孝贤之人也不一定能够赡养父母,这些人在外地做官或做生意,与父母相分离,因而侍奉父母的时日非常之少。在《大同书》中康有为专辟一题《论中国人孝为空义,罕有力行者》对当时社会中的孝行难施进行了详尽的描述。在康有为看来,中国言孝,"以名焉耳",在实践中,人们由于穷奢极欲、自私自利、经济困难、蠢愚无用等原因能够养活父母的则很罕见。康有为在《大同书》中写道:

> 今中国之农工商贾既不开利源之路,而执事作工复极得手业之难,然极力营得之,而工资微薄,致无以资一人之生,况能责其仰事俯畜哉?……若其无工可作,无田可耕,闲民游手,好赌而吹,佚游无度,醉乐而荒,都邑相望,市衢相属,饿莩载道,不可纪录。若是者甚多甚多,岂能复望其孝养哉!以吾乡所见,养父者千不得一,养母而丰泽安乐者百不得一,分其数金之入令老母安坐而食、饱暖无营者十不得一,其能以一金半金养母而母复操作助之者二不得一。而不孝子之穷侈纵欲,不养其亲,或仅私妻子而不养其亲,或穷困无聊不能养亲,或疾病无依致累其亲,或蠢愚无用待养于亲,或妻子林立待养于亲,或妄作非为、陷于刑狱致害其亲,或纵欲负债、鬻田卖屋致累其亲,若是者举目盈耳,几于十居其七八也。极贫之人或尚少,中人之家则累累皆是矣。试游于都会,入于闾井,听乡谣,比户可忧焉。老妇隆冬无被,乃典衣而疗子孙之疾;老翁白首无裤,乃力作而偿子孙之负。其子孙众多,壮夫环立,而游手无食,仰于一老,乃至年七八十,奔走远方,或为人隶,仰人鼻息,归而哺食其所生息者,盖比比也。呜呼!几见有竭力能报其父母者哉?[①]

显然在康有为看来,当时的中国民生凋敝,农业、工业和商业都不

---

① 康有为:《大同书》,《康有为全集》第七集,中国人民大学出版社2007年版,第86页。

发达，人们或生活艰难、无事可做，或游手好闲、无所事事，因而真正做到孝敬父母的人甚是罕见。基于此，康有为得出中国言孝为"空义"的结论，这也是康有为主张设立"公立养老院"对老人进行养老的重要现实因素。他不仅批判中国社会"孝为空义"的现象，对于西方社会中的亲子关系，康有为更是极力批判，批判西方人对父母"薄报"的现实。

康有为既热衷于宣扬中国传统的父子伦理关系，又对传统的父子伦理关系进行彻底颠覆。这看似一个矛盾混合体，实则代表康有为思想的两个层面。一方面，他是深受儒家思想熏陶的知识分子，并对传统孝道身体力行；另一方面，他又是一个乌托邦建造者，对儒家伦理进行彻底颠覆。事实上，虽然康有为提出建立公立养老院进行养老，但是他根深蒂固的儒家传统伦理思想始终没有消除。康有为多次表明他对儒家伦理关系的热衷，反复倡导父子天性之说。在《春秋董氏学》中，康有为对父子关系进行阐述："父者，子之天也；天者，父之天也。无天而生，未之有也。"[①] 这明确表现出康有为对父为子天之说的推崇，完全属于中国传统的儒家伦理道德规范。即使在寄托其乌托邦思想的《大同书》里，这种感情也跃然纸上，认为"父慈、子孝、兄友、弟敬、夫义、妇顺"是"人道之至顺，人情之至愿"[②]。由此可见，康有为对儒家传统的家庭伦理关系从内心是备极推崇的。他将历史时期的文天祥、史可法、杨继盛、于成龙、陈瑸及自己堂伯母、堂姐称为"孝子、忠臣、义夫、节妇、猛将、修士"，并赞其"荣誉在焉，敬礼在焉"[③]。

康有为对传统的父子关系进行彻底颠覆，并非仅见于《大同书》，在其他著述中均有表露。在《实理公法全书》中，康有为批判"父为子纲"，以父母同取"天地之原质"而构成子女的自然主义思想为前提，强调"父母与子女各有自主之权"是几何公理。[④] 康有为甚至认

[①] 康有为：《春秋董氏学》，中华书局1990年版，第97页。
[②] 康有为：《大同书》，《康有为全集》第七集，中国人民大学出版社2007年版，第7页。
[③] 康有为：《大同书》，《康有为全集》第七集，中国人民大学出版社2007年版，第7页。
[④] 康有为：《实理公法全书》，载朱维铮编校《康有为大同论二种》，生活·读书·新知三联书店1998年版，第13页。

为，父母将子女视为自己的私属是对天赋人权的违背："人，天所生也。托藉父母生体而为人，非父母所得专也，人人直隶于天，无人能间制之。盖一人身有一人身之自立，无私属焉。"① 这显然与他所言"父子天性""子乃受命于父"等言论具有天壤之别，在这里，儿女不再隶属于父母，而是与父母一样同归属于天，天赋人权的平等观在此得到体现。萧公权在讲康有为的伦理观时，认为康氏对亲子之间关系的看法亦大异于中国传统，他尽量减少父母的重要性，以便子女从儒家经典所决定的孝道义务中解放出来，子女与父母之间互不相欠。② 在《大同书》里，虽然他不断表明对父子天性的热衷，但更重要的是，康有为看到中国现世社会中的种种不如意，从而引发了对现世的批判。其实康有为关于父子、夫妇关系平等的主张，更早见于《礼运注》中，那时他就已经主张父子夫妇之公理乃在于"各立公约而共守之"，"故只有天下为公，一切皆本公理而已"③，认为父子之间的关系以公理维系之。

然而，康有为本人对传统的家庭伦理道德是身体力行的。他从小就表现出孝的天性，"母病三年，服侍不倦"④。康有为十一岁时父亲去世，就能做到"执丧如成人礼"⑤。在戊戌变法失败后逃往日本期间，康有为仍然挂念母亲的生日而思欲回国探望，但由于时局紧张而未果。从康有为本人的实践来看，他严格遵守旧有的家庭伦理道德。康有为以上的言行为我们构建出一个传统的儒家学者的形象，据此我们可以判断，康有为从骨子里是儒家伦理的倡导者和践行者。其学生陆乃翔、陆敦骙曾说康有为言行之矛盾："先生行事，微妙圆通，诚有若甚相反不

---

① 康有为：《实理公法全书》，载朱维铮编校《康有为大同论二种》，生活·读书·新知三联书店1998年版，第93页。
② [美]萧公权：《近代中国与新世界：康有为变法与大同思想研究》，汪荣祖译，江苏人民出版社2007年版，第380页。
③ 康有为：《礼运注》，《孟子微 礼运注 中庸注》合集，中华书局1987年版，第240页。
④ 张伯桢：《南海（康）先生传》，载沈云龙主编《中国近代史料丛刊》第二辑，台湾文海出版社1966年版，第2页。
⑤ 康有为：《康南海自编年谱》，《中国近代史资料丛刊：戊戌变法（四）》，上海人民出版社1957年版，第110页。

可思议者。"① 又说："其理想穷极天人，包罗万象；其行止不离尺寸，素位而行。"②

结 论

康有为的养老思想是在批判吸收儒家、墨家、基督教、佛教、中西方慈善思想等诸多思想的基础上，对其进行改造而成的一家之言。康有为是清醒的，他清楚地看到大家庭带来的痛苦、中国人言孝的"空义"和父子伦理关系的虚伪，因而提出"破家界"、实行"公恤"的主张。同时，康有为又是矛盾的，他既热衷于传统的家庭伦理关系，又主张人人平等。他既主张人人平等，又对老人进行等级划分。他主张破家界，是因为他清醒地意识到人性的弱点而无能为力，只有退而求其次，从虚无的乌托邦社会中寻求出路。我们固然可以说康有为是现世中的儒者和理想国中的叛徒，但是毋宁说他是在对传统儒学中的家庭伦理关系进行改造。这种改造是非积极的，如果说是积极的，他则可以从改造人性入手，使人性更加符合他理想中的父子伦理关系。但是现实迫使他放弃改造人性的想法，退而求其次，他寻求一种新的解决方法——消灭家庭，从而破除父子不相恤的土壤，使人人归于大同。在此基础上他进一步提出一套养老制度，但是却具有严格的"差等"秩序，这就是康有为养老思想的理想和矛盾，也可知大同世界是其不得已的选择。戴逸先生曾评价康有为说："他的大同学说可以说是集中和概括了当代知识界的憧憬和追求，迷惘和苦闷，恐惧和愿望。"③ 康有为本人自幼聪慧，博览群书，也使他产生强烈的自信，并由此产生自负、偏执，这是他重要的性格特点。康有为还常常以圣人自居，"吾少尝欲自为教主矣，欲立乎

---

① 陆乃翔、陆敦骙：《南海先生传》（上编），《追忆康有为》，生活·读书·新知三联书店2009年版，第76页。
② 陆乃翔、陆敦骙：《南海先生传》（上编），《追忆康有为》，生活·读书·新知三联书店2009年版，第77页。
③ 戴逸：《当代学者自选文库·戴逸卷》，安徽教育出版社1999年版，第124页。

孔子之外矣"①，时人颇多称其为"圣人为"。其又主张享乐反对苦道。由此推之，康有为在大同社会建构的养老院具有"差等"秩序，则自在其情理之中。

（作者系郑州大学马克思主义学院教授，近现代河南与中国研究中心研究员）

---

① 康有为：《参政院提议立国之精神议书后》，《康有为全集》第十集，中国人民大学出版社2007年版，第206页。

晚清上海法租界会审公廨实践的多维透视

吴 飞 赵肖斌

摘 要 晚清上海法租界会审公廨的运行较之公共租界会审公廨呈现出更强的适应性。这种中法混合法庭模式产生于帝国主义对华主权、法权的攫取过程中，因此必然蕴含着较单一模式法庭诸多更广泛利益主体的相互博弈。在法租界会审公廨的司法实践运行中，主要呈现三对博弈关系：法国陪审员与中国法官之间的权力关系博弈、洋原华被诉讼中的当事人权利关系博弈以及纠纷裁判中的中西法治理念博弈，三对博弈关系均呈现出法强华弱的总体态势。

关键词 法租界会审公廨 博弈观 治理观 多元主义 法治

晚清以降，封建中国的巨大市场在帝国主义国家的坚船利炮面前被缓缓打开，随之而来的是西人的蜂拥而至，或传教通商，或淘金冒险，其动机各异，华洋纠纷亦因之迭起。[①] 在剧烈变幻的近代性面前，昂格尔笔下那种以"官僚法"为主的古老中国的法制资源供给越来越显得难以为继：家国同构的社会治理模式、以道德教化为主的纠纷解决机制、儒法兼容的法制文化氛围、息讼忍让的纠纷化解理念、情理法并行的裁判价值导向，在以自然法为启迪衍生出来的自由民主式西方现代法律体制面前显示出巨大的局限性，因此亦很难企求晚清中国的衙门对于相关纠纷做出符合近代法治理念的判决。再加之，传统中国重实体、轻程序的法制传统，晚清政府于开埠之初国际法观念的缺失，以及由此形成的

---
① 蔡晓荣：《晚清华洋商事纠纷研究》，中华书局2013年版，第1页。

"交涉型"纠纷处理模式,① 使清政府日益面临充满现代性的诉讼困境。

在此种情境下,清政府及其官员开始对华洋纠纷采取最为保守的消极应对策略:"他们看到了对外国人行使司法管辖权的麻烦,中英《南京条约》签订的第三天,钦差大臣耆英向英国公使发出照会,主动要求嗣后将英国人犯罪交由英国领事自行处置,由此便将中国对来华外人的司法权拱手相送,开外国在华领事裁判权之先河。"② 在清政府懵懂的司法主权意识与淡薄的国际法观念之下,外国领事利用诸多不平等条约逐步攫取中国的司法主权,并逐步获得了与清政府地方官会同审理外国人为原告、华人为被告的华洋诉讼的特权,③ 上海公共租界会审公廨与法租界会审公廨制度即其重要显示。会审公廨制度下,中方法官——谳员作为晚清上海行政长官的代表与外国驻沪领事的代表会同审理租界内的华洋纠纷以及华华纠纷,由此事实上开启了中国法治近代化的进程。

长期以来,学界主要聚焦于公共租界的会审公廨制度研究,相关研究成果亦颇丰,反观法租界会审公廨制度的研究则人迹罕至,极少有学者投关注点于斯处。④ 两个租界的会审公廨虽在设立背景、性质等方面

---

① 这种"交涉型"纠纷处理模式包括以国家为主体的一般对外交涉,亦包括以私人为主体的普通华洋诉讼,由于清末国际法知识与意识的匮乏,因此清政府往往不能准确区分二者的区别,在纠纷处理过程中出现诸多普通华洋诉讼是通过国家出面的"交涉型"纠纷处理模式解决的。民初对华洋诉讼问题有过悉心研究的姚之鹤针对这种现象指出:"……第一所当注意者,毋混诉讼为交涉。盖诉讼为两国国民相互之事,而交涉则为两国政府交涉之事,性质本是不同。前清外交失败,多由于此。"姚之鹤:《华洋诉讼例案汇编》,商务印书馆1915年版,第9页。另参见钟勇华《清末民初华洋诉讼理案模式演变研究——基于天津的个案考察》,硕士学位论文,湖南师范大学,2008年,第23—24页。

② 安国胜:《外国在华领事裁判权史稿》,中国政法大学出版社2014年版,第223页。

③ 侯庆斌:《晚清中外会审制度中华洋法官的法律素养与审判风格——以上海法租界会审公廨为例》,《学术月刊》2017年第1期。

④ 主要研究者及其代表作有:侯庆斌《晚清上海法租界会审公廨研究(1869—1911)》,博士学位论文,华东师范大学,2017年;侯庆斌《晚清上海法租界城市治理中的法律移植与司法实践——以违警罪为例》,《复旦学报》(社会科学版)2018年第3期;侯庆斌《晚清中外会审制度中华洋法官的法律素养与审判风格——以上海法租界会审公廨为例》,《学术月刊》2017年第1期;王立民《上海法租界早期法制与评析——以〈上海法租界史〉一书为中心》,《上海政法学院学报》2020年第6期;张铨《上海法租界会审公廨》,《史林》1994年第2期;崔雅琼《论上海法租界会审公廨》,《商丘师范学院学报》2019年第5期;周冉《上海法租界会审公廨法式风情下的司法缝隙之地》,《国家人文历史》2018年第15期;王振伟《上海法租界司法制度与实践之探析》,硕士学位论文,华中科技大学,2010年;[法]梅朋、傅立德《上海法租界史》,倪静兰译,上海社会科学院出版社2007年版。

有相似之处，但其毕竟设立在具有不同法律传统、文化传统①背景的租界内。正如有学者所指出的：两个租界既相互竞争又利益相关，公共租界采用大不列颠的自由主义制度，法租界则奉行雅各宾派的传统，一边是商人寡头挖空心思维护自身的利益，另一边则是专制官僚自称要为共和理想服务，② 两个会审公廨的运行实践中必然呈现出诸多差异，因此，独立研究法租界会审公廨也具有重要意义。本文首先追溯上海法租界会审公廨设立的沿革过程，继而转向以多维方式来看待法租界会审公廨司法实践中呈现出的法国陪审员与中国法官之间的权力关系博弈、洋原华被诉讼中的权利关系博弈以及裁判技术中的现代法治观与裁判理念中的多元治理观，最后，以晚清法租界会审公廨制度及其实践作为再反思对象，以史为鉴，折射出构建中国特色的社会主义法治国家所应当秉持的方向与路径。

一　上海法租界会审公廨设立之沿革

会审公廨制度的建立始于清末中国司法主权的沦丧以及资本主义国家领事裁判权与治外法权的形成过程中，法租界会审公廨制度亦形成于此流向中，后经分流，形成了与公共租界会审公廨相异并行的制度架构。

1843 年中英《虎门附加条约》规定了华英纠纷"英商归英国自理，内人由内地惩办"③ 的解决方式，晚清外国人在华不受中国法律约束的局面由此肇始。1844 年中法《黄埔条约》规定的法华纠纷解决方式亦是如此，"华人由中国官严拿审明，照中国例治罪；法兰西人，由领事官设法拘拿，照法兰西例治罪"。此外，该条约还规定了法国人纠纷案件由法国官员处理、法人与其他帝国主义国家公民的纠纷中国官员不必

---

① 马学强、钱军：《近代上海城市中的特殊记忆》，上海人民出版社 2015 年版，第 3 页。
② ［法］白吉尔：《上海史：走向现代之路》，王菊、赵念国译，上海社会科学院出版社 2005 年版，第 124 页。
③ 吴乾兑：《〈南京条约〉至〈虎门条约〉期间英国在上海选择居留地的活动》，《史林》1989 年第 4 期。

过问的原则。① 通过该条约,法国领事拥有了在华裁判法华案件的初步权限。1844 年至 1845 年,上海道台宫慕久与英国领事巴富尔"共同酌议"并签订了《上海土地章程》,通过该章程确定了租界的范围、租地办法、租地手续、案件管辖权以及租界的管理权等方面,这构成了上海租界的"根本法"或"租界制度之真正根据"②。1851 年前后,小刀会起义带来的恐慌使众多中国难民纷纷进入租界躲避战乱,晚清当局忙于镇压起义而无暇顾及此,上海英法美租界当局乘机夺去了对界内华人的司法管辖权,于 1854 年自行制定并通过了第二次《土地章程》,将华人在租界内违反租界章程或犯罪行为非法纳入领事裁判权的范畴。③ 1863 年,在订立美租界划界章程时,美国领事熙华德提出在美国领事签署签票前中国差役不得在美租界拘捕任何中国居民的要求,公然要侵夺中国在租界的司法权,上海道黄芳允准了此项要求。此后,驻沪领事团又提出由领事团代表中国"授权"租界工部局,对界内"无约国"外人实施司法管辖权,亦得到黄芳的同意。1864 年 2 月,领事团主张在公共租界建立违警法庭以专门审理租界内华人违警案件,其中裁判员由领事委派,即由外国人单独审判中国公民。④ 以英国领事巴夏礼为首的领事团为避免激化华洋矛盾,以不符合中外条约为由将之驳回。⑤ 巴夏礼的构思是由外国领事与中国地方当局的官员组成混合法庭,进而使这种扩展领事裁判权的计划更为切实可行,而此项计划亦得到了时任江苏巡抚的李鸿章支持。⑥

---

① 《黄埔条约》第 27 条:凡有法兰西人与中国人争斗事件,或遇有争斗中或一二人或多人不等,被火器及别器械殴伤致毙,系中国人,由中国官严拿审明,照中国例治罪;系法兰西人,由领事官设法拘拿,迅速讯明,照法兰西例治罪。其应如何治罪之处,将来法兰西议定条款。如有别样情形在本款未经分析者,俱照此办理。因所定之例,法兰西人在五口地方如有犯大小等罪,照法兰西例办理。第 28 款规定:"法兰西人在五口地方如有不协争执事件,均归法兰西官员办理,遇有法兰西人与外国人有争执事情,中国官员不必过问。"

② 王立民:《上海租界法制史话》,上海人民出版社 2017 年版,第 8 页。

③ 郑祖安:《英国国家档案馆收藏的〈上海土地章程〉中文本》,《社会科学》1998 年第 3 期。

④ 费成康:《中国租界史》,上海社会科学院出版社 1991 年版,第 134—135 页。

⑤ William Crane Johnstone, *Shanghai Problem*, California: Stanford University Press, 1937, pp. 132 – 133, 147.

⑥ 费成康:《中国租界史》,上海社会科学院出版社 1991 年版,第 135 页。

会审公廨的前身即 1864 年在上海公共租界成立的洋泾浜北首理事衙门，该衙门成立后，事实上外国陪审官扮演了更为"活跃的角色"，有时甚至喧宾夺主，结果理事衙门不仅大大扩展了审判权限，亦依西方刑罚处罚华人，这使得双方之间在权力分配、刑罚方式、审判权限等方面争端不断，[①] 故而该理事衙门设立之初并未公布正式章程。与此同时，法租界内中法双方并未设立此种衙门，法国领事仍在领事署内处理各种华洋混合案件，与公共租界不同的在于：上海道派出的委员既能与法国领事会同审理洋原华被案件，亦能审理华原洋被案件，所以，彼时的法租界司法制度在形式上而言要较之公共租界稍显公平。[②] 经过长期磋商，1868 年年底总理衙门与英美驻华公使分别核准了《上海洋泾浜设官会审章程》（下简称《会审章程》），该章程于 1869 年 4 月 20 日正式生效，这也标志着中外会审制度正式得到了国家层面的认可，会审公廨制度正式成为外国在华租界中的特殊司法制度，[③] 清政府的司法主权正在其无知之境中一步步沉沦。

根据该《会审章程》，首先，会审公廨为中国司法机构，由上海道委任一同知主持，对于洋原华被的纠纷，由中外官员会同审理，华华纠纷则由中方谳员单独审理，在形式上确立了以中方谳员为主的审判权力分配格局。其次，所有诉讼"照中国常例审讯"，会审公廨有权"发落枷杖以下罪名"，罪至军、徒、流以上的案件及人命案，仍归上海县审断。最后，对于不服公廨裁判者，可向上海道及领事官上诉。[④] 在拟定该《会审章程》之时，法国驻华公使亦曾表示愿意共同参与组织上海会审公廨，但随后英美公使与法国公使就《会审章程》中的某些内容发生了分歧：1869 年 4 月 18 日，法国外交部训令其驻沪总领事达伯里拒绝承认此项协定，[⑤] 辩称第 5 条之规定与当时在法租界内逮捕人犯须

---

① 费成康：《中国租界史》，上海社会科学院出版社 1991 年版，第 135—136 页。
② 费成康：《中国租界史》，上海社会科学院出版社 1991 年版，第 135 页。
③ 费成康：《中国租界史》，上海社会科学院出版社 1991 年版，第 136 页。
④ 费成康：《中国租界史》，上海社会科学院出版社 1991 年版，第 136 页。
⑤ 马学强、钱军：《近代上海城市中的特殊记忆》，上海人民出版社 2015 年版，第 10—11 页。

有法国领事命令的习惯"绝对冲突"①。此外,其认为《会审章程》第1条所规定的由中国同知"照中国常例审讯华洋纠纷"及第10条规定的中方委员为主"审断华洋"案件与1844年《中法黄埔条约》以及1858年《中法天津条约》之有关领事裁判权规定相抵,② 法国政府不能接受公开违背条约的行为,因此法国驻沪总领事达伯理推翻了其前任参加的协商结果,决定不受《上海洋泾浜设官会审章程》的约束,而援引最惠国条款,由法租界自己另行设立会审公廨。③

事实上,在法国政府对此表示反对之时,法租界的会审公廨已先行成立并运行。1869年4月法国领事与上海道台议定《法租界会审协议》,规定法租界会审公廨不受《会审章程》约束,同时凡《会审章程》赋予外国领事的权利,法国领事同样享有。④ 就协议的内容而言,法国领事通过援引最惠国待遇条款事实上拥有了比英美陪审更为广泛的权限,因此,"上述种种借口不过是表面文章,问题的症结是法国政府欲保留法租界在上海的独立的司法审判组织。它既要设法游离于中国司法主权之外,也不愿与上海公共租界会审公廨混为一体"⑤。而法租界会审公廨的出现,则更早可追溯于1849年,彼时法国领事就已经在上海设立领事法庭,法国政府于1852年颁布《法国领事在华之司法权》

---

① 《会审章程》第5条:中国犯逃避外国租界者,即由该委员选差迳提,不用县票,亦不必再用洋局巡捕。第1条:遴委同知一员,专驻洋泾浜,管理各国租界地界内钱债、斗殴、盗窃、词讼各案件,立□公馆,置备枷杖以下刑具,并设饭歇(押所)。凡有华民控告华民,及洋商控告华民,无论钱债与交易各事,均准其提讯定断。并照中国常例审讯,准其将华民刑讯、管押,及发落枷杖以下罪名。第10条:委员审断案件,倘有原告捏砌诉词诬控本人者,无论华洋,一经讯明,即由该委员将诬告之家,照章严行罚办,其罚办章程,即先由该委员会同领事官酌定,一面送道核准,总期华洋一律,不得稍有偏袒,以昭公允。

② 1844年《中法黄埔条约》第27、28款与1858年《中法天津条约》第38、39款皆强调法国侨民在华享有领事裁判权,中国当局不得过问。马学强、钱军:《近代上海城市中的特殊记忆》,上海人民出版社2015年版,第10—11页。

③ 因有最惠国待遇的条文,法国已经有权而且永远有权要求得到中国给予别国的利益,中国不能把条约所没有明文规定的义务强加于法国。因此法国随时都可以要求1869年章程的利益,而不接受法国所没有承认的义务。[法]梅朋、傅立德:《上海法租界史》,倪静兰译,上海社会科学院出版社2007年版,第441页。

④ 《上海外事志》编辑室:《上海外事志》,上海社会科学院出版社1999年版,第131页。

⑤ 张铨:《上海法租界会审公廨》,《史林》1994年第2期。

予以认可,并扩大了领事法庭的权限,1859年3月,时任法总领事敏体尼(Louis Charles Nicolas Maximilien de Montigny)在法领署内设立违警罪裁判所,以审判各类华洋混合案件。① 1866年7月公布的《上海法租界公董局组织章程》,进一步明定:"凡违犯路政章程的诉讼,由公董局代表审理";"凡违犯警务章程的诉讼,由总领事或总领事馆官员审理";如"被告不是法国人,而该被告不服前条规定之审判官裁判时,应立即送请原该管法庭审理"。然而实际情况是:1869年以前,上海法租界当局对于中国人犯已从不解送,或由法领自己审理,或请沪道至法领事署会审,并有若干例外。(1)凡华人案件影响于法租界者,如关于纳税及不动产案件,可由法领单独审断;(2)凡中国人在法租界内犯罪,亦可归法领事审理;(3)中国人所犯重大之,例须移送中国地方长官法办者,亦可归法领事管辖;(4)中国官宪如欲在上海法租界内执行司法权利,必须得法国驻沪领事之许可。② 此外,1869年4月13日,法租界会审公廨先于公共租界会审公廨开庭,这也标志着事实上的法租界会审公廨正式形成。法租界会审公廨在这种额外特权之下进一步攫取中国的司法主权,以至于形成"凡属法租界内居民案件,一概在法驻沪领事馆内解决,由法国驻沪副领事或其代表参与会审,公廨的一切提传票都要经法国驻沪领事签字,并由捕房执行"③,"中国官府的逮捕令必须事先得到法国领事馆的签署,才可在法租界被执行"④ 的情境。

由此可见,法国政府所谓表示反对的理由无非出于更大利益以及以

---

① 违禁罪裁判所以法国驻沪领事馆一等秘书米罗(Merlo)为审判长,翻译李梅(Victor Gabriel Lemaire)和总巡刚纳德(Kenneth)为审判官,由巡捕拘捕"违警"华人,送入该裁判所审讯判处罚款、拘役。该裁判所每日早上10点开庭审理。审讯案件时,总巡为原告,审明罪情后,情节严重者送往中国官厅处罚;轻者则直接罚款,所罚款项用来充当巡捕房的经费。马学强、钱军:《近代上海城市中的特殊记忆》,上海人民出版社2015年版,第12页。
② 王宗旦:《收回上海法租界会审公廨之研究》,《东方杂志》1930年第27卷第11号,转引自张铨《上海法租界会审公廨》,《史林》1994年第2期。
③ 马学强、钱军:《近代上海城市中的特殊记忆》,上海人民出版社2015年版,第14页。
④ [法]梅朋、傅立德:《上海法租界史》,倪静兰译,上海译文出版社1983年版,第441页。

最惠国条款"搭便车"的考量，其实质无非为了攫取更多的特权与利益而已。此外，由于法租界会审公廨的成立依据是法国领事与上海道台议定《法租界会审协议》，而非中法两国之间的相关章程，因此上海法租界会审公廨一开始就被称为"一个意见最纷纭的机构"①。而由于缺少中法两国间的章程，更没有足够的一般性规章制度予以规范，确保其顺利运行，因此公共租界与法租界两个会审公廨之间经常因诉讼管辖权等问题发生冲突，本文限于篇幅不对其作出讨论。由此，在清末中国司法主权不断沦丧、外国领事裁判权逐步建立之时，在诸多中外不平等条约的规定中，会审公廨建立起来了。法租界会审公廨通过更隐蔽、更技巧的方式，攫取了甚于英美的治外法权，法方虽非签字者，但凡《会审章程》一切有利于租界的条文，法租界却照样享用，反之则另行其事。以至于有学人指出，"中国所损失之权利，较在公共租界更大。六十年来法租界所受之司法侵略，积威之下，黑暗万状"②。

二 法租界会审公廨司法实践中的多维透视：博弈观与治理观

晚清上海法租界会审公廨形成于帝国主义对中国的多次侵略战争中，故其诞生的襁褓中便蕴含着强权政治的肌理，也由此法租界会审公廨处理华洋纠纷中的判决结果往往不利于华人，洋人一方往往于判决中获得诸多实在利益，因此其更多体现出一种强者对于弱者的丛林性规制。一方面，这种结果的造就既与中国对外作战中屡战屡败以致国际地位不断衰退有关；另一方面，也与国人长期浸淫于天朝上国幻想之中欠缺必要的现代法治意识，西方国家紧紧抓住该点而褫夺了诸多不正当利益不无关系。这集中体现为法租界会审公廨制度中包含的诸多博弈系

---

① 吴圳义：《清末上海租界社会》，文史哲出版社1978年版，第23页。
② 王宗旦：《收回上海法租界会审公廨之研究》，《东方杂志》1930年第27卷第11号，转引自张铨《上海法租界会审公廨》，《史林》1994年第2期。

统，诸如法国陪审员与中国法官之间的权力关系博弈，洋原华被诉讼中的权利关系博弈，以及中方谳员在维护司法主权与可能的政治（仕途）风险关系中的博弈等。此外，抛开政治性因素的考量，法租界会审公廨对于促进中国法治现代化、传播现代法治理念、引进西方程序主义以及在裁判中践行多元主义治理观等对于我们都具有积极的借鉴意义。

（一）法国陪审员与中方谳员之间的权力关系透视

工业革命以来，整个世界史在离岸平衡国家[①]对心脏地带国家（指被侵略方）、边缘地带国家的侵略与被侵略、战争与反抗的历程中书写，[②] 彼此之间的政治力量博弈主导了19—20世纪中叶的国际关系。随着主权沦丧，"天朝上国"无所不有的自豪也在帝国主义坚船利器面前丧失殆尽，在半出于对列强军事实力的仰视、半出于司法主权与司法意识淡薄的状况下，万事不如人的自卑感成为当时社会的普遍心态，[③] 这种政治力量的博弈亦体现在法租界会审公廨的运行过程中，法国陪审员与中方谳员之间的权力关系中。

依据《法租界会审协议》及前述相关条约、协议的规定：法租界会审公廨对于法租界的华洋纠纷、华华纠纷都具有管辖权，即"此后法租界的案件无论民刑轻重，概由领事和道台，或者他们双方的代表，以对等地位会同审理"[④]。但事实上中方谳员经常处于"配角"的地位，所谓"以对等地位会同审理"只停留于纸面之上。据资料，法租界会审公廨的法国陪审一般由法国驻沪副领事担任，有时由法领馆翻译官代理，中方代表则为驻廨谳员，[⑤] 在离岸平衡国家占据国际政治博弈优势

[①] "离岸平衡"是约翰·米尔斯在《大国政治的悲剧》中提出的，他给出的定义是：这些远处的霸权通常喜欢让地区大国来制衡热衷于追逐霸权的国家，它们则坐山观虎斗，现在所讲的"离岸平衡"更多指美国学界针对中国崛起提出的应对策略之一。

[②] 张禹：《地缘政治博弈与国际体系的扩张》，《世界经济与政治论坛》2018年第3期。

[③] 张仁善：《近代中国的主权、法权与社会》，法律出版社2013年版，第9页。

[④] ［法］梅朋、傅立德：《上海法租界史》，倪静兰译，上海译文出版社1983年版，第441页。

[⑤] 张铨：《上海法租界会审公廨》，《史林》1994年第2期。

的情境下，帝国主义强权政治进一步增强了法国陪审在会审公廨中的侵略性，这些以"护商"为职责的领事们，在会审法庭上对本国商人的偏袒导致了判决时利益的倾斜。①反观中方会审谳员，则经常在法租界会审公廨的案件审理过程中呈现消极态度，究其因可能有以下几个方面。其一，清末中国在对外关系中处于弱势一方，在与帝国主义的政治博弈中接连败北，通过一系列不平等的条约所建立起来的新的法律结构，并不是中国自愿选择的，而是列强借助战争的手段和商品的入侵而强加给中国的东西，由此形成的新的社会与法律秩序具有鲜明的不平等性。在这种秩序中，西方列强是主动者和主导者，而中国则是被动者和隶属者。②因此，作为国家主权行使重要构成的涉外司法裁判必然受这种力量对比的影响。其二，中方谳员的现代法治意识淡薄，民刑不分、程序观尚未树立、注重礼教德化的观念仍盘踞心中。且中方谳员的选拔机制亦存在问题：中方谳员一职并非实缺，而是上海道台委派的临时职务，法租界会审公廨中方谳员中多是候补官员，于中方谳员而言，官场人脉可能是获得晋升的重要原因。反观法方代表的选拔不仅建构起一整套选拔制度、选拔标准，且注重代表的法律素养尤其国际法素养以及对华交涉经验。③其三，中方谳员的升迁制度影响。清末以来，洋务逐渐成为地方官考绩的重要标准，中方谳员若积极作为，相关判决令洋商或会审官员不服，造成交涉问题，其也可能面临因"办理洋务不善"而遭到黜革，因此，中方谳员往往选择放弃审判正义来转嫁自己的审判风险以求获得晋升。④

这就造成了中外法官虽然名义上拥有同等权力，实际大权操于法方之手的吊诡现象。正如美国外交官佑尼干（Thomes R. Jernigan）所指出的那样：中国政府在上海建立了会审公廨，但是主持的中国官员，既缺

---

① 蔡晓荣：《晚清华洋商事纠纷研究》，中华书局2013年版，第133页。
② 公丕祥：《司法主权与领事裁判权——晚清司法改革动因分析》，《法律科学》（西北政法大学学报）2012年第3期。
③ 侯庆斌：《晚清中外会审制度中华洋法官的法律素养与审判风格——以上海法租界会审公廨为例》，《学术月刊》2017年第1期。
④ 蔡晓荣：《晚清华洋商事纠纷研究》，中华书局2013年版，第133页。

乏权力又恐自己不得人心，经常不能实施自己做出的判决。①

（二）洋原华被诉讼中的权利关系透视

法社会学的分层理论认为：法律在纵向空间中有其运动方向，且在其他因素变时，每一种法律向下指向的可能性都大于向上指向的可能性，对于社会分层等级较低的人而言，要控告等级高于他的人是非常困难的。而且，从长期看，一旦指控转向较高等级的人，法律甚至可能会自动缩小其先前的管辖权，因此，要打赢一场矛头向上的官司比赢一场矛头向下的官司更加困难。此外，如果法官或其他官员的社会等级高于某诉讼人，他就较少可能认为该诉讼人的案件是合理的。在有陪审团审判的案件中，如果案件的一方当事人不如陪审员富有，他就处于不利地位；反之，则处于有利地位。在司法的每个阶段，在每种法律环境中，矛头向下的案件总是比矛头向上的案件更有利。②

晚清以来，帝国主义国家对华发动侵略战争的主要目的在于打开巨大的中国市场，为其商品倾销与资源掠夺提供便利，此过程中帝国主义以武力迫使清政府签订了诸多丧权辱国的不平等条约，洋人也正是凭借这些条约获得了诸多在华特权。尤其随着战败与不平等条约的签订，清政府不得不让渡了对外国人的司法管辖权，即领事裁判权的产生，③这使得事实上在华洋人处于较华人更高的社会阶层。二者，西方国家自资产阶级革命之后完成了由封建国家向现代民主国家的制度理性建构，资产阶级意志下的有限政府建立起来，由此国家成为贯彻资产阶级意志、实现国家利益即作为统治阶级的资产阶级利益的利维坦（传说中的巨型海怪），人民除了服从法律之外再无其他服从义务。赴华洋人群体以商业利益集团为主，因此帝国主义动辄以武力保护其国民之生命财产不受

---

① Homes R. Jernigan, *China in Law and Commercial*, Macmillan Company, 1905, pp. 195-196.
② ［美］唐纳德 J. 布莱克：《法律的运作行为》，唐越、苏力译，中国政法大学出版社2004年版，第24—26页。
③ 章安邦：《制度竞争视野下清末司法主权的沦丧与维护——以领事裁判权为例》，《法制与社会发展》，2020年第5期。

损失。反观彼时中国仍处于封建帝制的古代国家体制下,君主与民众仍是"率土之滨莫非王臣"的封建统治关系,臣民仍是中国民众的代称。于国家而言,封建君主的文治武功、开疆拓土、盛世明君才是国家辉煌的写照。此外,在传统中国的农耕文明中,重农抑商政策被视为从根本上消弭社会动乱产生的根源,① 商人阶层被视为封建国家的对立面、不安定因素,因此国家对于商人阶层很难有强烈的保护意识。这也造成包括华商在内的普通华人群体在法治资源的内部配给中处于弱势地位,更遑论外部法治资源能否有效供给他们,故而就社会分层而言,洋人一般处于优势地位,即"法律的量"② 的顶端,而华人、华商则处于劣势地位,也即洋人一般容易成为强大的原告或社会分层较高的当事人,这就使得在洋原华被诉讼中华人极难胜诉。

此外,依据《法租界会审协议》,当事人聘请的律师须通晓法语,一切公文以法文为准,民事案件标的须在1000两以上,等等,这些都使得诸多华人、华商相对于有雄厚的资本、有现代化的法律素养以及国家强力作为后盾的洋人而处于分层较低的位置。同时,孕育于中国特定的农业文化背景下的中国传统法律文化长期倡导"和谐""无讼"的基本价值取向,以及"息讼""厌讼"心理和"清官情结"的驱使③也使得华人很少主动提起诉讼。正如托马斯·斯蒂芬斯(Thomas B. Stephens)所指出的:在中国人的思维习惯中并没有关于法律的想法(中国人的思想和政府管理是基于儒家思想的精英权威的,是在等级制度和不平等之上,在秩序、服从和义务之上的)。在争执时,由当事人双方自行调解,或者如果必要,也会从地方官那里得到教谕,而并不采用依法裁定或维护权利的做法。④

---

① 赵晓耕:《祖制与律法及其对社会的影响——重农抑商对传统律法的制定和社会的影响》,《法学家》2000 年第 6 期。
② [美] 唐纳德 J. 布莱克:《法律的运作行为》,唐越、苏力译,中国政法大学出版社 2004 年版,第 24 页。
③ 张文香、萨其荣桂:《传统诉讼观念之怪圈——"无讼"、"息讼"、"厌讼"之内在逻辑》,《河北法学》2004 年第 3 期。
④ Thomas B. Stephens, *Order and Discipline in China: The Shanghai Mixed Court 1911 - 1927*, the University of Washington Press, 1992, pp. 58 - 60.

（三）纠纷裁判中的中西法治理念关系透视

依据法理解释，"审判是对具体、个别的纠纷通过适用该纠纷发生之前业已存在的一般法律予以解决的过程"①，因此纠纷裁判的重点在于法官通过专业知识、技能的运用在法律框架内解决个体纠纷，以赋予当事人正义及其损失的填补为导向，其中法官的法治观与社会价值观对于裁判过程中自由裁量权的发挥、规则填补的倾向具有重要影响。法租界会审公廨通过属地管辖权将法租界中的华洋诉讼、华华诉讼都纳入管理区间，案件审理中，中法法官仍具有形式上"以对等地位会同审理"的法律权限，因此中西方法治理念必然在纠纷处理中相互碰撞博弈。

清代司法有其独特的价值追求，清代判牍反映的司法的价值追求可以概括为重视调解、息讼是求，通过司法实行社会教化，追求实质正义三个方面。② 清代官府对于民事案件的审理一般先考虑调处和解，一方面是避免当事人诉讼之后遭受不必要的损失与困难；另一方面也为司法机关疏减讼源，并借以淳厚风俗。③ 作为形式上的主审官之一的法租界中方谳员在纠纷裁判中必然将这些承载着中国传统司法精神理念的价值观引入其中。同时，中国法重实体、轻程序的传统，以及追求实质正义、忽视程序正义的法治理念亦必然被引入纠纷审理中。法方主审官则长期受到启蒙运动时代科学主义的影响，"知识""科学""真理""理性"成为法国人的不懈追求，"在科学主义支配下的法国人看来，通过纯粹的逻辑运算，一个包罗万象甚至连每个细节都完美无缺的法律体系可以推导出来"④。因此中法双方的主审官对于案件的价值选取、证据选取、事实来源等方面的判断必然受到其不同文化背景的影响。由此形

---

① ［日］棚濑孝雄：《纠纷的解决与审判制度》，王亚新译，中国政法大学出版社2004年版，第157页。
② 王新霞、任海涛：《清代基层司法的价值追求及启示——以清代州县判牍为材料》，《兰州大学学报》（社会科学版）2012年第6期。
③ 叶孝信：《中国民法史》，上海人民出版社1993年版，第590页。
④ 魏建国：《法英两国法治现代化差异的思想根源——以科学主义、人文主义为视角的分析》，《学习与探索》2010年第6期。

成了纠纷裁判中的中西法治理念博弈。

值得注意的是,同公共租界会审公廨与清朝政府及中方谳员的冲突相比,法租界会审公廨与中方发生的冲突较少,且在长期实践过程中表现出了更多与中国法及地方习惯的兼容性特征,主要表现在:充分尊重当地习惯法、中国传统的司法风格,调解的保留,限制律师庭审中的作用三个方面。

首先,与公共租界会审公廨大量援引英美本国的判例处理租界纠纷相比,作为大陆法系重要一支的法国司法实践中并不援引判例,主要通过援引法律、法规以及习惯法进行裁判。[①] 因此,法租界会审公廨在处理纠纷中比公共租界会审公廨更为注重尊重当地的习俗,在判决书中经常使用"规则(règle)""法律(loi)"和"习惯(coutume)"等词来指代这些惯例。在1905年盖拉德(Gaillard)土地案中,法国法官认为:在土地买卖合同未规定哪一方必须支付重新测量和登记费用之时,依据当地土地交易的习惯和地籍局的规定,由买方支付。[②] 在1904年英金昌土地抵押案件中,法国法官认为:根据当时上海地区的土地使用情况,当土地所有权被抵押时,抵押合同往往规定:"被抵押的土地在规定期限内不得抵押给他人,因此宣告原抵押人无需承担赔偿责任,由再次抵押人英金昌承担赔偿责任与利息。"[③] 其次,许多判决材料表明,中国法官所特有的东方式调解或息讼价值亦深刻影响了法租界会审公廨的判决。1909年的梅森丝绸案中,法院经过调解认定双方合同继续有效,并责成被告尽快交付货物,并规定了每月最低交付量。此外,法院还命令被告出示合格的担保人[④]。在1905年的科奇苏诉吴彦若案中,经过调解法院裁定基于被告没有不诚实的意图,法院允许他再延迟一个月,并指出届时若被告不支付资金,原告将有权将抵押物出售。[⑤] 上述

---

① [美]约翰·梅利曼:《大陆法系》,顾培东译,法律出版社2004年版,第24—25页。
② Séance du 5 Juin 1905 affaire Gaillard contre Tchang I Siang, 635PO/C/371, CADN.
③ 侯庆斌:《晚清上海法租界会审公廨研究(1869—1911)》,博士学位论文,华东师范大学,2017年。
④ Séance du 13 Octobre 1909 affaire Pila contre Gia Wee Zung, 635PO/C/371, CADN.
⑤ Séance du 30 Janvier 1905 affaire Coche contre Ou Yen Jo, 635PO/C/371, CADN.

案例反映了中国传统司法理念在法租界会审公廨中的影响，在此类情形下，法官并未严格按照合同的规定进行审理，而是通过调解在原被告之间重新达成一项补充性的协议，若合同双方的关系变得无法维持，会审公廨将严格按照书面合同的条款来裁决争端；若双方都打算维持或恢复关系，会审公廨则试图根据双方的意愿规定合同的执行，迫使他们缔结新的协议。① 最后，由于两个会审公廨分属于不同的法律传统，因此形成了风格各异的诉讼程序。公共租界在英美法系传统的影响下审判主要采取抗辩式的审判模式，而法租界在大陆法系传统的影响下主要采取纠问式的审判模式，前者体现为积极的当事人与律师、消极的法官，律师在庭审过程中通过交叉询问等方式扮演积极角色；后者体现为积极的法官、消极的当事人与律师，法官主导着庭审的进程，对法庭程序有绝对的权威，在搜集证据和传唤证人方面发挥了更大的主动性。② 因此在公共租界会审公廨，英美律师不仅出庭于会审公廨，还可出庭于领事法庭，出庭时得以直接询问当事人，中国会审官在外人势力支配下，也时受外国律师蒙蔽及愚弄。外国会审领事因国籍关系及法律知识薄弱之故，也多采纳外国律师意见。职是之故，外国律师之于法庭，直有左右裁判官之优势势力，几驾裁判官而上之。③ 在法租界会审公廨中，法官主导庭审的全过程，不存在律师提问证人或是对方当事人的情况，出庭律师并非诉讼审理过程中的主角，④ 其在庭审过程中主要承担四个方面的职能：起草提交诉状，作为被告方时提出反诉或上诉，在委托人缺席之时回答法官提出的问题，提出关于管辖权异议以及诉讼程序的抗辩，只有在最后一种情形之下，两造的律师才有进行辩论的空间。⑤

---

① 洪佳期：《上海公共租界会审公廨研究》，博士学位论文，华东政法学院，2004年，第150—152页。

② ［美］米尔伊安·达玛什卡：《司法与国家权力的多种面孔：比较视野中的法律程序》，郑戈译，中国政法大学出版社2004年版，第98—99页。

③ 王申：《中国近代律师制度与律师》，上海社会科学出版社1994年版，第127—128页。

④ 侯庆斌：《晚清中外会审制度中华洋法官的法律素养与审判风格——以上海法租界会审公廨为例》，《学术月刊》2017年第1期。

⑤ 洪佳期：《上海公共租界会审公廨研究》，博士学位论文，华东政法学院，2004年。

可以看出，法租界会审公廨的裁判过程中虽然呈现出中西方法治理念的互相博弈，但由于二者均共享了某些大陆法系的法律传统、法律文化及法律思维、法治理念，并且近代中国法治现代化的路径也是通过非强制性移植大陆法系国家法律的方式[①]来进行的，因此二者存在诸多契合之处，因此在法租界会审公廨的司法实践中，中西法律传统、法治理念不断交融，形成了一种互洽、多元、综合的治理模式。

结　语

晚清法租界会审公廨作为帝国主义对中国领土主权、司法主权侵犯的证据向世人诉说着屈辱的过往；历史的潮流不断向前涌去，在中国共产党的领导下，久经磨难的中华民族也迎来了从站起来、富起来到强起来的伟大飞跃，历史与时代考验我们的不是沉迷历史、故步自封，亦不是自怨自艾、悲恸于历史的屈辱，对当代学人而言，以一种正确、辩证的史观以及理性、冷静的心态对待这段屈辱史，并从中汲取教训，为实现国家治理体系治理能力现代化提供给养应为当代学人的自觉使命。

历史犹如一枚双面镜，在诉说过往的过程中也在启示今人，无疑法租界会审公廨严重侵蚀了中国的司法主权，但也刺激了中国人民民主法治观念的觉醒，以及对民主、自由、平等观的接受，亦使有识之士奋起图强，为推进中国迈向现代法治国家而努力。回视过往，法租界会审公廨带给我们的主要有以下几点启示：其一，要加快建构具有中国特色的法治话语权体系，这是我们以中国式法治现代化助力实现中华民族伟大复兴的必然选择；其二，要加强法治专业队伍培养及其体制机制建设，这也是加快建构具有中国特色的法律话语权体系命题本身所包含的；其三，要坚持社会治理中的多元主义治理观，以多元法治主义

---

① 王立民：《中国近代成为大陆法系国家的原因及相关问题探析》，《华东师范大学学报》（哲学社会科学版）2017 年第 4 期。

的思维化解人民日益增长的正当利益诉求与不平衡不充分法治资源之间的矛盾。

（吴飞，复旦大学法学院博士研究生；赵肖斌，扬州市江都区人民法院政治处研究人员）

民国土壤制图事业中土壤分类理论的推进

李昊林

摘 要 当今民国地图史研究对于土壤地图绘制中分类理论发展的探讨尚不充分,且前人关于民国时期土壤分类理论停留在地质学角度或遵循美国方案的看法皆有不足之处。通过分析民国时期各土壤学家的学术讨论以及调查实践,可知学者们制定的本国的土壤分类方案是不断发展的。其最初带有地质学色彩,而后经梭颇介绍引入了马伯特分类方案,走上了发生学分类的道路,又很快借鉴了俄国学者们的理论,基本形成了以"土类"为高层单位、"土系"为基层单位的分类体系,达到了兼采俄美学术之长的效果。这一成就应当得到重视和关注。

关键字 土壤分类 土壤地图 土系 土类

地图按其主题可分为普通地图和专题地图两类,而专题地图按其内容性质又可再分为自然现象地图和社会现象地图。土壤地图即属于专题地图中自然现象地图的一种。[1] 土壤地图（soil map）又可称为土壤图,"是表示不同土壤及其因素在地表分布和其特征的专题地图"[2]。现代意义的土壤调查中,土壤图的绘制是其基础性工作。

现代的土壤调查是指以地表的称为土型为土壤单元进行的研究

---

[1] 王家耀等编著:《地图学原理与方法》,科学出版社2006年版,第17页。
[2] 陆权、喻沧主编:《地图制图参考手册》,测绘出版社1988年版,第81页。

及制图工作。土壤调查报告包括两部分：（1）土壤图，同时附有（2）对土壤图上土壤的说明。①

我国对土壤进行科学研究始于1930年。20世纪30年代，各地逐渐建立起以中央地质调查所土壤研究室、广东土壤调查所、福建地质土壤调查所为代表的土壤调查机构，开展土壤调查并绘制各区域的土壤图。对于民国土壤地图绘制的成就，葛绥成②、席承藩③、周慧珍④、喻沧⑤、沈志忠⑥、龚子同⑦等人皆作过介绍，列举一些代表性的土壤地图，并介绍各地土壤调查机构的成立、调查、绘图工作。但对于民国土壤制图事业中的理论进展情况，则未有细致梳理。

土壤图种类众多，按其编图的目的和用途，可分为普通土壤图和专门土壤图两大类，其最主要的部分则是普通土壤图一类下的土壤类型图。

> 土壤图一般指土壤类型图，其基本内容是表示土壤覆盖层的发生学类别——土类、亚类、土属（组）、土种及变种的地理分布，及土壤的机械成分和成土母质。⑧

在中国土壤学起步之际，学者们就已经提出"为便于农业及土壤改

---

① ［美］H. D. 福斯：《土壤科学原理》，唐耀先等译，农业出版社1984年版，第196页。
② 葛绥成：《中国舆图学之过去与现状》，《学林》第三辑，1941年1月，第82页。
③ 席承藩：《中国土壤科学的开拓与奠基》，载程裕淇、陈梦熊主编《前地质调查所（1916—1950）的历史回顾》，地质出版社1996年版，第157页。
④ 周慧珍、周明枞、李锦：《小比例尺土壤制图的主要内容及表示方法》，载中国土壤学会土壤分类委员会、中国科学院南京土壤所土壤地理室编《土壤分类及土壤地理论文集》，浙江人民出版社1979年版，第182页。
⑤ 陆权、喻沧主编：《地图制图参考手册》，测绘出版社1988年版，第81页；廖克、喻沧：《中国近现代地图学史》，山东教育出版社2008年版，第181页。
⑥ 沈志忠：《近代中美农业科技交流与合作研究》，中国三峡出版社2008年版，第128—133页。
⑦ 龚子同、王浩清、张甘霖：《我国现代土壤科学的起源——纪念前地质调查所土壤研究室成立80周年》，《土壤》2010年第6期。
⑧ 左大康：《现代地理学辞典》，商务印书馆1990年版，第766页。

良起见，于正图之外，复酌量情形，附以利用、改良、肥料、排水、灌溉等图，以利实用"① 这样的建议，但在实践中仍以绘制土壤类型图为主（即"正图"）。在前人研究中，所举出的民国时期代表性的土壤地图，也往往是土壤类型图。

土壤类型图的绘制，必须依托一个土壤分类体系，而20世纪二三十年代正是国际土壤分类理论从地质学分类转向发生学分类的关键时期，国内学者们在接受相关理论的过程中，持续修订符合本国国情的土壤分类标准，并应用于制图实践中，推动了土壤地图科学性和应用性的进展。对于民国时期本国土壤分类理论的进展，前辈学者发表过一些概述性观点，或认为遵循的是地质学分类，②或认为沿袭了美国的发生学分类方案，③ 彼此观点并不一致，且未能细致梳理相关学术史。

通过解析民国学者对土壤分类理论的探讨以及制图实践，可以发现，民国时期的土壤类型图绘制中，在最初确实受到过地质学分类理论的影响，但很快即接受了来自美国学者马伯特（Marbut）的土壤发生学分类方案，并在实践中逐步有意识地吸收俄美分类法之长处，最终制定了比较符合本国需要的土壤分类标准。本文即从这一角度出发，叙述民国学者对国际土壤分类理论的吸收改造过程。

一　20世纪三十年代初期中国土壤制图中的地质学分类理念

1931年萧查理编《中国土壤区域略图》是我国最早的土壤地图，

---

① 周昌芸：《地壤调查及土壤图之制法》，《地质论评》1936年第5期。
② 周慧珍、周明枞、李锦：《小比例尺土壤制图的主要内容及表示方法》，载中国土壤学会土壤分类委员会、中国科学院南京土壤所土壤地理室编《土壤分类及土壤地理论文集》，浙江人民出版社1979年版，第182页。
③ 李天杰、郑应顺、王云编：《土壤地理学》，高等教育出版社1979年版，第179页；中国农业百科全书总编辑委员会土壤卷编辑委员会、中国农业百科全书编辑部编：《中国农业百科全书·土壤卷》，农业出版社1996年版，第267页；李天杰主编：《中国地学通鉴·土壤卷》，陕西师范大学出版总社2018年版，第296页。

其诞生则与金陵大学农业经济系卜凯教授发起的全国土地利用调查工作直接相关。如时人陈恩凤所言：

> 吾国土壤图之创制，原为土地利用而设，其间尚有一段史实，堪作介绍。十余年前金陵大学农业经济系接受太平洋国际学会之补助，调查全国土地利用，因需土壤图为参考，乃建议同时开始土壤调查，该会于一九二九年聘请美国土壤学教授萧查理氏协同金大农业经济系从事我国中东部之土壤调查，此为我国获有土壤图之滥觞。次年中华教育文化基金董事会拨款委托前实业部地质调查所办理土壤调查，而金大农业经济系只获与之合作进行苏皖豫鄂四省之调查……可知创办吾国土壤调查之机关实为金陵大学农业经济系，而创办人乃卜凯氏。①

在土壤类型图绘制时，一个必要的准备工作就是制定合理且统一的土壤分类标准。《中国土壤区域略图》是萧查理著《中国土壤：一概观之实地考察》（下简称《中国土壤》）之调查报告中的附图，比例尺为1∶8400000。萧氏自称此图中的土壤分类"亦均本乎土壤之实在性格，其地质来由之影响，母质之效果，气候及生物等之势力，均曾考虑计及"②，共分为红土区域、磐层土、淮河流域土壤、褐土区域、黄河旧道淤积土等九个大类。虽名为"中国"，但其实其进行调查和分类的区域仅限于东中部十几个省份，对西部、东北、华南的广大地区并未涉及。

萧氏所提到的"其地质来由之影响，母质之效果"，其实就是强调地质条件差异对土壤形成的影响。而其划分九类土壤所提到的"扬子江下游冲积区域""北方平原之冲积土"等名词，明显来自地质学而非土壤学。这也是有些学者认为他"纯粹用地质学方法来命名"③的原因。

早期欧美土壤分类方法主要受到地质学观点的影响，认为土壤

---

① 陈恩凤：《土地利用与土壤图》，《地理》1941年第4期。
② [美]萧查理：《中国土壤：一概观之实地考察》，邵德馨译，《土壤专报》1931年第1号，第1页。
③ 郑家祥编著：《土壤地理》，新知识出版社1957年版，第17页。

"只是风化的地壳中的一种土质岩石……土壤的形成是由于单纯的风化作用"①，因而"设想母质是决定土壤特性最主要的因素"②，此一观点直至20世纪初依然占据欧美土壤学界的主流。③ 西欧国家依据此种观点进行的土壤调查和土壤图绘制工作，往往与地质学密不可分。

>当土壤调查之际常有偏重于基岩之倾向。故其土性调查常与地质调查并行。其所制成之土性图，与其名为土性图，不若如普鲁士之名为地质兼土性图之为适当。④
>
>德国地质调查所出版之地质农业图（缩尺二万五千分之一），系将地质、土壤混合一气，用颜色表示地层，记号表示土壤质地以及水分，石灰质等等。⑤

地质学的观点过于关注成土母质，而忽略了土壤后天发育的过程，因而逐渐被俄国道库恰耶夫（Dokuchayev）一派学者倡导的发生学分类所取代（详见下文）。但在近代国内地质学起步远远早于土壤学以及国内土壤调查尚不深入的背景下，当时的土壤地图中沿用国际上比较通行且成熟的地质学分类方案，是常见之举。

比如同样在1931年，地质学者谢家荣、常隆庆发表《河北省三河平谷蓟县土壤约测报告》，并附《河北省三河平谷蓟县土壤约测图》，采用"地质的眼光"，进行土壤分类时完全从地层形成时间先后的角度出发，称"红土为最古，黄土壤土砾石等次之、殖土泥炭软泥等较新，冲积层之砂土则为最新也"。报告中划分为冲积土（沙土）、沼泽土、灰色土三大类，⑥ 其中灰色土细分为砾石夹黄土、壤土、黄土、红土四

---

① 郑家祥编著：《土壤地理》，第10页。
② [美] D. 斯蒂拉：《土壤地理学》，王云、杨萍如译，高等教育出版社1983年版，第67页。
③ 席承藩：《土壤分类学》，中国农业出版社1994年版，第65—73页。
④ [日] 胁水铁五郎：《欧美土壤学之现况》，毅译，《江西省农会报》1916年第1期。
⑤ 周昌芸：《地壤调查及土壤图之制法》，《地质论评》1936年第5期。
⑥ 谢家荣、常隆庆：《河北省三河平谷蓟县土壤约测报告》，《土壤专报》1931年第2号，第30页。

种土壤，就是根据其土壤质地与原生岩性划分的。①

常隆庆参与调查的其他土壤报告，如《陕西渭水流域采集土壤标本报告》②、《绥远萨拉齐区土壤报告》③、《山西大同区土壤报告》④ 等，在其附图中同样采用地质学的土壤分类方案。

美国在19世纪末开展土壤调查时，由惠特尼（Whitney）拟定分类方案，共有土壤区、土壤省、土类、土系、土组五个层级。其中"土类采用岩性划分"，即地质学角度的分类。而"土系"一词则是引用自地质学地层系的概念，"其含义是不仅土壤粒级相似，且土壤结持力、有机质含量、团聚性及其他形状变化均相近似"⑤。侯光炯等人的《河北省定县土壤报告》中曾沿用此方案中的土类、土系、土组三个层级概念进行分类和制图。⑥

另据中央地质调查所调查员刘海蓬回忆，早年该所绘制四川省土壤图时，也曾有完全按照地质学观点分类之举。

> 忆四川省土壤草图，曾完全根据地质图之系别，而绘制土壤之分布，中央地质调查所侯光炯君读之曰："直地质图也。"直此之故，吾人于绘制土壤图时，于未经测及之若干地区，仅能以该处之岩石性状作一参考，同时注意其气候、地形、植物等因子影响于土壤之情形，推测其性状，而后着手，以求其与事实相近，且不失土壤图之意义也。⑦

---

① 谢家荣、常隆庆：《河北省三河平谷蓟县土壤约测报告》，《土壤专报》1931年第2号，第27—29页。
② 常隆庆：《陕西渭水流域采集土壤标本报告》，《土壤专报》1931年第2号，第33—36页。
③ 潘德顿、常隆庆、陈伟等：《绥远萨拉齐区土壤报告》，《土壤专报》1932年第4号，第1—28页。
④ 潘德顿、常隆庆、陈伟：《山西大同区土壤报告》，《土壤专报》1933年第5号，第1—42页。
⑤ 席承藩：《土壤分类学》，第67—68页。
⑥ 侯光炯、朱莲青、李连捷：《河北省定县土壤报告》，《土壤专报》1935年第24号，第9—12页。
⑦ 刘海蓬：《测制土壤图应注意之事项》，《福建省地质土壤调查所年报》1944年第4期。

直到1941年时，学界仍有人诟病"吾国土壤图之测制只由数地质机关代为办理，或于省方有一二专任机关，则又规模至小，迄无中心组织统筹推进，以应急需"①，即土壤调查往往要依托于地质学机构开展，土壤调查人员缺乏的现象是极为明显的。

总之，20世纪30年代初期，中国土壤制图事业起步之时，一方面因为对国外最新理论尚未完全消化；另一方面因国内土壤学从业人员较少，土壤调查工作尚未全面展开，甚至许多土壤调查是地质学者进行的，因此在土壤分类方案中无法脱离地质学的影响。

二 民国学者对于土壤发生学分类理论的接触与吸收

中国土壤地图绘制工作起步于1931年，而当时的国际学术界，也正在经历土壤分类理论潮流的重大转变。

俄国学者道库恰耶夫（Dokuchaiev）1883年发表《俄罗斯黑钙土》一书，创立了土壤发生分类学，"将土壤看作是自然体，把土壤的性质归因于五个土壤形成因素的影响"②。此后他的后继者对此学说进行了充实发展，但因文字与语言的限制，这一学说最初仅在俄国学界产生影响。1914年格林卡（Glinka）将道库恰耶夫的著作《世界的大土类及其发育》翻译成德文，1927年国际土壤学大会在美国召开之际，美国学者马伯特又将其翻译成英文，引起了国际学界的重视。马伯特也接纳并应用这一理论，"创建了发生学观点的《世界土壤分类系统》(1935)，发生土壤学此时已作为一门独立的自然科学得到全世界土壤界的普遍承认"③。事实上，马伯特提出的详细分类方案确实要晚至

---

① 陈恩凤：《土地利用与土壤图》，《地理》1941年第4期。
② 转引自［美］Guy. D. 史密斯编著《土壤系统分类概念的理论基础》，李连捷等译，北京农业大学出版社1988年版，第53页。
③ 中国农业百科全书总编辑委员会土壤卷编辑委员会、中国农业百科全书编辑部编：《中国农业百科全书·土壤卷》，农业出版社1996年版，第54页。

1935年，但其遵循发生学分类的思维成果在1922年、1928年已经陆续问世，① 而后在1938年、1949年直至1975年，这一土壤分类系统经过了多次修订。②

那么当时最新的土壤发生学理论是否影响到了中国的土壤分类实践呢？关于这个问题，周慧珍等人持否定态度：

> 由于土壤工作者的积极努力，在区域性和全国性小比例尺土壤制图方面做了不少工作，积累了大量基本资料，对我国一些主要地区土壤类型的特征和分布概况，有了初步的认识和了解。但是，当时的土壤调查制图工作，在美国学者的学术思想的直接影响下，土壤分类和命名完全袭用了欧美学派的地质观点，基本上没有发生学概念。同时，也因广大地区缺乏大量实际调查资料，所以只能以土区为制图单元编出土壤约图和概图。这种图的精度和质量较差，不可能确切地揭示我国土壤类型及其分布规律的特点。③

相对比的，则是认为中华人民共和国成立后"我国广大土壤工作者学习了苏联土壤发生学理论，学术思想有了转折性的变化"④。

但结合史料来看，这一论断是完全错误的，一方面，随着土壤发生学理论的影响日渐扩大，中国土壤学界已经比较快地学习了马伯特的分类方案，如前人所言"我国近代土壤学是从20世纪30年代开始的……主要是随着J. 梭颇（Thorp）作为地质调查所土壤室的主任技师——把

---

① 朱鹤健编：《世界土壤地理》，高等教育出版社1985年版，第90页。陈志诚：《美国土壤分类发展历史与〈土壤系统分类学〉》，载中国科学院南京土壤研究所土壤地理研究室主编《国际土壤分类述评》，科学出版社1988年版，第13页。
② 席承藩：《土壤分类学》，第69—72页。
③ 周慧珍、周明枞、李锦：《小比例尺土壤制图的主要内容及表示方法》，载中国土壤学会土壤分类委员会、中国科学院南京土壤所土壤地理室编《土壤分类及土壤地理论文集》，浙江人民出版社1979年版，第182页。
④ 周慧珍、周明枞、李锦：《小比例尺土壤制图的主要内容及表示方法》，载中国土壤学会土壤分类委员会、中国科学院南京土壤所土壤地理室编《土壤分类及土壤地理论文集》，浙江人民出版社1979年版，第182页。

马伯特的分类带到了中国，从此中国土壤学走上了土壤发生分类的道路"①。另一方面，民国学者完全有条件接触、吸收到俄国学者的理论，甚至阅读相关著作。

事实上，萧查理著《中国土壤》时已经提及了俄国土壤学家道库恰耶夫、格林卡、波利诺夫（Polinov）、阿发那西夫（Afanasiev）、维兰斯基（Vilensky）等人的研究工作，②且进行中国土壤分类时是从土壤特性而非地质角度出发的。但其认为这一分类标准在当时还不够成熟，"尚属初创而未通用"，故沿用了部分地质学名词。

> 土壤分类，其标准不一，有以农用为准者；有以土性为准者；有以地质为准者；有以土之本体为准者，等等。其中以地质为准者，最为普通；以土之本体为准者，尚属初创而未通用……附图所划分之土壤区域，乃依土壤本身特性而定。各区域之定名，颇觉困难；终于沿用土壤及地质二者。其中只红土、磐层土、褐土、沙姜土等名，乃是土壤名词，其他则系地质名字，而被借用者。苟能作广区域之研究，得土壤之普通性格，或能按其性格而用土壤名称也。③

前文所引萧氏所言土壤分类参考了"气候及生物等之势力"，这一点正是发生学分类相比以往地质学分类最显著的差别之一。④萧氏称，如能进行更广泛的土壤调查，或可无需借用地质学名词，可见《中国土壤区域略图》带有地质学色彩也是受限于当时的调查条件。

谢家荣虽为地质学家，但也了解俄国的土壤发生分类学观点，在与《河北省三河平谷蓟县土壤约测报告》同期发表的论文《土壤

---

① 龚子同：《从俄罗斯黑钙土到中国黑土——纪念宋达泉先生诞辰100周年》，《土壤通报》2012年第5期。
② ［美］萧查理：《中国土壤：一概观之实地考察》，邵德馨译，《土壤专报》1931年第1号，第2页。
③ ［美］萧查理：《中国土壤：一概观之实地考察》，邵德馨译，《土壤专报》1931年第1号，第2—5页。
④ 席承藩：《土壤分类学》，第65—67页。

分类及土壤调查》中，谢家荣谈及"土壤分类可大别为实用的与理论的二种"①，在"理论分类之法"中就介绍了地质、气候两个角度的分类理论，历数18世纪以来各家分类理论，对于俄国学者道库恰耶夫、西比尔特塞夫（Sibirtsev）、格林卡等人的分类方案都有比较具体的解说。②甚至谢家荣本人也是推崇发生学分类理论的，只不过其绘图时选择的是一种实用性的机械分类法，即"依其颗粒大小及矿物成分而分为六类"（砾土、砂土、壤土、灰土、殖土、腐殖土）。③

中国的土壤学家对发生学理论的接受也非常早，如1930年邓植仪就撰文对土壤发生学分类理论进行了介绍，不仅提到了其中的代表性学者道库恰耶夫、格林卡、马伯特等人，指出这已成为国际趋势，"查已举行土壤调查之国家，现已渐次变更或修改其原有办法，以适应此一致之新主张"④。广东土壤调查所的土壤专家彭家元，在1930年的文章中介绍各国土壤分类法时，亦叙及俄国的发生学理论。⑤

当然，以上举例仅仅代表中国学界知晓俄国一派的存在，并不能证明学者们对俄国学者的理论有直接的吸收、汲取。学界有观点认为，民国时期国内土壤分类在绝大部分时间内遵循了马伯特的方案，事实上未受到俄国影响，相关表述如下：

> 从20世纪30年代开始，在美国土壤学家梭颇的帮助下，我国开展了区域土壤调查分类制图工作，并引进了当时美国的马伯特土壤分类。因而，我国的土壤分类受美国早期的土壤分类影响较深，在中国划分出了显域土、隐域土和泛域土三个土纲，建立了2000多个土系。直到中华人民共和国成立初期，宋达泉（1950）在全国土壤肥料会议上提出了《中国土壤分类标准的商榷》一文，其

---

① 谢家荣：《土壤分类及土壤调查》，《土壤专报》1931年第2号，第3页。
② 谢家荣：《土壤分类及土壤调查》，《土壤专报》1931年第2号，第4—14页。
③ 谢家荣：《土壤分类及土壤调查》，《土壤专报》1931年第2号，第3—4页。
④ 邓植仪：《研究土壤分类之新趋势》，《农声》第133期，1930年5月30日出版，第6—8页。
⑤ 彭家元：《土壤分类及中国土壤调查问题》，《新声》1930年第8期。

中包含的中国土壤分类仍属马伯特土壤分类。①

但从1934年在浙江省建设厅化学肥料管理处担任技士的余皓、宋达泉二人赴北平地质调查所交流学习的自述中，即可窥知当时北平土壤学界是可以通过阅读英译本直接接触到俄国土壤学理论的。

> 北平地质调查所关于土壤学书籍甚众，最感兴趣者，则莫如下列三册。此三册乃俄国土壤学者所写作。读后，使人对于土壤学之观念位置括瞙一新……此所以俄国土壤学研究深切而独步于世界也。②

余、宋二人所举出的三本书中，第三本为 *The Classification Problem in Rursian Soil Science*（"Rursian"疑为"Russian"的拼写错误，或应译为《俄罗斯土壤科学中的分类问题》），并概括其内容为：

> 此书历述1882年至1927年间，德、俄诸土壤学者对于土壤分类之理论与其演进。始述地质成因为土壤分类之根据，继则以造成土壤之动力为其分类之基础，最后则以土壤本身之特征，分类各种不同之土壤。③

且此书所列举的土壤学者有道库恰耶夫与西比尔特塞夫、阿发那西夫、格林卡等人，皆为俄国土壤发生学说的代表人物。④ 此后，余皓还翻译了阿发那西夫的《苏俄学派土壤分类之演进》一文。⑤

---

① 李天杰、郑应顺、王云编：《土壤地理学》，第179页；中国农业百科全书总编辑委员会土壤卷编辑委员会、中国农业百科全书编辑部编：《中国农业百科全书·土壤卷》，第267页；李天杰主编：《中国地学通鉴·土壤卷》，第296页。
② 余皓、宋达泉：《北平近郊及平绥路一带土壤调查之经过》，《土壤与肥料》1934年第1期。
③ 《北平近郊及平绥路一带土壤调查之经过》，第18页。
④ 张仲民编著：《土壤化育与形态学》，台北："国立"编译馆1983年版，第19页。
⑤ ［俄］N. J. AFANASIEV：《苏俄学派土壤分类之演进》，余皓译述，《土壤与肥料》1935年第5、6期合刊，第87页。

可见，民国学者在土壤分类理论方面是追随着时代潮流，广泛吸收各国前沿成果的，不存在"完全袭用了欧美学派的地质观点，基本上没有发生学概念"这种缺陷。国内学者们在接受土壤发生学理论方面并不算滞后。

在1950年宋达泉的评价中，中国土壤学界在30年代是直接吸收了俄国道库恰耶夫等人的发生学分类方法。

> 中国从一九三〇年起，开始进行土壤调查和研究的工作，同时把土壤分类制也建立起来，当时对全国和大区域的分类法，是根据苏联Dokuchaiev和Sibirtsev的方法，即根据土壤的自然发育的土类为主的分类法……对小区域的土壤分类，是用土系作分类单位，同时也考虑到它所属的土类，所以中国土壤分类的特点，就是土类和土系并重，可说兼有苏联和英美土壤分类的长处。[①]

按宋达泉所总结，民国学者土壤地图的绘制实践中，对于全国和大区域主要运用俄国学者的方法进行土类划分，对于小区域则以土系为基层单位，因此属于对俄国派和英美派两种理论的混合运用。事实上，前人研究已经指出民国时期"我国土壤调查报告不同于当时美国分县土壤调查报告之处，在于区域调查报告中，均有从土系单元归纳而成的土类、亚类分类级别的论述，这对讨论土壤的发生分类有实际参考意义"[②]。可见，民国学者建立的土壤分类方案，与美国、俄国方案都存在联系而又有一定区别。

前文已经提及，美国19世纪末的土壤分类方案中也有"土类"一级，是依据地质学角度总结的，即"土类采用岩性划分"。马伯特分类虽然遵循了发生学理论且借鉴了不少道库恰耶夫一派的术语，但其分类方案中运用的是罗马数字分级，未提及"土类"这一词汇。[③] 美国学界

---

① 宋达泉：《中国土壤分类标准的商榷》，载全国土壤肥料会议秘书处编《全国土壤肥料会议汇刊》，中央人民政府农业部1950年版，第21页。
② 席承藩：《土壤分类学》，第220页。
③ [美] D. 斯蒂拉：《土壤地理学》，王云、杨萍如译，高等教育出版社1983年版，第68页；席承藩：《土壤分类学》，第68页。

开始将"土类"和"土系"的概念进行融合，要晚至1938年的修订方案。①

而中国学者这一想法至少起源于1934年。1934年余、宋二人赴北平交流学习时，虽然对俄国学者的理论深以为然，但仍然表示要"浙江省各县精密土壤调查，以五万分之一缩尺地图为底图，依美国土系法进行之"，而"浙江全省土部调查，以四十万分之一或二十万分之一缩尺地图为底图，依俄国土壤切面观察法进行之"②。即在大比例尺（县域）土壤图的绘制中依然延续土系分类法，仅在全省土壤概图中运用俄国的土类分类方法。这一看法已经符合后来宋达泉所说的"土类和土系并重"。

而周昌芸甚至在湖南省的土壤调查中又结合德国土壤专家施特雷默（Stremme）的制图方法，制成兼采三国学术之长的土壤类型图。

> 拟冶德俄美三国土壤图之优点于一炉，另创一格。其原则系取美国式之土组为单位，而冠以俄国式之土类，更加以史氏之详细图例说明……根据此种方法，现已制成湖南长沙湘潭湘乡衡山四县土壤图一幅。③

当时学界普遍推崇将美国、俄国土壤分类方案进行结合，由此可看出土壤学家们主动融合多国学术、兼采其长的积极性。

由以上论证可知，20世纪30年代的国内土壤学界不仅实现了土壤分类理论从地质学观点到发生学观点的更新，而且直接接触了俄国学者与美国马伯特改良后的两种土壤发生学分类方案，并合理吸收二者之长，尝试制定适应本国国情的土壤分类方案。其关键点就在于对"土系""土类"的综合运用上。

---

① 席承藩：《土壤分类学》，第69页；陈志诚：《美国土壤分类发展历史与〈土壤系统分类学〉》，第14页。

② 余皓、宋达泉：《北平近郊及平绥路一带土壤调查之经过》，《土壤与肥料》1934年第1期，第20页。

③ 周昌芸：《地壤调查及土壤图之制法》，《地质论评》1936年第5期。

三 民国学者对外国土壤分类方案的接受与创新
——以"土系""土类"的运用为中心

1927年国际土壤学大会在美国华盛顿召开，土壤发生学的分类方法得到广泛宣传并开始占据主流。① 此次会议上，马伯特提出了一份与1935年基本相似的土壤分类表，分世界土壤为淋余土和钙层土两大类，并由梭颇在中国加以宣传，在当时也被认为是基于气候角度的分类方案。② 梭颇在《山东省土壤纪要》③、《中国之土壤》④ 等调查报告中，将这一分类方案首次应用在中国，后人亦评价《中国之土壤》一书"首次拟定了中国土壤分类系统"⑤。

邓植仪所主导的广东土壤调查所在省内各县进行土壤调查时，结合马伯特、梭颇的方案，概括出一套部、属、系、类、区五级的分类标准，⑥ 将所有土壤分为两部："第一部为富铁铝土，又称湿润界土，第二部为富钙土，又称干燥界土，或半干燥界土。"这等同于马伯特方案中的第6级分类单元。⑦

依据土壤化学属性（尤其是土壤胶体性质），对"属"的分类有灰土、棕土、红黄土、红土、棕黑土等。⑧ 此相当于马伯特方案中的第4

---

① 邓植仪：《土壤调查与农业发展之关系》，《农事双月刊》1931年第2期。
② 余皓、宋达泉：《北平近郊及平绥路一带土壤调查之经过》，《土壤与肥料》1934年第1期，第19页。
③ [美]梭颇、周昌芸：《山东省土壤纪要》，《土壤专报》1936年第14号，第43—49页。
④ [美]梭颇：《中国之土壤》，李庆逵、李连捷译，《土壤特刊·乙种》第一号，实业部地质调查所民国二十五年（1936）版，第40—44页。
⑤ 席承藩：《中国土壤科学的开拓与奠基》，第155页。
⑥ 余皓：《浙江土壤调查之计划与方法》，《浙江省建设月刊》1933年第6期；邓植仪：《广东土壤提要（初集）》第五章《广东土壤调查暂行分类法述要》，广东土壤调查所民国二十三年（1934）版，第36页。
⑦ 席承藩：《土壤分类学》，第68页。
⑧ 邓植仪：《广东土壤提要（初集）》第五章《广东土壤调查暂行分类法述要》，第40页。

级分类单元。①

此两级可算作高层分类，对于"土系""土类"这种基层分类，邓植仪的定义则为：

> 系为分类之第三级，就属之内，依土壤母岩或原始物质之性质，或 AB 层次之厚薄等而区分之。系之取名，多用初发现之地名，或以该系土最显著而最广布之地点名之，如罗岗系。②
>
> 类之分别，即质地之分别，与部、属、系原无若何关系，但为分别土区之一要素，亦可供普通一般土壤之类别，或特别土性之区分，故列诸分类系统之内。③

又根据邓植仪所绘图式，可知土类与土系为并行关系，系、类二级结合则可命名土区，即"其命名系用土类名，而冠以所属之系名，如罗岗砂质壤土"④。

邓植仪方案中的"土系""土区"大致相当于美国怀特尼（Whitney）、马伯特分类方案中的"土系"与"土组"（对应马伯特方案中的第2级和第1级分类单元）。⑤ 如梭颇、周昌芸调查山东土壤时，对"土系""土组"释义为："凡来源成因、地形、排水及剖面性状相同或相似之土壤，均为一系。土系中之表层质地相同之土壤，另归成土组。土系之命名通常用第一次发现之地点，例如济南系是。土组之命名，则在土系中加一质地之限制，例如济南粉砂质粘土。"⑥ 此处的"土组"与邓植仪所言之"土区"是完全相同的概念。

---

① 席承藩：《土壤分类学》，第68页。
② 邓植仪：《广东土壤提要（初集）》第五章"广东土壤调查暂行分类法述要"，第41页。
③ 邓植仪：《广东土壤提要（初集）》第五章"广东土壤调查暂行分类法述要"，第41页。
④ 邓植仪：《广东土壤提要（初集）》第五章"广东土壤调查暂行分类法述要"，第45页。
⑤ 席承藩：《土壤分类学》，第68页。
⑥ ［美］梭颇、周昌芸：《山东省土壤纪要》，《土壤专报》1936年第14号，第8页。

邓氏的特殊之处在于重视土壤质地这一属性的独立性，并命名为"土类"，其依据质地所划定的土类有十六种之多。但总的来说，邓植仪方案与马伯特、梭颇之方案是相似的。

此后的理论和实践探索中，基层分类单位基本维持沿用"土系"或"土组"（"土区"）之说。地质调查所土壤研究室参酌梭颇之方案以及美国农业部1940年之土壤分类方法，在1941年拟定了本国的土壤分类草案，① 草案提出了土纲、土类、亚类、土科、土系、土组、土相七个纲目，并编制表格用以说明除"土相"外的其他6级分类标准（见表1，以"殖成土"为例），其中依然把"土系"与"土组"作为基层分类单位。

表1　　　　　1941年《暂拟中国土壤分类表》（局部）

殖成土									土纲
水绩腐殖土		高山草原土	钙质腐殖土						土类
腐泥土	泥炭土	高山草原土	准黑钙土	变质黑色石灰土			黑色石灰土		亚类
姚家沟	香河	滥坝	南天门	牧岭	海伦	大鸿沟	东山	羊角山	大安寨	大科
姚家沟	香河	滥坝	南天门	牧岭	海伦	大鸿沟	东山	羊角山	大安寨	土系
姚家沟粉砂粘土	香河粉砂壤土	滥坝粉砂壤土	南天门壤粘土	牧岭粉砂壤土	海伦粉砂粘壤土	大鸿沟砂质粘壤土	东山	羊角山	大安寨	土组

从这个草案中可看出，在高层分类单位中，有了余皓、宋达泉、周昌芸等人推崇的俄国"土类"的概念。在本表中，"土类"作为第6级分类，共计红壤、黄壤、棕壤、黑钙土、栗钙土、水稻土、紫色土、高山草原土等20种。

"土类"一词本身就是俄国学术中的概念，主要根据土壤属性来区分命名。② 在20世纪二三十年代俄国土壤学界关于分类方案的讨论中，"大多数均以土类为基干"③，如1936年苏联科学院道库恰耶夫研究所

---

① 经济部中央地质调查所土壤研究室暂拟：《中国土壤分类方法草案》，《土壤》1941年第1期。
② ［美］Guy. D. 史密斯编著：《土壤系统分类概念的理论基础》，李连捷等译，北京农业大学出版社1988年版，第54页。
③ 朱莲青：《论如何发展土壤分类学》，《土壤》1943年第1、2期合刊，第88页。

召开的土壤分类会议中所制定的分类系统就划定了土类、亚类、土组、土种四级,① 对"土类""亚类"的定义如下。

　　土类——相应于土壤形成作用各阶段的区分(黑钙土,灰壤)。
　　亚类——反映着土壤形成作用中分段的区分(弱度灰壤化土壤,淋余黑钙土及其他)。

可见,1941年草案中的"土类""亚类"概念与俄国学者是一致的。

除此草案外,将"土类"作为高级分类单位、"土系"作为基层分类单位,在当时已经成为一个普遍现象,其他学者也常将"土类""土系"作为分类的出发点。如1941年陈恩凤所制定的土壤分类中,虽设置了土类、亚类、土科、土系、土相五个层级,但其认为"主要者实只土类与土系二级,前者根据土壤发育程度及方式,后者根据土壤剖面形态"②。侯光炯所构思的土壤分类,共土类、土族、土科、土纲、土系、土相六个层级,以土类为最高级,而土相则定义为"土系之特性如为人事活动之结果或可以人力改变者均可列为土相"③,其作为基层单位的意义是依托于"土系"存在的。1945年熊毅提出的土壤分类建议中,也提出"低级分类中,以土系为主,高级分类中,以土类为要"④。

俄国学者的基层分类,自道库恰耶夫以降基本采用的是"连续命名法",即"要确定土壤必须指出它的土类、亚类、土组、土种,例如在黄土上的发育的(土组)壤土质(土种)普通(亚类)黑钙土(土类)"⑤。这种命名方式的优点在于"读完一个土壤名称就可顾名思义,

---

①　[俄] Д. Г. 威林斯基:《土壤学》(下册),华孟等译,高等教育出版社1955年版,第260页。
②　陈恩凤:《中国土壤分类方法之商榷》,《地理》1941年第2期。
③　侯光炯:《对于吾国土壤分类方法之建议》,《土壤》1941年第1期。
④　熊毅:《中国土壤分类制之新建议》,《土壤》1945年第3、4期合刊,第70页。
⑤　[俄] П. Г. 威林斯基:《土壤学》(下册),华孟等译,高等教育出版社1955年版,第260页。

了解这一土壤类型的综合性状以及以土类为主体的分类名称"①，与"土系"这种"在地名后，缀以表层质地名称"②的命名法有根本不同。

在草案中还能看出的是，最高级（第7级）分类单位并未继续遵循马伯特、梭颇等人的两分法，而是列出淋余土、钙层土、殖成土、水成土、盐成土、幼年土六类土纲作为最高级的分类。

在美国，马伯特的分类方案于1938年被修订，最高级的分类单位不再是淋余土和钙层土的二分法，而是划分为显域土、隐域土、泛域土三大土纲（这种分类实际上沿袭了道库恰耶夫、西比尔特塞夫等人的观点），并在1949年的修订中沿袭之。③这种三大土纲的分类法经马溶之译介入国，④也曾被中国学者侯学煜、宋达泉、马溶之等人应用⑤。

在1941年草案明确表示已参考了美国最新分类法、且国内有学者赞同的情况下，其分类标准却根本没有运用"显域土"等概念，显示了部分学者不打算因循美国方案的意图。

中国的土壤学者，多能认识到土壤分类标准必须符合本国国情以及实用目的，如马寿徵等人指出"各国学者提出之土壤分类，合乎利用之目的者，未必合乎科学之要求，合乎欧洲环境者，未必合乎亚洲之环境"⑥。1944—1946年蓝梦九赴英美考察后，提出的首要建议就是"希望能从本国土壤之研究而建立一分类系统"⑦。

中国土壤调查起步于20年代末，并无欧美发达国家那样复杂的自身学术脉络，因此在分类方案的制定上天生就具备灵活性，可以广泛吸

---

① 席承藩：《土壤分类学》，第221页。
② 席承藩：《土壤分类学》，第220页。
③ 席承藩：《土壤分类学》，第69—71页。
④ 马溶之译：《美国农部新订之土壤分类标准》，《土壤》1940年第1期。
⑤ 李连捷、熊毅、侯学煜：《贵州中南部之土壤》，《土壤专报》1941年第21号，第18—52页；侯学煜：《贵州中北部之土壤》，《土壤专报》1941年第22号，第9—30页；宋达泉：《福建永春县之土壤》，《福建省地质土壤调查所土壤报告》第一号，福建省地质土壤调查所民国三十年版（1941），第9页；马溶之：《西北土壤地理》，《地理》1944年第1、2期合刊，第19页。
⑥ 马寿徵、余皓、宋达泉：《浙江省杭县土壤调查报告》，《新农村》1936年第2卷第1期。
⑦ 蓝梦九：《最近英美土壤研究情形》，《农业周讯》1947年第1卷第9期。

收各家之长。从学术上讲，俄国的土壤发生学理论在当时最为先进，仿照俄国"土类"作为高层分类单位便于比较研究，这也是符合世界潮流的："近数年来万国土壤学会成立后，认定调查世界土壤之分布与分类，有采用一致原则与方法之必要，以便共同研究。"①

但如果在基层分类上沿袭俄国采用以土类为基础的"连续命名法"，则于实际应用多有不便，这一点由新中国成立后的经验即可证明："其缺陷是土壤名称过长……更重要的是一旦土类以至各级分类单元命名改变，而造成相关的分类单元也随之消失。"② 反而将"土系"作为基层单位，虽然"命名上与高级单元并无联系"③，却有命名简洁的优势，在1935年刘和《土壤学》教材中已叙及此优点。

> 土壤系既包含多数之土壤个性，故于命名某一土壤系时，不能取用性质上之名称以名之。为避免繁赘计，乃用地理的名称以名土壤系。④

总之，民国学者在接触欧美各国土壤学理论后，在制定本国土壤分类方案时，主动地兼收俄美分类之长，采"土类"以利学术研究，采"土系"以方便实用。学者们虽对本国分类有不同意见，但对"土类"（高层）、"土系"（基层）的使用是频繁且稳定的，各种分类方案的分级单位、单位名称乃至内涵或有变化，但此二级的定义却往往一致。以"土类"为高层单位、"土系"为基层单位这样的分类体系既已奠定，各家方案的争议虽多，却万变不离其宗，所争论的只不过是如何更加适应本国国情而已。

余 论

中国的土壤调查和地图绘制事业于20世纪30年代起步之后，曾一

---

① 《广东土壤调查进行计划书》，《农声》第139期，1930年11月30日出版，第78页。
② 席承藩：《土壤分类学》，第221页。
③ 龚子同：《土壤命名的沿革和趋势》，《土壤学进展》1993年第6期。
④ 刘和：《土壤学》（卷上），商务印书馆民国二十四年（1935）版，第151页。

度受到地质学分类的影响，但得益于对国际土壤学最新理论的吸收，很快转向了对发生学分类的运用。由梭颇引入的马伯特分类方案当时产生了较大影响，不仅经由梭颇《中国之土壤》一书首次建立了中国的土壤分类系统，也被邓植仪等人接受并应用。同时国内学者也积极学习俄国、德国等国家的分类理论，并针对本国土壤分类标准展开不少学术争论与实践探讨，甚至不可否认当时存在"仍乏严格之系统，对于分类制度，则各行其是"①的状况。但学者们亦很早就形成一定共识，建立了以"土类"为高层单位、"土系"为基层单位这样的分类体系，承认美国方案中"土系"划分法的便利性和俄国方案中"土类"划分法的学术性，从而兼采了两国方案之长处。甚至1941年朱莲青等人在梭颇蓝本的基础上，重新编译《中国之土壤概要》，就是"混用俄国学者及Marbut氏所拟之成案"②，故其附图《中国土壤概图》与1936年版颇有不同，可以认为中央地质调查所土壤研究室的大部分专家认同了这种混合体系。

即使以现在的眼光来看，学者们这种兼采俄美之长的土壤分类方案也是具有前瞻性的。"土类"在我国的运用未曾中断，直至现行系统中仍是土壤高级分类的基本分类单元。③ 更为难得的是，在马伯特、梭颇之分类方案盛行之际，国内学者已经认识到俄国"土类"概念的优越性，将其用于实践甚至还早于1938年美国推出修订分类方案之时。

"土系"因学自美国，在中华人民共和国成立后被弃用，国内模仿苏联采用的"连续命名法"造成了"随着土类、亚类的不稳定性，经常有合并与添加，而土种单位早已泯灭不见了……累积新的土壤调查研究资料可以高到50年代前的十倍乃至数十倍，但没有明确的基层分类单元的积累"④等弊端。1978年后，国内土壤学界提出以"土种"作

---

① 朱莲青：《论如何发展土壤分类学》，《土壤》1943年第1、2期合刊，第91页。
② ［美］梭颇：《中国之土壤概要》，朱莲青、马溶之、李庆逵编译，《土壤》1941年第1期。
③ 关连珠主编：《普通土壤学》（第2版），中国农业大学出版社2016年版，第219页。
④ 席承藩：《土壤分类学》，第222页。

为基层分类的基本单元，一定程度上仍需缀以地名定位，[①] 与"土系"命名法具备相似性。甚至当代学者们不得不承认"美国采用单独命名，以首先发现的地方，加表层质地……美国的命名方法比较可取"[②]。

由此观之，20世纪三四十年代土壤学家在制定本国土壤分类方案时的国际眼光令人叹服，其理论成就值得积极评价。但受限于当时的社会经济条件及动荡的形势，在实际调查和制图过程中，我国的土壤学研究者仍面临诸多困难，调查资料严重缺乏，优质地图产出有限。关于当时学者们面临的现实困难及解决途径，笔者将另撰文探讨。

（作者系郑州大学地球科学与技术学院讲师）

[①] 全国土壤普查办公室：《中国土壤普查技术》，农业出版社1992年版，第43页。
[②] 徐盛荣、吴珊眉编著：《土壤科学研究五十年》，中国农业出版社2007年版，第10页。

黄际遇河南行历考述

林才伟[*]

摘　要　黄际遇是民国时期一位学贯中西、文理兼长的著名学者，他两度执教于河南大学，曾任河南大学教授、数理系主任、校务主任，出任河南大学校长期间兼任河南省教育局局长，为河南大学乃至河南省的教育事业发展殚精竭虑，成效卓著。然相关史料简片零散，不易于考查其对河南教育事业发展的贡献，故特梳理黄际遇在河南时期的教育、治学、交游之行历，并略加探析，以飨学界。

关键词　黄际遇　河南　教育　治学　交游　庵

黄际遇（1885—1945），字任初，号畴盦，广东澄海人。先生学贯中西，文理兼长，被老舍盛赞为"博学鸿才真奇士，高风亮节一完人"[①]，他是擅数理、明经传、通骈文，乃至书法、骑射、算卜、弈棋无一不精的才子型学者，更是中国现代高等数学教育的重要奠基人之一。黄际遇两度执教于河南大学，曾任河南大学教授、数理系主任、校务主任，出任河南大学校长期间兼任河南省教育局局长，为河南大学乃至河南省的教育事业发展殚精竭虑，成效卓著。然相关史料简片零散，

---

[*]　本文为国家级大学生创新训练项目"黄际遇年谱长编"（编号202210422020）、山东大学文学院科研项目"黄际遇年谱初编"（项目编号：2020010501050）阶段性成果。

①　老舍所作挽联。参见黄家枢、陈训先《博学鸿才真奇士，高风亮节一完人——黄际遇教授受难记》，载陈景熙、林伦伦编著《黄际遇先生纪念文集》，汕头大学出版社2008年版，第129页。

不易于考查黄际遇对河南教育事业发展的贡献，故特梳理黄际遇在河南时期的教育治学行历，并略加探析，以飨学界。不足之处敬请方家指教。

一　学贯中西通文理，躬耕杏坛播春风

黄际遇出身于广东省澄海县望族，诗礼传家，五岁从父习经，七岁便能熟背"四书五经"。十四岁应童子试，受知于张百熙，入秀才，补增生。十八岁东渡日本，加入中国革命同盟会，自宏文学校普通科毕业后，入东京高等师范学校（今东京大学）数理科，从数学家林鹤一博士习数理。留日期间与黄侃等师事章太炎，治《说文》、骈文。学成归国后受聘于天津高等工业学堂。1910年下半年，清政府按照惯例对归国留学生按科举方式进行考试，黄际遇进京殿试，中格致科举人。1915年，到国立武昌高等师范学校（今武汉大学）任教授，兼数理系主任、教务长，培养了曾昭安、张云、辛树帜等一批学生。其间受教育部委派前往美国考察和进修，1922年获得芝加哥大学科学硕士学位，归国后仍执教于武昌高师。

1925年7月，国立武昌大学[①]暗潮涌动，黄际遇与黄侃等大学教授被时任校长石瑛辞退，学生群起挽留，双方产生激烈冲突。

> 又国立武昌师范大学，去岁学生因拒耿丹为校长一事，教员中亦多表示同情。现校长石瑛与耿同派竟辞退反耿之大学教授国文系黄侃、数学系黄际遇、地学系王谟等，而该三系学生，佥以三氏学有专长，教授有方，群起挽留，校长与学生双方各处极端几致爆烈，幸三氏均已代就，黄侃应广东大学之聘，黄际遇应中州大学之

---

① 国立武昌高等师范学校于1923年改名为国立武昌师范大学，又于1924年改名为国立武昌大学。

聘，王谟应北京师大之聘，而石瑛亦因事晋京故得以暂时无事。①

是年9月，黄际遇应河南中州大学校长张鸿烈之邀，前往任教。任中州大学数理学系主任、教授。以黄际遇为代表的一批留学归国人员创建中州大学数理系时，就开设了"数学分析"课程，并且由黄际遇亲自主讲，使得河南大学"数学分析"课程具有深厚的教学积累和优良的教学传统。

1927年，奉系军阀盘踞开封，摧残教育，致使中州大学无法正常上课。黄际遇对军阀统治非常反感，而此时由孙中山亲手创办的国立广东大学已经改名为国立中山大学，原数学系扩大为数学天文系，积极筹建全国大学的第一座天文台，需要充实师资力量，邀请黄际遇前往中山大学任理学院数学天文系教授，黄际遇便离开中州大学前往国立中山大学任教。

二 相别一年复归来，出任校长功甚伟

1927年6月，北伐军进驻开封，冯玉祥被任命为河南省主席，重整教育，将河南中州大学、河南公立农业专门学校、河南公立政法专门学校3所高等学校合并到中州大学所在地重建，取名国立开封中山大学（也称国立第五中山大学，旋更名为省立河南中山大学，现河南大学）。值此新校初创之时，校长张鸿烈以学校百事待举，必须与省府及省参议会多加联络，争取经费，校内诸事，悉委校务主任，以统一事权，于是特聘李敬齐校务主任，主持校内各项事务。1927，李敬齐因事辞职，张鸿烈久闻黄际遇之名，经黄敦慈介绍，敦请黄际遇再度至开封中山大学任教，继任校务主任一职。② 1928年第二学期，黄际遇便向国立中山大

---

① 《武昌国立商大师大之暗潮》，《申报》1925年7月5日第3版。
② 黄祖瑜《一个海外游子的自述》："父亲（黄敦慈，字屺瞻）的老师黄际遇（字任初）先生，广东人，经父亲的介绍，任河南大学教务长及校长。"黄敦慈（1891—1990），字屺瞻，河南信阳人，时任河南大学教授。

学请假，再度到开封，任国立开封中山大学校务主任、数学系教授。历张、凌、邓、查四校长，相处融洽。

1929年1月，河南中山大学校长致函国立中山大学，请国立中山大学慨允黄际遇留河南中山大学任教，见于《国立中山大学日报》所载《黄任初教授未克南来》一文，可见黄际遇深得两校师生敬重与深爱。

> 黄任初先生日前请假北行，原有销假南旋之意，昨由河南中山大学查良钊校长来函，略谓，黄君现在伊校任教务主任兼数学教授，学子倾心，同人敬爱，一时万难听其回粤，希为慨允，另聘专才等语。本校只以"勉副雅怀，谨从台命，他时有缘可假，仍希再赐教益"为词，函复查校长云。①

此时，国民党新军阀矛盾重重，地方政权中各派纷争不息，河南教育界一些趋炎附势者也到处钻营，拉帮结派，互为掣肘。河南教育厅厅长和中山大学校长多次易人。为缓和河南大学经费问题以保障学校教育教学之稳定，5月，黄际遇以河南中山大学教务主任身份，接任校长一职，兼河南省教育厅厅长。② 张友余《黄际遇传》中言："（黄际遇）翌年即1930年5月被任命为该校校长，后又任河南省教育厅厅长。"③ 据考，"校长查良钊（5月止），黄际遇（5月始）。……【5月】查良钊先生辞职，原教务主任黄际遇先生接任河南省立中山大学校长"④，而查良钊为1929年辞去校长职务，可知《黄际遇传》系年有误，"升任该校校长"一事实系1929年。第47号《河南教育厅通令》对任命黄际遇为教育厅厅长一事宣布：

---

① 《黄任初教授未克南来》，《国立中山大学日报》1929年1月18日第3版。
② 《河南大学校史》编写组编：《河南大学校史》，河南大学出版社2002年版，第28页。
③ 张友余：《黄际遇传》，载陈景熙、林伦伦编著《黄际遇先生纪念文集》，汕头大学出版社2008年版，第30页。
④ 李经洲、许绍康主编：《河南大学百年纪事》，河南大学出版社2012年版，第28页。

河南教育厅通令第47号
令省私立各级学校所属各教育机关各县教育局奉省令
任命黄际遇为教育厅长（咨中大矿大仝前）

为通令事：案奉省政府通令第一三三六〇号内开：

"为通令事。查教育厅厅长职，前曾令派中山大学校长黄际遇暂行兼代并通令知照在案，兹查该厅事务繁重，著以黄际遇接充以专责成，除颁发任命状并明令公布暨分行外，合行令仰该厅即便知照，并饬属知照，此令。"等因。

奉此，除分别咨令外，合行令仰该校该机关该局即便知照，此令。

厅长黄际遇 16，1，11 [1]

黄际遇"对学校经费及延揽教授，厥功至伟"，在河南省教育厅主管行政，十分有助于河南大学的发展。是年10月10日，黄际遇以校长之名发布河南中山大学特别启事，望海内外教育家及党国先进参观指导。

敝校近承各地人士来函垂询，概况未能一一裁答。用将大略情形登诸报端。查敝校于十六年秋季由前中州大学及河南省立农法专门等校改组，而成现有文理法农医五科。共计学生千余名，教授讲师职员一百十余人。校风纯朴，建筑物分本部及一二两院，有新式三层楼，大厦九座，平房一千五百余间，图书馆一所，收藏中西图书四万余册，农事试验场辖地二千余亩，一切科学新式设备颇能及时进展。经费方面十七年度预算为三十二万三千元，现十八年度预算已呈请省政府增加为四十二万八千元，不日当可实现。本省教育经费早经独立，不受任何影响，惟以敝校位居腹地，对于外界声闻比较隔阂，不获相互观摩之益。甚望海内外教育家及党国先进随时参观指导，毋任感幸此启。

——河南中山大学校长黄际遇 [2]

---

[1] 《任命黄际遇为教育厅长》，《河南教育》1930年第2卷第12期。
[2] 《河南中山大学特别启事》，《申报》1929年10月10日第3版。

黄际遇在任期间，因其系国内著名数理研究学者，一时河南大学数学系名震全国，许多数学家闻名来归，当时河大数学系有八大博士，皆俊杰也。更以黄际遇诗文冠世，文章超众，文学院教授阵容，因以加强。同时，黄校长研究数学，更重应用，工程数学尤为特别注意。所以，黄际遇常说："三光者，日、月、星。三才者，文、理、工。"其自负若此。① 为提高学校的教育教学能力，黄常利用自己的人脉关系为河南大学广罗名师学者。1929年8月，黄际遇电邀著名医学家阎仲彝到河南中山大学任教授兼医科主任。② 同时，他大力邀请自己的优秀学生前往河南大学任教，1930年上半年，他邀请自己执教武昌高等师范学校（今武汉大学）时的学生、留日数学家王福春至河南大学任教。他执教天津高等工业学堂时的学生霍树楷，跟从其处理河南大学校务后也任河南大学教授。

> 天津旧门人霍树楷矩庭（安阳。开封大学教授，习工业。）……矩庭复相从开封，事校事予唯勤惟憧，且助予述著画图事，不可无以报也。（《不其山馆日记》第三册，1935年12月19日）

黄际遇及其学生为河南大学的数理学科发展增添了重要力量。尽管学校的师资力量在动乱中虽然发展缓慢，流动者多，但是在校长黄际遇的不懈努力之下，是时河南大学拥有教职员130余人，其中教授、副教授40余人，不乏学识精深、富有经验名师学者：文科教授有吴家镇、李步青、张子岱、张邃青、霍树成，理科教授有黄际遇、杜秀生、李燕亭、黄敦慈，法科教授有王显谟、杜元载、吴德培、陈道章、熊伯履，农科教授有王陵南、郝象吾、万晋，医科教授有郭鑫斋、阎仲彝等。此

---

① 陈明章：《黄故校长际遇传》，载《国立河南大学》，台北：南京出版有限公司1981年版，第181页。
② 《河南大学校史》编写组编：《河南大学校史》，河南大学出版社2002年版，第55页。阎仲彝（1895—1973），河南南阳人，幼年在原籍读私塾。1914年1月考入河南留学欧美预备学校一次德文科。1919年毕业后，被选送至上海同济大学医科学习，于1924年毕业。翌年由河南官费派遣留学德国。1928年4月毕业于哥廷根大学外科，获博士学位。

外，黄际遇还曾多次邀请自己的旧交、著名的国学大师黄侃前往河南大学任教。

> 黄际遇自开封大学来书，邀余往讲。①（《读白虎通疏证日记》，己巳七月廿七日，1929 年 8 月 31 日）
>
> 得任初书及中州大学聘书。②（《读战国策日记》，己巳十月廿三日，1929 年 11 月 23 日）
>
> 复任初书，中附应聘书。③（《读战国策日记》，己巳十一月二日，1929 年 12 月 2 日）
>
> 得开封中山大学电，言二月佳（九日）开学，肃坐待教。④（《寄勤闲室日记》，己巳十二月廿日，1930 年 1 月 19 日）
>
> 得任初书。⑤（《寄勤闲室日记》，己巳十二月廿六日，1930 年 1 月 25 日）
>
> 得任初快信。⑥（《寄勤闲室日记》，庚午正月九日，1930 年 2 月 7 日）
>
> 得任初快信，乃催赴中州大学。⑦（《寄勤闲室日记》，庚午正月十九日，1930 年 2 月 17 日）

惜黄侃卒约未赴，实乃一憾事也。不过于此亦可见黄际遇求贤若渴，为河南大学招聘名师殚精竭虑。

同时，黄际遇还积极协调河南中山大学和国立中山大学两校之间的联动，促进两校教育资源的交换与共享，对于两校的教育发展具有一定的推动作用。比如黄际遇函往国立中山大学，欲与交换教授，其来函意略谓："学程长进，端赖良师，博访专家，自不容缓。顾吾国

---

① 黄侃著，黄延祖重辑：《黄侃日记》，中华书局 2007 年版，第 527 页。
② 黄侃著，黄延祖重辑：《黄侃日记》，中华书局 2007 年版，第 582 页。
③ 黄侃著，黄延祖重辑：《黄侃日记》，中华书局 2007 年版，第 584 页。
④ 黄侃著，黄延祖重辑：《黄侃日记》，中华书局 2007 年版，第 597 页。
⑤ 黄侃著，黄延祖重辑：《黄侃日记》，中华书局 2007 年版，第 598 页。
⑥ 黄侃著，黄延祖重辑：《黄侃日记》，中华书局 2007 年版，第 603 页。
⑦ 黄侃著，黄延祖重辑：《黄侃日记》，中华书局 2007 年版，第 605 页。

内席珍可聘，寥若晨星，而贵校中则泰斗多罗，素称渊薮。楚材晋用，古有尝闻，挹彼注兹，理堪相助。可否定期交换，酌予讲座轮回，倘承枉屈高轩，俾共发扬文化，料能赞许望即还书等词。"国立中山大学函复："略谓育才国家，天下为公，若可能，乐从同意，惟需要像从何科，条件如何拟定，仍希还示酌办。"① 除交换教授外，黄还来电索赠出版之教育论文索引二册，国立中山大学转由教育学系邮寄到校。②

三 诚邀名家开讲座，发掘殷墟功难没

1929年12月24日，中央研究院历史语言研究所所长傅斯年在河南中山大学发表演讲，先后作了"现代考古之重要性""古史问题""文科学生应具有之科学基础"的报告，黄际遇任主席主持演讲会。第一次演讲时，主席黄际遇介绍道："傅斯年先生为中央研究院历史语言研究所所长，他是因为安阳殷墟发掘，地方与中央发生争执，特来汴与省方商量解决办法，12月24日即到开封，住在本校，因为白天忙于接洽公务，夜间才有时间与大家见面，本晚所讲的题目为《现代考古学的重要性》。"③

12月28日，河南省政府与中央研究院签订《解决安阳殷墟发掘办法》，欢迎河南中山大学师生参加殷墟发掘工作，并对工作经费、发掘成果等问题作了明确规定。④ 原本由河南省政府会议中指定的张伯英、张鸿烈、李敬斋三人与傅斯年接洽，后来李敬斋离去，由河南大学校长黄际遇暂为兼代，由黄际遇、张伯英、张鸿烈三位将议案修改后呈省政

---

① 《河南中山大学欲与本校交换教授》，《国立中山大学日报》1929年7月24日。
② 《河南中山大学索赠丛书》，《国立中山大学日报》1929年10月24日。
③ 石璋如：《河南大学与考古事业》，载《国立河南大学校志》，国立河南大学校友会1976年版，第71页。
④ 李经洲、许绍康主编：《河南大学百年纪事》，河南大学出版社2012年版，第29—30页。

府批准，经若干日省府发来公文如下，此三个月之纠葛得以解决。

河南省政府公函（第3897号）

敬启者，关于发掘安阳殷墟古物一案，前经傅所长斯年来汴接洽。当即推定本府委员张鸿烈、张钫、李敬斋会同傅所长妥拟发掘办法在案。嗣据委员张钫、张鸿烈、兼代教育厅厅长黄际遇呈拟解决发掘安阳殷墟办法五条，并拟派关伯益等三人参加安阳殷墟发掘团等情到府。除指令应准如拟办理，并令饬何日章遵照外，相应抄送原拟办法及参加人名单函达。

查照，为荷。此致
国立中央研究院。
计抄原拟解决发掘安阳殷墟办法及名单一纸。
中华民国十八年十二月二十八日。

解决安阳殷墟发掘办法

一、为谋中央学术机关与地方政府之合作起见，河南省政府教育厅遴选学者一人至三人参加国立中央研究院安阳殷墟发掘团。

二、发掘工作暨所获古物，均由安阳殷墟发掘团缮具清册，每月函送河南教育厅存查。

三、安阳殷墟发掘团为研究便利起见，得将所掘古物移运适当地点，但须函知河南教育厅备查。

四、殷墟古物除重复者外，均于每批研究完结后，在开封碑林陈列。以便地方人士参观。

五、俟全部发掘完竣研究结束后，再由中央研究院与河南省政府会商陈列办法。

张　钫　黄际遇　张鸿烈
拟派参加国立中央研究院安阳殷墟发掘团三人。
关伯益　王纮先　许敬参[①]

[①] 原载1930年《国立中央研究院历史语言研究所安阳发掘报告》第2期。又载傅斯年《傅斯年史学论著》，上海书店出版社2014年版，第153—154页。

1930年1月5日，傅斯年致信黄际遇，对其在开封期间的接待，以及黄际遇在本次殷墟开掘工作中给予的帮助表示衷心的感谢。

任初吾兄左右：

弟此次到开封，若非吾兄在彼，不特事办不成且身体上要吃好些苦，居然在中山大学舒舒服服任着物质上的安逸，精神上的快乐，使羞忘了是在旅行中，这是何等难得的事。感谢的话既说不完，爽性不说了。

弟在郑州等了三天，车行四天，本月六日下午到了北平，果然病了，一睡几天，迟迟写信，正是如此。自前日起始可起来做点事，想你不会见怪的。

弟曾预言回平必病，已而果然。在开封实有几天气闷，归来气松，遂"不起"耳。此间同人均感吾兄赞助之盛谊，不敢不告。

历史、国文教员事，已分别托人，结果如何不可知，但弟总尽力去做，若教育则正无人可托，奈何奈何！

济之兄已先弟返平，据云此次虽为人将殷墟（小屯一部）三分一挖得无地层之纪录，然吾等工作成绩极好，有意想不到之发见，如此做下去，必为中国古史学开一生面，此与汴中大史学之发展当极有关系也。

春季中大有学生前来练习否？如有，异常欢迎。其办法即如弟所宣布。

弟到此发昏，尚未函南京诸友，稍暇当以中大成绩奉告蔡、廖先生，中大与部中关系，弟断言绝无问题。大局稍定，盼兄一作京游，弟当电教育部中友人妥为招待。

弟行后，何又发宣言，真不知是何道理。对教厅又有公事否？如有，乞批以已解决，无庸再论矣，如何？再，关君未必就教厅之聘，其补缺之人选，弟愿于发表前一参加意见，此与合作之成绩大有关系也。

兄年假中来北平否？弟等异常欢迎，来时请电示，便奉迓。弟此次在汴"骚扰"大学，心夜思之，无以为报，拟奉书数册，以结纪念，正在配集，容日奉呈。中山大学同人待弟之走，思之弥深，下次至汴，必作一系统之演讲耳。弟或可代约他位也。弟不快之行，以兄等故，变为至快之举，可恨不能赋诗以彰盛德耳，一笑。姑写至此处，余再谈。

敬颂

教安！

弟斯年上一月十五日①

这封信函具有重要的史料价值。从傅斯年所说"历史、国文教员事，已分别托人"中可见，黄际遇无时不挂念着学校的教学师资问题，专门劳请傅斯年为河南中山大学寻聘教授历史和国文之教员。此次在黄际遇等人的帮助下，殷墟挖掘"有意想不到之发见"，傅斯年称"如此做下去，必为中国古史学开一生面，此与汴中大史学之发展当极有关系也"。傅斯年更是对河南大学学生前往殷墟挖掘考古现场联系表示欢迎。无论是黄际遇邀请傅斯年给学生们开设的一系列史学讲座，还是黄际遇参与殷墟挖掘办法的制定，无疑都对河南中山大学考古学和历史学的发展有着重要的促进意义。

四　言传身教铸师魂，德智体美劳并举

黄际遇对数学特别热爱，无论其任校长或院长，必须自兼数学系主任，他有入门弟子多位，长期追随左右，且均获有博士或硕士之学位。如孔夫子授教一样，不论晨昏，甚或中夜，偶有数学特殊问题，即命人传各弟子，前来听讲。黄先生则指手画脚，大讲一番。据陈明章回忆，当时是"讲者得意忘形，听者聚精会神。有当时理解一一贯之，神色愉快，有听后懵懂，思考数日而不得其解者"。黄际遇文采风流，不拘小

---

① 此为傅斯年致黄际遇信札之抄件。载王汎森、潘光哲、吴政上主编《傅斯年遗札》第1卷，社会科学文献出版社2015年版，第266—267页。

节。"平日喜穿监布长衫，胸口装一口袋，作装粉笔之用，右袖特长，无黑板擦时，用以擦黑板也。虽讲授数学，有时出口成章，即景赋诗，或讽刺同学，或形容课业，实数学国学，兼收并蓄，非一代哲人，焉能出此。所以，同学听课，莫不精神抖擞，不敢旁注，否则一阵嘲笑，定吃不消。先生倜傥不群，常诗酒自娱。"据陈明章回忆，黄先生"某次与友人在鼓楼街小大饭庄聚饮，小醉徒步街头，见钟店八音坐钟美好，抱之以去，店主人认识黄校长，开付发票，店员尾随至校，由总务处照票付帐，该八音座钟置于训育课窗口，成为全校惟一标准时钟"①。

黄际遇在任职期间，指导学生宋鸿哲等主办了《数学报》，是民国早期较为罕见的学生自办数理类刊物，对于提升河南大学学生学习数理的兴趣和热情具有重要意义。此外，1929年12月30日《河南中山大学理科季刊》创刊，这是一份综合性自然科学季刊，由河南中山大学理科出版发行，开封新豫印刷所印刷。其旨在"宣扬科学精神，提倡研究兴趣，促进建设技能，并介绍关于数学、物理学、生物学、化学、地质学等科学各种学说、研究结果，以及各种应用科学之成绩"②。其栏目有论著、译述、研究、报告、建议、通讯等。在创刊过程中得到校长黄际遇的大力支持，创刊号有黄氏所写《卷头语》，现整理如下。

  学术者，宇宙之产物。自然科学者，凡百学术之基础也。无论为社会科学，为自然科学，要皆因缘宇宙，探索万物。人类知识多由经验而来，超乎迹象以外，言思皆尽根本，即无学术之可言，故下学上达，因物明心，由形而下，序之阐发，进窥形而上，序之幽冥，由物质世界之解剖进为精神世界之体认，相随相须，不可泮涣，故曰学术者，宇宙之产物也。真理无尽，探索綦难，学者以环境之支配，历史之沿袭，情感之推移，理智之贫乏，对于宇宙万物每难得一明确之概念，贯彻之理解惟自然科学方法精严，化验确

---

① 陈明章：《黄故校长际遇传》，载《国立河南大学》，台北：南京出版有限公司1981年版，第179—181页。

② 黄际遇：《卷头语》，《河南中山大学理科季刊》1929年第1期。

凿，尚属较真确之知识。此等较真确之知识，即为构造凡百学术之元素。世之学者，或以物理谈政治，或以数理论哲学，或以自然证社会，或以生物观人生。柏拉图在其理想的天国，尝谓数学为教育儿童必不可少之科目，无论为艺术、家事、政治之种种，预备数学均为其最好之工具，又于其阿登梅书院大书不谙几何学者，不许列入门墙之明文。斯宾塞尔谓哲学、心理、生物、社会伦理等学，莫不自有天演，甚至文体语法亦莫能外天演之范围。最近，美国教育家或谓学习政治法律当先学习数学、几何，盖凡百学术息息相通，得自然科学以为构造之元素，斯能成为较真确之知识，故曰自然科学者，凡百学术之基础也。自有学术以来，社会科学上门户派别之见、心物天人之辩，断断不反各得一察焉。以自号产业革命以后，社会问题又随之而蜂然，并作天下汹汹论争无已然一，细按其内容，则所谓门户派别之见、心物天人之辩，在自然科学上实不难迎刃而解。若能借自然科学之力量从事大规模之生产与极公平之分配，以求物质的生活关系之解决，则社会问题亦不致长此作汹汹之论争。是故，自然科学之研究，为不可缓；是故，自然科学之研究即以处理社会科学之困穷，此就应用方面而言之也。生也，有涯茫茫宇宙人生，何所为而来，益以物的、性的问题之纷争，人类文物制度之桎梏，万事劳其形，百忧感其心，其可哀亦已甚矣。惟从事于自然科学之探索，静观万物，澈悟天人神与造物者，游而心与自然为友，凡天体之和谐，生命之美丽，物质之机能，自然之神秘，浚吾以真实之理智，乐吾以和美之感情，差可寄托精神，坐忘桎梏耳。曩者晦庵先生格物致知而恍然大悟，生机盎然。西方诸科学家往往以丰富之科学完成伟大之人生，如毕萨哥拉士（毕达哥拉斯）、柏拉图、亚里斯多德、欧几里得、亚几默德（阿基米得）、乐哲、培根、但丁、歌白尼、加里雷倭（伽里略）、牛顿、弗兰克林、达尔文、沃里斯、斯宾塞尔、赫胥黎之伦。其人格学问皆所谓匹夫，而为百世师，立言而为天下法者也。是故，就人生之意义而言，学者研究自然科学，消极则解脱社会之桎梏，积极则扩展人生之意义。科学人格妙合而凝体，用兼赅精粗胥备，又非仅能处理社会科学之困穷而已。吾国近年以来，文化转换，科学进步，颇有足观。河南物质苦窳，经济衰竭，黄河泛滥，砂砾枯漠，具备埃及、巴比伦产生自然科学之同一条件。然而，事实与理论适得其反者，抑又何邪，学校停顿，人才缺乏，时事纠纷，经费竭蹶，在在皆为自然科学不发达之素，因今亦无庸追溯，惟当于此而发愤为雄，迎头赶上二十世纪之科学而已。河南为吾国文化之母地，本校为河南最高之学府，对河南及吾国自然科学之发达，皆负有直接或间接的天然责任。余役本校倏已经年，学殖荒落，愧对自然科学，无相当之贡献，幸赖理科儒生苦心孤诣，研究成绩斐然可观。今以宣扬科学精神，提高科学兴趣，介绍科学知识，发展科学事业之宗旨，发行《理科季刊》，将由自然科学之研究，巩固凡百学术之基础，处理社会科学之困穷，完成自然科学之人格，在二十世纪全部科学史上犹当占有相当之地位。又非仅欲完毕其对吾国河南自然科学发达之直接的或间接的天然责任而已。兹因《理科季刊》发行之始，乐为题记数语，以与本校理科儒生相勖，兼以望海内外科学家之是正焉。

他还首创性地建议学校各系四年级学生撰写毕业论文，并力邀自美国留学归来并担任河南中山大学法科教授兼法科主任的杜元载写成《论文作法指导》一文，文章万字有余，刊印后分令各科系高年级学生研读遵办。

在当时"保国强种"思想的影响下，河南中山大学十分重视学生德智体全面发展，尤其重视学生体育锻炼。冯玉祥强调要强国强种，必须注意锻炼身体。而军事训练是锻炼身体的有效办法。冯玉祥认为"欲成节制之师，而关于智育、体育、德育三者，自不能不竭吾智能，尽吾心力"，对军队如此，对在校学生亦当如此。并要求学生"于普通学科外，复加军事训练"[①]。黄际遇任教务主任期间，教务处下设注册、训育、体育三个科，学校增设军训课，由教务处训育、体育两个科具体组

[①] 《河南大学校史》编写组编：《河南大学校史》，河南大学出版社2002年版，第12页。

织实施，军事训练科目由开封警备司令张自忠将军负责，精神训练由邓飞黄负责。黄际遇1929年任校长期间，曾签发布告规定学生应坚持每日早操，一学期告假超过12次，即取消出操成绩，并记大过一次。① 受黄际遇重视学生早操锻炼的影响，后来张仲鲁任校长之时，延续了河南中山大学重视体育运动的校风，对早操活动规定繁多且十分严格：凡住校学生，必须出席早操，迟到满三次者论旷课一次，早退亦是如此；无故旷早操者，每旷一次，期末平均成绩扣一分。② 早操过后，全体学生举行20分钟健身操。③ 自黄际遇起多位校长严格要求学生早操，其目的是使学生积极锻炼，养成早起的习惯。同时也培养了河南中山大学学生喜好运动的习惯，打篮球、踢足球、玩网球、翻双杠、打乒乓球，一时十分流行，在锻炼身体的同时，也增强了自身的交际能力。④ 不仅男同学积极参加体育活动，女同学也不甘示弱，更有女生担任足球门将的壮观现象。⑤ 当时河南中山大学学生的精神体力，均优于他校，⑥ 这对于提高学生的爱国热情和增强学生身体素质，起到了重要的作用。此外，不仅学生喜爱运动，黄际遇等多位校长也尤其热爱运动，起到了良好的示范作用。黄际遇极好运动，每日下午常着衬衣、短裤、球鞋到运动场巡视。⑦ 校庆运动会期间，黄际遇亲骑脚踏车，绕场表演各种动作。诸同学大饱眼福，亦大为惊奇。⑧ 此外，黄际遇校长更是想方设法积极提倡学生参加体育运动，有学生曾忆当年黄际遇于某日下午四时，亲到宿舍巡视，见某君正伏案看书，劝其到运动场活动，某君答以"不会任何

---

① 李经洲、许绍康主编：《河南大学百年纪事》，河南大学出版社2012年版，第29页。
② 刘朝解：《河南省立大学现况阅览》，大象出版社2010年版，第114—130页。
③ 郑若谷、梁朝栋、冯选兹等：《河南大学》，载《十九年度河南教育年鉴》，河南省教育厅编辑处1930年版，第345页。
④ 王果正：《回忆河大预科片段》，载《国立河南大学》，台北：南京出版有限公司1981年版，第82页。
⑤ 贾云松：《母校的体育活动》，载《国立河南大学》，台北：南京出版有限公司1981年版，第322—323页。
⑥ 鲁玲：《冯玉祥与河南的文化教育》，《兰台世界》2011年第26期。
⑦ 陈明章：《黄故校长际遇传》，载《国立河南大学》，台北：南京出版有限公司1981年版，第180页。
⑧ 陈明章：《黄故校长际遇传》，载《国立河南大学》，台北：南京出版有限公司1981年版，第180页。

运动",黄际遇问他会不会走路,答以"会",校长忿然曰"既会走路,就去走走"①,河南中山大学注重体育运动风气由此可见。

在学生素质培养方面,黄际遇还十分重视美育。1929年9月30日,为增加学生艺术兴趣,提倡美育,黄际遇除专门聘请著名声乐家谭素兰为声乐讲师外,特设美术讲座,聘请吴门名画师陶庸(冷月)任教并将该课列为选修课程。② 在善书法的黄际遇及国画讲席陶庸的影响下,学生们组织了书画研究会,研究会常委于安澜后来成为蜚声海内外的美术史三大家之一,于此可以管窥黄际遇对河南大学学生们美育培养影响之深远。③

黄际遇还非常重视学生们人格的塑造,新生入学,黄际遇在河南中山大学六号楼礼堂讲话说:"人要正正经经作人,因人字两撇,必须正交方才好看,正交就是代表人要正派。"同学等皆听从之。④ 黄际遇希望培养出一批有利于社会、有利于国家之人才的愿望,于其所作《河南中山大学第二届毕业同学录赠言》中亦可得见。

> 河南中山大学己巳年毕业诸子:
>
> 请子以中华民国十有八年毕业于河南中山大学。
>
> 社会之视诸子为何如乎?大学岁费国帑若省币数万千缗,于学年之始也,中学毕业生叩大学之门者辄以千计;于学年之终也,大学毕业生出大学之门者仅仅以十计,诸予不几为社会之奢侈品乎?否亦人群之装饰品耳,夺侈品律有重税,寓禁于征,装饰品坐不垂堂,夸而寡用,鲜不夷然目之曰:赘泽乎学生!
>
> 诸子之于社会为何若乎?束发受书,出就外传儿二十载矣。居则曰,不吾知也。凡百事业皆吾辈分内事;凡百学术,皆吾辈毕生事;一旦渡黉舍之桥,投身社会之大锅炉中,有如山阴道上,应接

---

① 周恒:《河大校园简介》,《国立河南大学》,台北:南京出版有限公司1981年版,第252页。
② 李经洲、许绍康主编《河南大学百年纪事》,河南大学出版社2012年版,第29页。
③ 《河南大学校史》编写组编:《河南大学校史》,河南大学出版社2002年版,第38页。
④ 陈明章:《黄故校长际遇传》,载《国立河南大学》,第181页。

不暇。方觉大洋孤帆，学海无涯，鲜不废然叹曰：冷酷哉斯世！鄙人得最简明一语，奉赠诸子曰：诸子一光学之灵视也。灵视吸收横冲曲射之光线，加以整理调节之工用，放射其有规律之光，普被气海，或加以分析之用，光带井然。

诸子吸收之教育，皆社会万众良师益友之投射也，前途光明，皆赖兹灵视，世人之了解与否，诸子之有以自解与否，皆赖诸子之如何用兹灵视金。①

执教于河南期间，黄际遇数理研究成果颇丰。其论文《"一"》与《错数》载于《自然科学》1928 年第 1 卷第 2 期，《Monge 方程式之扩张》载于《自然科学》1928 年第 1 卷第 3 期。执教期间，黄际遇常在校内数理学会讲演报告，有时还被邀请到其他数理学会发表演讲。1925 年 11 月，黄际遇受邀在北师大数理学会演讲"数学今后在教育上之地位"，12 月以同名发表在《数理杂志》第 4 卷第 3 期。1926 年冬，在中州大学数理学会作题为"Gudermann 函数之研究"的报告，该报告后被撰写成论文《Gudermann 函数之研究（待续）》载于《科学》第 12 卷第 8 期。

藏书是文人雅好之一，据黄际遇在日记中回忆，执教河南中山大学期间，他便将木刻本《程氏家塾读书分年日程》收入囊中，后存于其家塾之中。

《程氏家塾读书分年日程》三卷（二册），元程端礼撰，仿元刊本，端礼字敬叔，事迹在《元史·儒学传》，依朱子读书法六条（一曰居敬持志，二曰循序渐进，三曰熟读精思，四曰虚心涵泳，五曰切己体察，六曰著紧用力）而推广之。卷三旁证独详，摭郑夹漈《六书略》、徐铉《字音正讹》、贾昌期《群经音辨》《字音清浊辨》等（王柏所抄），夫书之可抄者多矣，详略失宜，不无余议

---

① 王学春：《百年庠声·治校方略——河南大学校长文录》，河南人民出版社 2019 年版，第 90 页。

耳。木刻本前已得自汴市，今存家塾。①（《万年山中日记》第二十四册，1934年12月31日）

黄际遇与王志刚、段凌辰、刘接黎等担任河南中州大学《振兴》杂志的撰稿人，《振兴》1925年11月1日创刊于开封，每月一期，主编为王志刚、段凌辰，由开封文化书社代售。他曾作《周亮工年谱》。周亮工（1612—1672），字元亮，又有陶庵、适园、栎园等别号，河南开封人，是明末清初官员、文学家、篆刻家、收藏家，古文宗法唐宋八大家，推崇严羽诗论，著有《赖古堂集》《读画录》等。见于其日记："余在汴梁时，尝为周亮工栎园作年谱。"②（《万年山中日记》第五册，1932年10月28日）

黄际遇自河南返广州之时，曾遗失随身携带之书籍与一二十年间所作之著作。据考，张云《黄任初先生文钞序》称"黄师某年由沪返汕，厄于水，致散失其一二十年间所作，极感痛"③，黄际遇学生张云知黄际遇书籍遗失一事，而不记其遗失时间。据黄家器手稿："1926年冬，黄教授应广州中山大学之聘，由开封经上海南下。所搭招商局飞鲸轮舟次福建古雷山触礁。船沉兼遇海盗，黄教授仅只身脱险，所带笔记、书籍及部分著作，均荡然无存。"④ 现代学者李新魁亦指出："1926年，应广州中山大学之聘，任理学院教授。先生由开封道经上海，乘船南下，不意中途触礁，海轮沉没，又遭海盗洗劫，仅以身免，所携著作、行李，荡然无存。"⑤ 张友余文中也有类似记载："1926年冬，黄际遇由开封出发取道上海，乘船南下广东，不料途中触礁，海轮沉没，继遭海盗洗劫，他随身携带的著作、衣物等全都荡然无存，仅以身免。"⑥ 又蔡

---

① 黄际遇著，潮汕历史文化研究中心编：《黄际遇日记》第四册，汕头大学出版社2014年版，第297页。
② 黄际遇著，潮汕历史文化研究中心编：《黄际遇日记》第一册，汕头大学出版社2014年版，第406—407页。
③ 张云：《黄任初先生文钞·序言》，国立中山大学出版组1949年版，第3页。
④ 黄际遇先生长子黄家器先生手迹，由澄海县政协副主席芮诒塽先生收藏。
⑤ 李新魁：《博学鸿才的黄际遇先生》，《韩山师专学报》1993年第4期。
⑥ 张友余：《黄际遇传》，载陈景熙、林伦伦编著《黄际遇先生纪念文集》，汕头大学出版社2008年版，第57页。

溶川于其年表中指出："1926年从上海乘飞鲸轮回汕头，途经福建古雷山，触礁沉没，得求无恙，但积10多年的著作和文稿，尽漂于波森之中。"① 黄家器、李新魁、张友余、蔡溶川均将日记遗失的时间系于1926年。黄际遇日记一直到2014年方得影印出版，有机会翻阅其日记者有限，作传记者多数参考纪念追忆文章与时报，而未参考黄氏日记原稿。今以黄际遇自述为据。据黄际遇《述书》："乙丑余生，良悔少作。（自注：乙丑十四年十一月上海归舟沉于诏安，仅以身免。）"② 又据黄际遇《复姚秋园书》："仆久负家山，食言誓墓。（自注：乙丑，飞鲸沉舟之难，急时自祷于天，谓幸而免，归葬父事毕，不再行役。）"③《述书》与《复姚秋园书》作于不同时间，可先生皆自注为"乙丑年"，笔误可能性较小。书籍遗失的时间系于1925年，可信度较高。

五　惜别转投去青大，师友情谊不曾散

黄际遇出任河南省教育厅厅长之时，不跪韩复榘一事是不得不提的。当时因教育经费和办学条件出现问题，学校多有学生罢课闹学潮的。眼看着局势不可控，接替冯玉祥担任河南省主席的韩复榘怒从中来。据梁实秋《记黄际遇先生》一文中记载：

> 一日，省主席韩复榘来校，要对全校"训话"。青岛大学名为国立，实际经费出自省方，而青岛市亦稍有协款。主席偕市长到校，声势非凡。训话之前，校长邀全体教职员在会议室和主席晤谈。我因为久闻"韩青天"的大名，以及关于他的种种趣谈，所

---

① 蔡溶川：《黄际遇年表》，《韩山师专学报》1993年第4期。
② 黄际遇著，潮汕历史文化研究中心编：《黄际遇日记》第八册，汕头大学出版社2014年版，第426页。又载黄际遇著，潮汕历史文化研究中心编《黄任初先生文钞》，国立中山大学出版组1949年版，第7页。
③ 黄际遇著，潮汕历史文化研究中心编：《黄际遇日记》第四册，汕头大学出版社2014年版，第572—573页。又载黄际遇著，潮汕历史文化研究中心编《黄任初先生文钞》，国立中山大学出版组1949年版，第11—12页。

以欣然应命。任初先生有一些惴惴不安，因为他在河南曾作过一任教育厅长，正是韩复榘的属下，有一回河南大学学生罢课，韩大怒，传河南大学校长问话，任初先生心知不妙，乃陪同晋见。韩厉声叱责，校长刚欲申辩，韩喝令跪下，校长抗声曰"士可杀不可辱"，韩冷笑一声说："好，我就杀了你！"任初先生一看事情不祥，生怕真有人头落地，用力连推带拉，校长双膝跪落，其事乃解。①

于此可见黄际遇对军阀韩复榘反感异常，更可见先生的文人傲骨。直到1930年6月，河南中山大学发生了以文科学生为主，由学生自治会出面鼓动驱逐黄际遇的风潮。黄际遇因此从河南中山大学辞职，受邀前往国立青岛大学任教。梁实秋的这段回忆，也正是在韩复榘视察国立青岛大学期间黄际遇与诸位同人分享的。

雁素鱼笺寄深情，执教青岛期间，黄际遇仍然与河南大学的故友们保持书信往来。

> 接陈作钧自汴来书。②（《万年山中日记》第一册，1932年6月17日）
>
> 按：陈作钧系黄际遇执教河南大学期间的故友，写信之时仍任河南大学数学系教授。
>
> 李廉方开封书来。③（《万年山中日记》第一册，1932年6月26日）
>
> 复张子春广州……宋智斋开封各处公事信十一通。④（《万年山中日记》第二册，1932年7月14日）

---

① 梁实秋：《梁实秋散文集》第6卷，时代文艺出版社2015年版，第478—479页。
② 黄际遇著，潮汕历史文化研究中心编：《黄际遇日记》第一册，汕头大学出版社2014年版，第22页。
③ 黄际遇著，潮汕历史文化研究中心编：《黄际遇日记》第一册，汕头大学出版社2014年版，第59页。
④ 黄际遇著，潮汕历史文化研究中心编：《黄际遇日记》第一册，汕头大学出版社2014年版，第91页。

归校舍，十时三十分发电复张伯英河南开封火神庙后街九号张宅。①（《万年山中日记》第六册，1932年11月16日）

柬李雁晴开封。②（《万年山中日记》第二十二册，1934年10月9日）

李雁晴自汴函来，即复。③（《万年山中日记》第二十五册，1935年3月21日）

梁实秋北平、李廉方开封书来。廉方名步青，相从鄂汴十年以长，今垂垂老矣，远惠觅食一书（改造小学国语课程），媵诗有"献同璞玉谁相识，藏到名山用已虚"之句，可为黯然。④（《不其山馆日记》第四册，1936年1月16日）

1932年11月，河南故友张锡、冯平伯来访，因当年河南匆匆分别，如今复得相见，攀谈未厌，相约同游青岛崂山，张锡还将子女教育之事托付于黄际遇。

午市政府电通本日下午三时张锡（伯英）、冯平伯到大学参观，今日本已应铁路中学讲演之约，事适枝梧。但私交公事两方皆有接待之责，即电刘教务主任，改约来星期六日补行，并先到新民饭店投刺而归。

下午伯老偕冯平伯到校，故人相见，备致相思。当年汴梁匆匆分散之后，今始得一面也，攀谈未厌，约明日同游劳山，已诺之矣。随从者孔显达、刘茂森（星阶）皆要留墨，昔时谬博书名之为累耳。⑤

---

① 黄际遇著，潮汕历史文化研究中心编：《黄际遇日记》第一册，汕头大学出版社2014年版，第527页。

② 黄际遇著，潮汕历史文化研究中心编：《黄际遇日记》第四册，汕头大学出版社2014年版，第32页。

③ 黄际遇著，潮汕历史文化研究中心编：《黄际遇日记》第四册，汕头大学出版社2014年版，第387页。

④ 黄际遇著，潮汕历史文化研究中心编：《黄际遇日记》第五册，汕头大学出版社2014年版，第301页。《黄际遇日记》编撰者误将《不其山馆日记》第四册作第三册。

⑤ 黄际遇著，潮汕历史文化研究中心编：《黄际遇日记》第一册，汕头大学出版社2014年版，第462—463页。

（《万年山中日记》第六册，1932年11月5日）

  晨起得新民饭店电语，约八时齐往下清官。少侯、肖鸿、咏声同往，因风势浩大，易舟而车，只能往柳树台。伯英同车，话叙两载别来情旧，并以其子女教育择偶事郑重相托。①（《万年山中日记》第六册，1932年11月6日）

  张伯英送其公子广居（十三岁）由汴到青，属以犹子相视，善为照料。②（《万年山中日记》第六册，1932年11月10日）

  张伯英中子广居今日来附读。③（《万年山中日记》第六册，1932年11月11日）

张鸿烈（字幼山）任河南中州大学校长时，邀黄际遇到该校主持数理系兼校务主任。张鸿烈有一女，名正坤，在河南时便师从黄际遇。黄际遇转教青岛后，他的两个学生张正坤和许振儒亦随师转学于国立青岛大学，师生之情厚矣。

  正坤来叩别，因偕少侯游于贯三寓室，遂致相左。正坤自汴至鲁相从八年矣，旦分袂，人生本如飘梗也。④（《万年山中日记》第二十七册，1935年6月22日）

  晚幼山夫妇款客厚德福，为令息正坤定婚许生振儒，借予为介。二生皆自汴京随余东来，前后将十年矣。眼看嘉偶之成，倍新天涯之乐。万夫人劝酒再三，不觉为之倾尽数器。⑤（《不其山馆日记》第三册，1935年12月22日）

---

  ① 黄际遇著，潮汕历史文化研究中心编：《黄际遇日记》第一册，汕头大学出版社2014年版，第469页。
  ② 黄际遇著，潮汕历史文化研究中心编：《黄际遇日记》第一册，汕头大学出版社2014年版，第487页。
  ③ 黄际遇著，潮汕历史文化研究中心编：《黄际遇日记》第一册，汕头大学出版社2014年版，第499页。
  ④ 黄际遇著，潮汕历史文化研究中心编：《黄际遇日记》第四册，汕头大学出版社2014年版，第576—577页。
  ⑤ 黄际遇著，潮汕历史文化研究中心编：《黄际遇日记》第五册，汕头大学出版社2014年版，第211页。

张鸿烈常访黄际遇，在座有杜毅伯、宋智斋等河南大学旧友，每每追忆当年河南旧事，畅谈方能尽欢。

> 幼山偕万夫人自济来，下车过访。毅伯、智斋皆当年汴梁大学旧友，畅谈竟唇，如谈天宝遗事也。[①]（《万年山中日记》第十二册，1933年10月14日）

> 日加巳，幼山来久谈，缕述汴梁当年共支教育陈迹，殊多怅触，于并代人物臧否，观察尤有特至处。山林萧旷，不闻车马之声久矣。[②]（《万年山中日记》第十八册，1934年5月11日）

（作者系山东大学文学院本科生）

[①] 黄际遇著，潮汕历史文化研究中心编：《黄际遇日记》第二册，汕头大学出版社2014年版，第445页。

[②] 黄际遇著，潮汕历史文化研究中心编：《黄际遇日记》第三册，汕头大学出版社2014年版，第258页。

【政治与军事研究】

民初河南"省议会法"之争研究

陈 杰

摘 要 民初发生在河南的都督与省议会之间的"省议会法"之争，经提请参议院立案，参议院先后召开三次读会进行讨论，最终通过由省议会制定官制官规，但不准其有承诺及否拒本省行政主管官任用之权。这一决议后来被大总统否决，又交参议院复议，却被一再搁置。该案在全国范围内引起广泛关注，先后有数省援引该案，向参议院提出了类似诉求，形成较大的政治影响。从该案中可以窥见民初政情的困局以及参议院议员参与决策的过程和考虑要素，他们的讨论与决策都交织在"法律""现实""省籍情感"等因素中。在民初法制尚未完善的环境下，"现实"和"省籍情感"在参议院决策中显得更有分量，但最终都受制于强权，结果只能悬而未决。

关键词 省议会法 都督 参议院 河南

辛亥鼎革之际，南北省份因独立的先后问题形成了迥异政局，这种由辛亥革命遗留的政治后果给民初新政体，尤其是省制的建立带来了新的困扰，而省制的确立又成为衔接中央与地方、划分省权限的重要一环。目前学界关于民初省制的研究，多围绕中央与地方的关系层面展开讨论，着重讨论省之争论中各方复杂的利权关系。刘保刚在探讨民初各方关于省制问题的论争中，认为这些问题不纯是一个学理问题，它与各方利益密切相关。① 民初中央与地方省制纷争的出现，与南京临时政府制定的《临时约法》息息相关，已有学者注意到《临时约法》对于中央与地方关系的规定存在严重缺陷，指出其只规定了中央政权机构的组成和大概职权，而对地方政府的组织原则、结构以及中央与地方政府的相互关系没有任何规定。② 这就不可避免为刚刚独立的各省制定本省的官制官规遗留了很大空间。关晓红对民初省制纠纷的研究很具代表性，她从时人对省制改革的观点和争论的角度，更进一步地提出不能将省制的选择单纯地视为权力斗争，认为省制在民初共和政体的具体建构过程中，涉及官治与自治关系、集权分权的取舍、专制与民主的取向，强调其始终与统一抑或分裂的权衡密切相关。③ 既有研究充分展现了在民初关于省制的纠纷中各方代表的利益博弈、政治观念与权力纷争，然而通过考察参议院对民初河南"省议会法"之争④展开的具体讨论，可以发现"现实"和"省籍情感"在很大程度上影响着讨论的结果，而非仅仅凭借法理上的依据。这也为窥视民初关于地方省制纠纷的处理机制提供了新的线索，有益于深化对民初政情困局的认识。

一 都督与省议会的分歧：河南"省议会法"之争的产生

辛亥革命之后，在举国关于共和的呼声中，清政府的统治大厦顷刻崩塌，南方大部分省份先后宣布独立。地处中原的河南，由于清政府派重兵屯驻，加之袁世凯加紧笼络河南新军，革命党人谋求独立的斗争最

---

① 刘保刚：《试论民初各方关于省制问题的斗争》，《河南师范大学学报》（哲学社会科学版）2002 年第 2 期。
② 李国忠：《民初国会制宪中中央与地方关系论争述评》，《山西师大学报》2003 年第 1 期。
③ 关晓红：《辛亥革命时期的省制纠结》，《近代史研究》2012 年第 1 期。
④ 本文中"省议会法"之争指河南都督与省议会围绕《河南临时省议会法》关于都督与省议会权限之规定而产生的分歧，并在参议院立案后引发参议院议员之间的激烈争论，故当时将这场由地方到中央的争论称为"省议会法"之争。

终未能成功。1912年3月，袁世凯在北京就职中华民国临时大总统后，为稳定全国政局，结束各省政权形式千差万别的局面，于3月16日发布总统令，将河南、山东、吉林、黑龙江、新疆等省巡抚，均照南方各省做法改为都督，而"文武属官照旧供职，官制营制概不更动"①。为加强对河南的统治，袁世凯力压河南省革命党人欲推举老同盟会员曾昭文出任河南都督的主张，于3月27日委任其兄嫂之弟张镇芳"署理河南都督"②，成为袁世凯在河南的代理人。

张镇芳督豫后，在用人行政上大量启用旧官僚，并试图以晚清旧谘议员为基础成立省议会，但遭到各县的反对。后几经交涉，决定由州县各出一名代表组成临时省议会。1912年4月15日，河南临时省议会成立，其组成并非如河南都督张镇芳所愿，为之后都督与省议会的冲突埋下了伏笔。在河南临时省议会成立之初，《申报》观察者就预言："第一次预备会即为前谘议局清算交代之事，当将各项账目调查公决，为不正者千余金，拟责由经手各员赔补。决议用正式公文呈请都督施行，恐又须一番大冲突也。"③ 由于《临时约法》尚未对地方行政机构和组织原则作出规定，临时参议会试图制定一部省约法，对地方省制进行规范，在制定过程中不可避免涉及省议会与都督之间的权力制约关系。

由于河南临时省议会议员由各县选举代表组成，成分复杂，对于省约法该如何制定的问题颇有争议，意见并不统一。4月18日，第三次省议会会议讨论河南临时省议会章程，因"众口纷呶，会场秩序又复大乱"，后有议员提议暂时休会，各自修改记名，当日下午四点再行讨论，但仍无结果。④ 报界对河南临时省议会议员深表失望，认为"以一省立法机关乃先无自治力，如此，呜呼，此之谓河南之国民代表"⑤。《民约报》的评论者将河南议员分为顽固派、激进派与和平主义者，刻画了议

---

① 《各省一律改称都督》，《申报》1912年3月18日第2版。
② 《中国大事记》，《东方杂志》第八卷第十一号，1912年5月1日第7页。
③ 《豫议会成立记》，《申报》1912年4月26日第2版。
④ 《临时议会之乖现象》，《国民新报》1912年4月26日，第2页。
⑤ 《临时议会之乖现象》，《国民新报》1912年4月26日，第2页。

员"因此每议必有冲突甚,且互相评及私事,拍案笑骂"①。临时省议会议员讨论时的形象跃然纸上,虽然有秩序的混乱与相互的攻讦,但是从另外一个侧面也可以看出,议员对议案的讨论还是充分地发表了各自的意见。

经过一周多的讨论,议员最后制定出了《河南临时省议会法》,于4月26日交河南都督张镇芳签署批准。②临时省议会法部分条文明显具有限制都督行政权力之意,③因而遭到张镇芳的反对。他于5月1日对临时省议会提出照会,着重对临时省议会法第二章第六条"议会之权限"中的三项条款提出异议,分别为"第六条第三款议决本省官制官俸官规""第六条第九款承诺及否拒本省行政主管官之任用"和"第六条第十八款选举中央议会议员事件"。他的主要依据是《中华民国临时约法》,认为根据临时约法第三十三条规定,"临时大总统得制定官制官规,但须提交参议院议决",眼下统一政府已经成立,地方官制应由大总统提交参议院议决,各省自定难免导致分歧;根据临时约法第三十四条规定,"临时大总统得任免文武职员,但任命国务员及外交大使公使须得参议院之同意",除国务员及外交大使公使须得参议院同意外,其余任免文武职员均是大总统的行政特权,各省行政主管官由中央任命时,并未规定必须得到省议会的同意;根据临时约法第七章附则第五十三条规定,"本约法施行后,限十个月内临时大总统召集国会,其国会组织之组织及选举法,由参议院定之",国会议员将来应待参议院议决采用直接或间接法选举,而非当下所能预定。④按照张镇芳的逻辑,临时约法规定在中央层面制定官制官规、任免文武职员属于大总统的行政权力,参议院仅有监督议决之责,对于临时省议会法所规定省议会行使议决本省官制官规、任用行政主管官员以及选举中央议会议员等

---

① 《党派之倾轧》,《民约报》1912年4月27日,第7页。
② 《附河南都督咨文》,《申报》1912年5月23日第2版。
③ 详见《河南临时省议会法》,《河南临时省议会报告书》,1912年,河南省档案馆藏,档案号:A-B271。
④ 《五月一日照会》,《河南临时省议会报告书》,1912年,河南省档案馆藏,档案号:A-B271。

权力，他认为与临时约法有出入，故并未签署，令省议会复议后再行咨送。

针对都督张镇芳的异议，河南临时省议会认为不足为据，他们仍执前议，逐条加以反驳。对于制定官制官规一项，有两条理由：一是认为临时约法第三十三条是就大总统制定官制官规而言，但在未制定之前，并未规定各省议会不能暂行议定本省官制；二是山西、江苏等省议会法规定有议决本省官制官规之先例，河南省议会理应也有此权力，且"此等暂行官制俟中央法令颁布即失效力，原无碍官制之统一，于约法并无出入"[1]。对于承诺及否拒本省行政主管官员任用一项，认为议会作为代表人民监督行政机关的机构，如果所用之人"过乎众望"，议会当然会承认，若其为舆论所攻击，则议会万不能"听其任用非人，贻误地方而不否拒之理"[2]，这条规定与大总统行政特权并无妨碍。至于选举中央议会议员一项，则认为所谓中央议会议员系指现在参议员而言，而非将来国会议员必由本会选举。河南省议会进一步指出临时约法各省均应遵守，然而其并未对省议会之权限作统一规定，因而根据当时情势参照各省议会法并酌加变通，以作为临时之用，实属情理之中，这也从侧面反映出临时约法在地方制度规定方面存在的缺陷。

对于省议会的解释，张镇芳对选举中央议员一项不再争执，让省议会将此款修正明细，以免将来公布时再生误会，但是对于前两项仍不同意。首先，省议会所提江苏、山西两省议会有制定官制的先例，他认为其终究还是没有获得临时约法的明确承认，而省议会所解释此次制定省议会法为"暂行"性质，待中央法令颁布后即失效力一说，则认为统一政府和参议院已经成立，中央法令不久将颁布，官制事关地方行政机关组织及权限，短期内变更频繁，有碍官厅政务与全省秩序。其次，根据临时约法的解释，各省主管官任用之前，不需得到省议会之同意，而所谓省主事官任命发表后，省议会有承诺及否拒之权一项，在法律上并

---

[1] 《咨覆都督咨交复议本议会法案》，《河南临时省议会报告书》，1912年，河南省档案馆藏，档案号：A-B271。

[2] 《咨覆都督咨交复议本议会法案》，《河南临时省议会报告书》，1912年，河南省档案馆藏，档案号：A-B271。

无任何根据，省议会若担心用人不当，则可通过弹劾权加以补救，他认为这条规定终究对大总统的行政特权有所妨碍。① 故张镇芳不能承认以上两款，再次请省议会复议。但省议会仍执前议，如此则双方各执一词，相持不下，最后同时主张上书参议院请求解决。省议会慷慨陈词，"苏议会有都督交议重订各司官制之案，敝会何独不能有此权限？……前清任用督抚因人民否认尚有收回成命之时，岂共和时代议会并此权限而无之？"② 张镇芳则坚持认为省议会法与临时约法相抵触及与本省情形难以适用，请求参议院解决。③ 因此，这一地方性的"省议会法"之争被提交参议院立案，成为牵涉多方利益的全国性争论。

二 从地方到中央：河南"省议会法"之争引发的争论

针对河南出现的都督与省议会关于省议会法之争议的情形，北京临时参议院于1912年5月16日召开第一读会讨论这一争议是否应立案。此案从一开始就呈现多歧性，对于是否立案问题，参议院议员的意见存在分歧。议长吴景濂将议员分歧归结为三种意见，"一曰官制由中央定之，一曰可仿各省之例，本省制定之，一曰俟中央制定各省再行遵守之"，提议分三次表决，但三次表决均未过半，均不能通过，议员李肇甫认为此案为法律案，应付法律审查，众议员经表决多数赞成。④ 经过初步讨论，河南此次关于省议会法之争议在参议院正式立案。

关于河南"省议会法"之争出现的原因，当时参议员宋汝梅认为是由于"（地方）规制毫无标准，权责流于分歧之所致"，根据临时约法规定临时大总统有制定官制官规之权，但须交参议院议决，因而他提

---

① 《五月七日照会》，《河南临时省议会报告书》，1912年，河南省档案馆藏，档案号：A-B271。
② 《五月九号致参议院电》，《河南临时省议会报告书》，1912年，河南省档案馆藏，档案号：A-B271。
③ 《附河南都督咨文》，《申报》1912年5月23日第2版。
④ 《参议院纪事》，《大公报》1912年5月18日第2版。

议"临时大总统迅将地方官制官规编定草案,速交院议,以备公决"①,且得到包括河南籍议员陈景南在内的其他五位议员的赞成。在参议院的提议下,该案自然引起临时大总统袁世凯的关注和重视。据《大公报》报道:"袁大总统以近来各省议会纷纷滋扰,最近如河南临时省会与都督约法之争,尤为激烈,非速定各省议会法不足以巩固立法机关。闻日前催令法制院人从速起草,一俟成稿即提出于众议院公同议决。"② 袁希望通过法制院速定省议会法来解决河南"省议会法"之争。

5月23日,参议院法制委员会公布了审查河南都督与省议会关于省议会法之争议的报告。审查报告从三个方面否定了河南省议会自行制定本省官制的权力:一是临时约法并未规定各省有自行议定官制之权,且各省官制即将颁布,如果各省议会仍得议定本省官制,则会增加官制频繁变更的隐患;二是革命独立时期与统一建设时期情形有所不同,不能再援引其他省议会在革命独立时期自定官制的做法,现在临时约法已发布,各省自定之法令有与约法相抵触的,应当无效;三是河南省议会法所规定省议会具有承诺及否拒本省各行政主管官任用之权,实际上与临时约法第三十四条相抵触,对地方行政过于干涉,且省议会已有弹劾之权,足以制止官吏之专横,无需再设更多限制。③ 因此,法制委员会主张河南省议会法第六条第三项、第九项应当取消,各省官制在中央法令未颁布之前,应维持原状。

法制委员会公布河南"省议会法"之争审查报告后,需要进一步提交参议院进行讨论,参议院中的河南籍议员非常关心该案的进展。5月27日,河南籍议员阮庆澜在参议院第十一次会议中反问议长:"河南省之争议案,二十三日已列入议事日程,因当时讨论西蒙古问题,致将此案延会,今日议事日程何以并未列入?"④ 议长解释道,大总统提交

---

① 宋汝梅:《参议院提议咨催 临时大总统迅将地方官制官规编定草案交议案》,《政府公报》1912年5月22日,第22号,第9页。
② 《大总统催定各省议会法》,《大公报》1912年5月19日第2版。
③ 《参议院审查河南都督与省议会关于约法之争议报告》,《政府公报》1912年5月23日,第23号,第12页。
④ 《参议院第十一次会议速记录》,《政府公报》1912年6月1日,第32号,第13页。

了各省应否自定约法一案,与河南"省议会法"之争案密切相关,待审查后将一同解决,所以本次会并未列入。最终该案于5月30日参议院第十三次会议上开第二读会进行讨论。

针对河南"省议会法"之争中的两项争论条款,除河南籍议员外,议员们对第六条第九款承诺及否拒本省行政主管官之任用意见基本一致,持否定态度,认为省议会已有弹劾之权,足以制止官吏之专横,倘若再有承诺否拒之权,则省议会之权限过大。① 但是,对于第六条第三款议决本省官制官俸官规一项,则争论激烈,议员们的意见大致可分为三类,即赞同、反对与折中。

一是持赞同态度,以河南籍同盟会议员陈景南、阮庆澜、刘积学、孙钟、杜潜五人为代表,在争取河南自定官制官规的讨论中,五人意见一致,坚决争取河南省议会自定官制官规之权。他们的理由有两个方面,一为法律问题,一为现状问题。从法律层面来说,"专制君主既已推翻,建设共和万不能不改头换面,河南旧日种种,法律均不适用。南省可以制定官制官规,河南独不能制定官制官规,揆诸情理,固不允当"②。从现状层面来看则有三个理由:一是河南"财政非常紊乱",因旧官制未改革,河南自藩台以下各级官员薪俸仍然照旧发放,且"各省恶劣官吏到河南者已为数不少",财政负担非常之大。二是吏治腐败,"河南官制一日不定,则腐败之现状即一日不能除,而各省所屏弃之官吏均奔往河南,河南俨一藏污纳垢之所,即如直隶都督张镇芳因直隶不要而调河南,河南无起而反对者。何故? 官制未定,仍是腐败之现状也"。三是河南官场风气落后,因官制未改,仍采用前清官制,衙署林立,"犹袭大人、老爷之称"③。陈景南在发言结束时慷慨淋漓道:"河南官吏腐败不堪种种,司法机关皆各省所不承认之官吏,河南同胞屈死

---

① 《参议院第十三次会议速记录》,《政府公报》1912年6月7日,第38号,第13—16页。《续参议院第十三次会议速记录》,《政府公报》1912年6月8日,第39号,第13—16页。
② 《参议院第十三次会议速记录》,《政府公报》1912年6月7日,第38号,第13页。
③ 《参议院第十三次会议速记录》,《政府公报》1912年6月7日,第38号,第13—14页。

于彼等之手者，已不可胜计。再不许河南省议会暂定官制官规，则河南同胞非被彼辈杀尽不止。"① 此言态度坚决，言辞激烈，认为河南司法机关官员大多为各省所摒弃之官吏，与张镇芳同属"一丘之貉"，明显旨在反对河南都督张镇芳。

二是持反对态度，对于河南籍议员的发言，以共和党员为主的议员批驳了他们的观点。共和党员王家襄从"联邦主义"与"单独主义"的角度进行反驳，认为"中央欲谋统一，若许各省自定官制官规，则无统一之一日"，预言"若河南可以自定官制官规，则凡未破坏之省分必皆援以为例，数月之间必有许多纷扰"②。云南籍同盟会员张华澜也持反对意见，认为法律是全国的法律，并非一省之法律，"宜存一全国之观念，要维持全国，万不能不将自己之意见牺牲，以从大同"。而就河南籍议员提到的各省不要之官吏多调往河南的问题，他认为不好的官吏不仅河南有，其他省份也有，这是"个人之问题，非官制之问题"③。参议院副议长汤化龙尖锐地指出"本院非斗弄感情之地，非拥护地方之地，是拥护国法和国权之地"，认为陈景南的阐述全部是"现象论"，并逐一进行了批驳：一是针对陈景南所说南省已破坏省份有自定官制官规之权，汤认为"所谓破坏者，谓政治机关中心点破坏必行改建之谓，非谓一遭遭劫即谓之破坏"，如果南省遭到劫戮就是破坏，那么河南省本未破坏却想仿照已被破坏的省份，则是地方组织试图破坏未被破坏的局面。二是从法律层面来看，他认为所谓"地方议会不定，官制官规即陷于无法律之状态"的看法并无道理，如果"省省自定官制官规，是省省破坏约法"，并反问"省省破坏约法非陷于无法律之状态乎？"三是对于所谓"地方议会不定官制官规，即陷于无政府之状态"的观点，汤则反问道："河南现有行政机关否？现有行政官吏否？既有机关又有官吏不能说陷于无政府之状态。"他认为问题不在于地方议会能否自定

---

① 《参议院第十三次会议速记录》，《政府公报》1912年6月7日，第38号，第14页。
② 《参议院第十三次会议速记录》，《政府公报》1912年6月7日，第38号，第14页。
③ 《参议院第十三次会议速记录》，《政府公报》1912年6月7日，第38号，第14—15页。

官制官规，而在于官吏是否贤能，"决不能因官吏之不贤而曰无政府"①。可见以参议院副议长汤化龙为代表的部分议员明确反对河南省议会关于自定官制官规的主张，并进行了有理有据的反驳，表现出明显不同的立场。

三是持折中态度，部分议员建议由中央政府酌情定夺各省能否自定官制官规，并提出了两种折中方案。第一种方案以陕西籍议员赵世钰为代表，他认为他省能自定官制而唯独河南不能自定，实有厚此薄彼之嫌，进而主张"河南自定官制可以准其暂行，一俟中央官制颁布，自应当然取消"②。第二种方案以直隶籍共和党议员李榘为代表，他认为争议双方"一方面根据法律拥护约法，一方面以北方数省情形，官制若仍照从前，于财政上、感情上皆有不妥"，因而主张由参议院提出建议案，"北方数省不必用提学使、巡警道等名目及减少各地方官吏之俸给金，浮滥人员尤应裁汰"，此建议"于政府既不违背法律，又可调和感情"，该案自然就解决了。③ 持折中态度的议员以北方省籍为主，他们虽然并未明确支持河南籍议员关于自定官制官规的主张，但对他们的处境和主张深表同情，因而在不违背临时约法的前提下，提出了改善河南官制现状的折中方案。

就省议会自定官制官规一项提案，议员们的意见分歧很大。单就法律的角度来讲，河南议员的理由显然牵强附会，缺乏法律依据，然而却得到了多数议员的支持，这与河南议员擅长调动会场气氛以及他省议员的声援息息相关。《申报》生动地报道了河南议案讨论的过程："……议场中渐有倾向审查报告之势，河南议员阮庆澜大声云，如此云云，死不承认，死字之声甚长，其他理由则不闻，众有点首微笑者。于是杨策、孙孝宗、金鼎勋、李芳先后发言，皆主张河南省会应暂有议决官制之权，声势复振。盖杨、孙、金、李皆东三省议员，各有积极之主张者，有东三省议员十人互相声援，各人又散座四面，一人言则四面鼓

---

① 《参议院第十三次会议速记录》，《政府公报》1912年6月7日，第38号，第15页。
② 《续参议院第十三次会议速记录》，《政府公报》1912年6月8日，第39号，第13页。
③ 《续参议院第十三次会议速记录》，《政府公报》1912年6月8日，第39号，第13—14页。

掌，如常山之蛇，首尾呼应，刺刺不休，河南人复助之。江辛、覃振等亦以与孙钟辈有同会之稚，稍稍为之拍掌，于是表决遂多数，不赞成审查报告而许河南省会于中央省制为颁行时，有暂行议决本省官制之权。"该文最后评论道："河南议员之所以获偏面胜利者，内有同会者之暗助，外有东三省亟欲仿照河南自定官制者之明助，吾知其微矣。至张耀曾为原案审查长而甘令反对者之获胜，则全系党派之关系耳。"① 从此条报道中可以看出，河南省议会自定官制官规之权之所以能争取多数通过，主要有三个方面因素：一是河南籍参议员擅长以情绪带动气氛，他们结合河南官场腐败现状，积极发言主张河南省议会应有议决官制之权，声情并茂，博得同会议员的同情；二是河南籍议员孙钟与江辛、覃振等议员同属同盟会会员，存有同党派之交谊，易得到同会议员的支持，他们暗中帮助河南籍议员；三是东三省议员同样希望效仿河南获得自定官制之权，他们与河南籍议员互相声援，散座四方，四面鼓掌，营造了声势。

按照参议院议案的讨论程序，第二读会开完后，还要开第三读会。6月7日，参议院第十六次会议进一步讨论了河南"省议会法"之争案，在这次会议中，主要讨论官制官规的提案权归属于都督还是省议会的问题。以汤化龙为代表的部分议员从临时约法的规定出发，认为"约法第三十三条规定又大总统得制定官制官规交参议院议决，关于全国之官制官规提案权属于大总统，而参议院无之，则关一省之官制官规提案权应属之都督，而省议会不能提案无疑"，而且担心河南议案通过会给各地省制带来混乱，"深恐河南如此，各省起而效尤，则将来不胜纷扰"②。河南籍议员则反对，陈景南指出"此次河南自定官制官规原为维持地方秩序保护人民自由权利起见，若不与省议会以提案权而纯属之于都督，亦非此案之本意"③。他的意见得到统一共和党议员李芳、彭允彝等的附和，他们从现实出发，主张授予省议会以提案权。李芳直白

---

① 《参议院三十日会议情形》，《申报》1912年6月6日第2版、第3版。
② 《参议院第十六次会议速记录》，《政府公报》1912年6月13日，第44号，第12—13页。
③ 《参议院第十六次会议速记录》，《政府公报》1912年6月13日，第44号，第12页。

地说:"各种事件不可专就法律上着想,尤应从事实上着想。请诸君平心静气思之,若由都督制定,费去之时间必久,可以不必论,单问其制定之本旨为人民着想抑为一己着想,谅诸君心理皆已明白,由都督制定既如以上所言,则参议院对于此事为人民着想乎?抑为都督着想乎?至于言与约法有抵触,与大总统有抵触,殊不知与民国抵触之事甚多,若皆衡以约法,则他事皆不必作矣……"① 彭允彝亦认为应从事实上解决,"此案只可根据事实,不可专依法律,前次表决将制定官制官规与约法相抵触未当,关顾已从事实解决矣。此刻解决,本员主张仍从事实上解决,不可从法律上解决"②。可以看出,民初参议院虽属立法机构,议员多属于留日政、法科,但他们在议案的讨论中,并没有拘泥于法律,而更多地考虑了现实。

在第三读会的讨论中,河南籍议员的提案仍然得到东三省议员和同盟会全体议员的支持。③ 最后议长吴景濂表示,汤化龙关于官制官规提案权归属都督,议决权归属省议会的提议遭到多数议员反对,经过表决,七十二位出席议员中有四十位赞成原案,河南议案获得多数通过。④ 纵观参议院召开的关于河南"省议会法"之争案的三次读会,参议员的省籍情感、省际相通的政治利益以及同党派的暗中支持等现实因素交织在讨论过程中,最终情理战胜了法理,河南议案得以在参议院中顺利通过。

然而此案在送大总统签署批复时,却遭到袁世凯的否决,仍交参议院复议,理由是"制定官制权在中央,划归中央显与约法抵触,即云暂时办法,不妨姑允,但既关约法,只问有无违背,不能问时之永久,否则将以约法虽不可永久破坏,而不妨暂时破坏,前途危不可言状",同时指出"地方官制业经编定,不日交议,原案实难公布,请为复议"⑤。对于大总统交复议一事,河南省议会仍然没有放弃,在电旅京的河南籍

---

① 《参议院第十六次会议速记录》,《政府公报》1912年6月13日,第44号,第14页。
② 《参议院第十六次会议速记录》,《政府公报》1912年6月13日,第44号,第14页。
③ 《参议员之勾魂摄魄》,《申报》1912年6月14日第2版。
④ 《参议院第十六次会议速记录》,《政府公报》1912年6月13日,第44号,第14页。
⑤ 《参议院会议录》,《申报》1912年6月27日第3版。

议员时，勉励他们坚持："官制一案闻交复议请竭力主持，仍执前议为祷。"① 但河南"省议会法"之争尚未达成定论时，河南省议会又因在自定文官考试法上与都督发生分歧而提请北京参议院讨论，② 最终参议院否决了河南省议会关于自定文官考试法的提案，议决"各省不能自定，必要中央政府提出，参议院议决始为有效"③。在民初诸多地方法制尚未完善，权力分配尚不明确的政情格局下，河南"省议会法"之争案因与文官考试法提案纠葛在一起而暂时搁置，没有得到有效解决。

三 由一省到数省：河南"省议会法"之争的余波

河南"省议会法"之争是民初法制尚未完善的背景下，地方省议会争取议会权力的结果。《临时约法》的颁布未能解决这一问题，主要由于其并未明确规定"省"是否为地方行政单位以及中央与地方关系的原则，④ 这也为地方省议会和都督要求更多权限提供了空间。该案随着新闻媒体的报道而扩大了影响，其他省份发生的省议会与都督争夺权力的案件也效仿河南纷纷送到参议院。

河南"省议会法"之争案在参议院讨论的过程得到了新闻媒体的广泛关注。《盛京时报》首先关注了此事，其在简要介绍参议院关于河南"省议会法"之争案的讨论情形后总结道："一派法律论，一派现状论，两者战争不已，经表决时，率不用审查报告表决，而以河南省议会得自定该省官制官规，但不得有承诺及否认之权。此项官制官规待中央

---

① 《六月二十一日致北京参议院河南议员电》，《河南临时省议会报告书》，1912 年，河南省档案馆藏，档案号：A - B271。

② 《六月十八日致北京参议院电》，《河南临时省议会报告书》，1912 年，河南省档案馆藏，档案号：A - B271。

③ 《参议院第二十一次会议速记录》，《政府公报》1912 年 6 月 25 日，第 56 号，第 11 页。

④ 关晓红：《辛亥革命时期的省制纠结》，《近代史研究》2012 年第 1 期。

外官制颁布后又当然取消云云，付表决得（多）多数通过。"① 该报对参议院的讨论过程未予置评，而《申报》则对这一争论过程表明了鲜明态度，其在报道中认为河南最后能获得胜利，是"议会中多数专制"之结果。之所以这样说，是因为"东三省人渴望其案通过，则三省议会亦可援例自定官制，故东三省人对于此案之热心实较甚于河南人。河南参议员五人皆同盟会，于是同盟会全体议员俱右袒河南人。虽张耀曾、李肇甫极斥其非者，亦不得不服从党议。东三省议员皆在统一共和党，殷汝丽谓统一共和党之重要人，见此案于浙江无关，且为暂时之计，中央官制颁行即可取消，于大局亦无甚妨碍，遂为政策（的）之主张。二党相合，故共和党虽主张极为正当，屈于少数，竟被否决，况今日为第三读会，汤说必不可伸，不待表决已知之矣。"② 该案被大总统否决并提交参议院复议后，《申报》进一步评论道："统一共和党因东三省之关系，同盟会因河南之关系，互相结合，为此不正当之议决，致共和党之主张归于废弃。今政府仍交复议，是其眼光尚不失为正，程度较高于参议院也。"③ 可见《申报》敏锐地察觉到河南议案得以通过是参议院内党派结合及省与省之间有共同利益诉求而相互支援的结果，而且其表现出了支持共和党反对河南议案的明确立场。

国内主流新闻媒体的报道进一步扩大了河南"省议会法"之争在国内的影响，引起其他省份纷纷效仿，四川、广东先后出现了类似的省议会与都督之争并提交参议院讨论。1912年7月2日，参议院第28次会议讨论四川都督来电，电文主要咨询三项事宜："（一）中央官制未发表以前，各省是否能自定；（二）中央法律未宣布以前，各省是否能自定省议会法；（三）质问已交付议之议案，省议会若仍执前见，当如何办理。"④ 该电文所咨询前两项即与河南案类似，但议员们对于河南案与四川案的同异，却引起了大的争论。四川籍议员李肇甫认为"此三

---

① 《参议院第十三次开会纪事》，《盛京时报》1912年6月4日第3版。（）内为多余字，下同。
② 《参议员之勾魂摄魄》，《申报》1912年6月14日第2版。
③ 《参议院会议录》，《申报》1912年6月27日第3版。
④ 《参议院第二十九次开会纪事》，《盛京时报》1912年7月7日第2版。

项与前次议决河南案相同，本院可以照河南案答复"，江西籍议员李国珍亦认为四川案第一项与河南案同，因此主张"第一项所问应照河南办法，河南可以准则四川亦可以准"①。然而这一观点却遭到湖南籍议员刘彦和彭允彝的反对，刘认为"四川之事不能与河南之事作比例，河南事件与约法有冲突，四川事件与约法并无冲突"，彭则认为"河南之案乃权限之问题，非与四川复议之问题可比，即依法律言之，亦绝对不能为之解决"，经过几番争论，议员之间意见仍不统一，议长吴景濂认为此案"关系重要，一时解释不了"，提议另行特别审查再议。② 在四川案被搁置审议的过程中，7月10日，在参议院第35次会议上，议长又提出广东省议会与都督争执一案是否可列入议事日程，多数议员皆认为广东案与河南事件相同，可以同一办理，应列入议事日程。③ 7月17日，参议院第40次会议对四川案审查报告进行审议，议员们举手投票，多数赞成该案第一条"各省提议本省省制官制问题，应俟河南复议案解决再行电告"④。四川及广东省议会与都督之争都和河南案有类似之处，要待河南复议案解决后方可解决，足见河南"省议会法"之争案在全国范围内的典型性，成为其他省份解决省议会与都督权力之争的重要依据。

随着河南"省议会法"之争案成为举国关注并被效仿的典型事件，如果河南案得不到及时解决，恐将引发更多省份的地方权力之争。正如河南籍议员阮庆澜在7月2日参议院会议上所讲："河南复议之案现已十余日，尚未审查报告，且广东又有电到院。本员以为河南议案可从速解决，河南议案如能解决，他省自然不致相互纷争。"⑤ 1912年7月27

---

① 《参议院第二十九次会议速记录》，《政府公报》1912年7月12日，第73号，第11—12页。
② 《参议院第二十九次会议速记录》，《政府公报》1912年7月12日，第73号，第13—14页。
③ 《参议院第三十五次会议速记录》，《政府公报》1912年7月28日，第89号，第11—12页。
④ 《参议院第四十次会议速记录》，《政府公报》1912年8月2日，第94号，第21页。
⑤ 《参议院第二十九次会议速记录》，《政府公报》1912年7月12日，第73号，第15页。

日,参议院制定并公布了《省制草案》和《省官制草案》,同时说明了制定两项草案的理由,草案规定省议会具有议决本省单行法并监督省总监(都督)之权,但以不抵触法律命令为限,省总监对中央政府负行政责任,而对省议会负政治责任。① 从两项草案的内容来看,参议院明显倾向于省议会,赋予省议会立法权和监督省都督的权力,对于省都督的权力进行了限制和约束。全国统一的省制官制草案的公布,为河南"省议会法"之争提供了解决方案。然而由于河南省议会与都督之间的矛盾加剧,7月27日上午九点,省议会"正开议时,突有刺客数十人闯入议庭,各执手枪向议员轰击,一时子弹如雨,议员中枪者十余人"②。这些刺客为河南都督张镇芳所指使,破坏了省议会的正常议事流程,迫使省议会暂时停止活动。③ 在民初法制尚未健全的情形下,掌握武装力量和行政权力的都督在与省议会的争议中处于绝对强势地位,甚至不惜使用暴力干涉省议会活动的正常运转,使得一时受到全国关注的河南"省议会法"之争没有通过法律途径得以解决,而是被淹没在强权政治下,最终被都督张镇芳强力压制,省议会名存实亡。

结　语

1912年发生在河南的"省议会法"之争,经由地方分歧到上报中央后,参议院经过三次读会对其进行讨论,最终通过河南省议会可以自定官制官规,但不允许其有承诺否拒之权的议案。尽管这一议案后来被大总统所否决,却在全国范围内引起广泛关注,先后有数省向中央提出类似提案,皆以河南"省议会法"之争案作为参考。虽然该案后来一再搁置未再复议,最后以省议会遭到暴力冲击而告结束,但从此案中可

---

① 《省制草案》《省官制草案》,《政府公报》1912年7月27日,第88号,第21—28页。
② 《开封议会致参议院等电》,《政府公报》1912年7月31日,第92号,第11页。
③ 陈传海、徐有礼编著:《河南现代史》,河南大学出版社1992年版,第35页。

以窥见民初政情的困局以及参议院议员讨论、决策的复杂过程和考虑要素。

民国甫建,新政体尚未完善,在旧制度仍然在地方运行的情形下,河南"省议会法"之争的发生,一方面体现了对新政体的诉求;另一方面也反映出由于新制度未定,《临时约法》并未明确对地方省制官制作出规定,造成了制度层面的空隙,为省议会诉求权力提供了余地。至于河南"省议会法"之争产生的直接原因,乃在于中央派遣官员与作为本地革命势力代表的省议会之间的权力冲突,实际上是传统中国旧有的行政官僚与在地士绅权力斗争的延续。清末各省谘议局转型为民初各省议会,其权力始终受到省行政长官的制约,与欧美立法机构制衡行政机构相反的是,谘议局(省议会)仅仅作为民意机构,其权力地位始终不如官本位社会的行政机构,仅对省行政长官有监督权,但无法牵制其行政权力。相较于山西、江苏等省议会具有制定官制官规之权的省份,山西都督阎锡山和江苏都督程德全皆为本地官员,阎锡山通过领导山西新军起义而被推举为山西都督,[①] 程德全虽刚担任江苏巡抚一年,但辛亥革命爆发后不久便在当地士绅的推动下宣布独立,自任江苏都督,[②] 二者背后皆有本地社会力量的支持,易于与省议会建立协调及合作关系,缓冲彼此之间的利益纠葛。河南革命党人则在谋求河南独立的过程中,经过多次尝试而皆遭失败,最终由于南北议和而中断,并未宣布独立。[③] 河南都督张镇芳作为中央直接派遣官员,虽然名正言顺为河南最高行政长官,但缺乏本地革命力量的支持,其大量启用旧官僚的企图也未能得逞。为了对省都督的权力进行制约和监督,河南省议会试图通过立法争取议决本省官制官规和承诺否拒本省行政主管官员任用之权,因而不可避免与省都督发生矛盾和冲突。

1912年河南"省议会法"之争案为窥视民初参议院的决策过程提供了一个政治场域,议员们的讨论交织在"法律""现实""省籍情感"

---

① 阎锡山:《阎锡山早年回忆录》,台北:传记文学出版社1968年版,第13—22页。
② 王玉贵:《民国奇人程德全》,苏州大学出版社2015年版,第115—116页。
③ 陈传海、徐有礼编著:《河南现代史》,第18—24页。

等因素的考虑中，而后者在决策中显得更有分量。晚清以来"省"意识兴起，在19世纪末20世纪初"本省"逐渐成为知识分子、一部分封疆大吏乃至部分民众的流行语。① 直到20世纪20年代的"联省自治运动"，"省"意识一直没有弱化过。"本省"意识的形成一定程度上强化了参议院议员对于其所属省份的地域性认同，加之他们是由本省议会选举为参议院议员，与省议会有着千丝万缕的联系，逐渐形成了与国家认同相对应的"本省"认同和"省籍情感"。在民初地方自治主义思潮和议会政治思维的导向下，身在中央的参议院议员自然倾向于在读会讨论中维护和强化本省议会的权力，对中央委任都督的权力进行制约，以推动地方省制的制定和实施。参议院最终颁布的省制草案与法制委员会前期公布的河南"省议会法"之争审查报告意见相左，显然是河南等存在省制纠纷的省籍议员据理力争的结果，而"省籍情感"则在议员的争论中发挥了特有的聚合作用。可见"省籍情感"成为参议院议员之间达成共识、形成合力的一种重要媒介，其与法理纠葛在一起，时而超越法理，成为影响参议院决策的重要因素。

从法律层面讲，河南"省议会法"之争案中关于省议会自定本省官制官规的提案，是缺乏法理依据的。其之所以最终能在参议院中以多数票获得通过，一是由于河南籍议员立足河南吏治腐败现状，极力为本省议会争取权力，慷慨淋漓的陈词博得了在座其他议员的同情；二是由于在同党派利益一致的导向下，河南籍同盟会议员得到参议院中其他同盟会议员的暗中支持；三是由于东三省议员想要为东三省议会也争取类似的权力而积极附和河南籍议员。换言之，河南案能够在参议院得以多数通过，主要得益于河南籍议员的力争以及同党派内部、省与省之间共同的利益诉求。时任临时大总统袁世凯和河南都督张镇芳虽都为河南籍，然而其作为中央最高权力的代表和外派官员，更多考虑的是中央以及自身的地位和权力，"省籍"认同相对淡薄，故坚决反对参议院通过的省议会自定本省官制官规的决议。

民初河南的省制纠纷问题最终未能成功解决，不仅由于民初法制尚

---

① 刘伟：《晚清"省"意识的变化与社会变迁》，《史学月刊》1999第5期。

未健全，更在于清季外官改制的过程中，在行省层面未能妥善解决中央与地方、集权与分权的关系问题。[①] 清政权覆亡后，与之相应的国家中心权力崩溃，而新的权力中心尚未形成，在共和体制初试的阶段，中央与地方、都督与省议会以各自的方式进行利益的博弈。在缺乏绝对法理依据和中央权威的情形下，国民党试图用约法作为限制袁世凯北洋势力的手段，表现在各省就是想用议会压倒袁所派遣的省都督，用一纸空文约束骄兵悍将，最终只能受制于强权，河南省议会的议事活动遭到暴力干涉，在都督的强力压制下名存实亡。民初的"省议会法"之争只不过是漫长中国历史中大一统与地方分裂、中央集权与封建割据之延续，后来的联省自治也是这种斗争的回响和延伸形态，呈现出民初地方政局的复杂面向。

（作者系郑州大学历史学院副教授）

[①] 关晓红：《清季外官改制的"地方"困扰》，《近代史研究》2010年第5期。

民国监察区的早期建制与运作

岳威成　石　威

摘　要　监察区制度是国民政府监察院为弥补监察院监察地方不足的缺陷而设立,虽然1928年设置监察区的目标便已确定,但由于经费不足,监察区的设立经历了若干时段的反复,最终于1935年成形,并得以落实。同时,为更好开展监察工作,监察院也制定了相关规定,使得监察区规制进一步完善。监察区成立后,监察使各自在自己的监察区开展监察工作,为惩治贪污、肃清腐败、刷新政治作出了一定贡献。但是,由于民国制度本身不尽完善,加之经费不足等原因,监察区的监察工作离监察院设想的目标还有一定距离。

关键词　监察制度　监察使署　监察院　监察区

监察院制度是国民政府五院制度的重要组成部分,是孙中山结合西方历史经验和中国具体国情而提出,具有鲜明的中国特色。国民政府成立后,成立了监察院,然而随着国民政府实际掌控区域的扩大,监察院制度在实际的操作中也出现了一些问题,其中重要一端便是作为中央一级的监察院如何对众多地方官员实行有效的监察。为此,国民政府监察院在借鉴中国历史成功经验的基础上设置地方一级监察区,以期对地方官员实行有效监察,进而刷新政治。既往研究曾关注到国民政府地方监察制度,不过研究者对于国民政府地方监察制度的早期历史多着墨不深,[1] 以至于我们对于监察区的早期议设等仍旧缺乏足够细致的认识。本文希望在既往研究的基础上,进一步收集史料,以期对监察区早期的建制与运作进一步厘清,进而更为全面地展现其面貌。不过,有两点需要说明:其一,民国监察区议设虽然在1928年就已确定,但实际落实却在1935年,至1937年遭到重创,题目中所谓的早期即1937年抗日战争全面爆发之前的历史;其二,监察区既是监察的地理空间,又是监察机构,文中的监察区、监察使署事实上是一体两面的关系,文中统一使用监察区,不再分开。

一 议设

国民政府监察区是伴随监察院的设立而产生,监察院成立后便仿明清时期的"御史分道法"设立监察区,1928年10月国民党中央政治会议通过《监察院组织法》时就规定:"监察院院长得提请国民政府特派监察使,分赴各监察区,行使弹劾职权。"[2] 至于此时地方监察机构设置的标准和地方监察机构的具体名称,时任监察院院长的陈果夫就曾对媒体谈及,"监察院设在中央,各省区将设分院,但非每省区必须设置,以政务繁简、交通适宜与否为定,为云、贵、川等省,地势窎远,中央与之关系又深,将各分设一院"[3]。此时,监察院设置监察使的目的主要是监察地方,以弥补监察院监察地方的不足,1935年在新任监察使宣誓就职仪式上,于右任代表监察院所作的发言亦曾如此说明,指出:"从中国监察制度的历史言,监察制度本是内外并重的。"[4] 然而监察区的设立并没有随着该条例的制定和陈果夫的具体设想而得以落实,直到

---

[1] 目前学界关于民国监察区的研究主要有:张琦《南京国民政府监察使署述论》(硕士学位论文,湘潭大学,2008年)、张冬辉《南京国民政府监察使制度探析》(《求索》2012年第12期)、孙宗一《国民政府监察院分区监察制度研究》(《历史教学》2013年第8期)与《国民政府监察院分区监察制度的历史考察与当代启示》(科学出版社2017年版)。

[2] 《监察院组织法》,《法律评论》1928年第1卷第7期。

[3] 《监察分院将择设各省》,《益世报》(北京版)1928年10月29日第2版。

[4] 于右任:《设置监察使与国家政治的推进》,《每周评论》1935年第165期。

1931年监察区才提上议事议程，至1935年才真正落实。此期间由于各种纠葛，监察区也经历了若干时段的反复，坎坎坷坷，着实不易。个中原因十分复杂，政局频繁变动，中央与地方权力之争，以及中央权力分割纠葛等不一而足。

监察区正式进入讨论层面始于1931年，此时监察院"内部组织业已就绪"，开始谋划设立监察区、监察使、组织行署，"特制定专员，起草组织法，准备提呈国府，转令立法院审议。组织法之内容，系按各省情形，或一省为一区，或以二省以上为一区，酌量配定。大致全国分为十四区……每区设一监察使，以行使职权"①。据公共传媒披露，十四个监察区分别是"第一区苏皖赣，第二区浙闽，第三区湘鄂，第四区冀鲁豫，第五区粤桂，第六区晋陕，第七区辽吉黑，第八区热察绥，第九区滇黔，第十区四川，第十一区甘宁青，第十二区新疆，第十三区康藏，第十四区蒙古"②。同时，为配合监察区的推行，监察院还派定专人制定《监察使巡回监察规程》，③该规程详细规定了监察使的任期、职责、权力等。此外，为有序推进监察区的设立，监察院曾计划分期推行监察区，"监察院各监委，已按区分配就绪，并拟设各区监察使，分期视察，将以苏浙皖等省为第一期，其他各省分为第二、三期视察"④。至于各区的设置时间以及监察区的划分依据，1936年的《监察院工作纪要》曾有记录："监察院自九一八事变后，即将密迩战区之热察绥及为西北国防要地之山陕两区监察使，先行提派；嗣以情势未便，先后辞职。二十四年四月，该院以苏、皖、赣、湘、鄂五省襟带大江，为中枢肘腋，浙闽关系海防，且当剿匪善后之会，要政綦多，冀及鲁豫两区，为黄河流域之重镇，甘、宁、青则方在开发建设，认为对于各该省区官吏之廉察，尤须严谨，故将第一、第二、第三、第四、第六、第七及第十三各监察区应设之监察使，提经国府明令派遣。"⑤ 两年之后，国民

---

① 《监察院筹设监察使区》，《时事月报》1931年第4卷第1—6期。
② 《监察院筹设监察使区》，《时事月报》1931年第4卷第1—6期。
③ 《监察院设各区监察使》，《申报》1932年1月25日第8版。
④ 《监院拟设各区监察使》，《申报》1931年3月3日第4版。
⑤ 《监察院工作纪要》，《申报年鉴》，上海申报年鉴社发行，1936年，第313页。

党中政会于1933年2月22日正式决议划全国为十四个监察区,并先行特派"周震鳞为第十监察区(热河察哈尔绥远)监察使,刘守中为第六监察区(山西陕西)监察使"①,周震鳞、刘守中于3月7日在国民政府宣誓就职,② 此阶段的监察区划分至此完成。国民政府之所以在此时推进监察区的开设,其中重要原因是以蒋介石等人为首的国民政府已经取得中原大战的胜利,统治区域进一步扩大,为更为有效地掌控新扩大的统治区域,成立监察区成为当务之急。

然而未过多久,监察使署的设置便因国民政府的财政紧张而被搁置,监察区制度遇到重大挫折。1933年6月29日,监察院因经费支绌,"拟将前所规定依照监察区组织监察使署之制度,暂行废止,该由监委担任各省监察职件悉由院指定监委,负责办理,如必要时亦由该指定之监委前往调查"③。至1933年12月31日,立法院决议正式废除监察使署,将监察使署修正为"监察使办公处,每月经常费五千元"④,监察区制度至此名存实亡,发展受到重大挫折。即使1934年1月27日监察院长于右任召开监察院会议,"对巡回视察及成立监察使署,决定次第实行,先从江浙两省着手,再普及各省"⑤,也未能奏效,周震鳞、刘守中的辞职更使监察使署的成立成为泡影,⑥ 以至于右任不得不放弃监察使署的设置。事实上,舆论界亦曾反思过监察使署设置的必要性,其中财政问题就是时论分析的重要起点,"良翰"即认为监察院不能解决贪污腐化问题,更何况监察区,不仅如此,监察区的设置还会进一步加重财政负担,"乍闻监察院成立,莫不欣然色喜……其贡献于吾民者不过尔尔,维持现状,尚不经济,若再遍设监察使于诸省,实期期以为不可。湘赣政费无着,将近绝境,他省皆是,既夙号富庶之苏浙,悉皆捉

---

① 《中政会决议划全国为十四监察区特派周震鳞刘守中为监察使 任命熊育锡等廿六人为监委 审计部长茹欲立辞李元鼎继》,《申报》1933年2月23日第7版。
② 《周刘明日就监察使职》,《申报》1933年3月6日第7版。
③ 《监察院拟废除监察使署制度》,《申报》1933年6月30日第9版。
④ 《监察使公署修正为监察使办公处》,《申报》1934年1月1日第15版。
⑤ 《监院开会决定进行巡回视察并成立各省监察署》,《申报》1936年1月28日第3版。
⑥ 《两区监使署一时难期成立》,《申报》1933年4月19日第6版。

襟见肘，亟亟不可终日。财政竭蹶至此，广设机关，实非民众所能任"①。"良翰"的分析可谓一针见血，国民政府时期的腐败是多方原因造成，澄清吏治需要多方面的手段，单独的监察制度改革也只能起到隔靴搔痒的作用，更何况监察使权力有限。

1934年，监察区和监察使署的议设再一次迎来契机。事实上，此时监察区和监察使署的设置成为势不可当的潮流则是行政院倒逼的结果。1934年春行政院派员赴各地调查地方情形，并通过了《特派大员巡视地方规则》，规则规定"（一）特派大员得于巡视区内，设置行辕；（二）特派大员得特颁关防；（三）特派大员巡视所至地方、发现重大事故，得呈请紧急处分"，使得监察院的权力备受侵夺，监察院起而抗制，"以行政院无权制定是项规则，若实施后，显与监院设置之各省监察使行署相冲突"，因而决定两项办法"（一）由监察院向行政院提出质问书；（二）呈请于院长从速筹设各省监察使署"，其中呈于院长书共有二十余名监委签名，大意是"务期监察使能于下年度开始实行设置"②。时论一语道破天机："自本年四月初行政院通过特派，大员巡视地方规则以来，监院各委，以与监察使之职权相冲突，乃有从速组织各省监察使署先由苏冀二省创办之决议。"③争议发生之后，监察院院长于右任和监察院积极行动，为监察使署的设置积极奔走，连日赶编监察使署预算，于右任甚至抱病参加监察院有关监察使设置的会议，其后立法院通过监察使署预算。至此监察使署才开始真正地拥有一席之地，监察区才名副其实。

1934年7月5日，《申报》以《监院监察区将先成立九区监察使人选内定》为题进行报道，该报道说："监察院监察区先成立九区，内定监察使人选，第一区（苏）叶楚伧，二区（冀）张继，三区（皖赣）陈立夫，七区（豫鲁）丁惟汾，第十二区（热察绥）刘守中，第十三区（甘宁青）周震鳞。"④其后又有监察院变更监察区的

---

① 良翰：《各省监察使果有设置之必要耶》，《小日报》1931年5月27日第2版。
② 《行政院特派大员出巡监院认为越权决定两项办法》，《申报》1934年4月4日第3版。
③ 廷：《设立监察使之商榷》，《申报》1934年6月26日第6版。
④ 《监院监察区将先成立九区监察使人选内定》，《申报》1934年7月5日第3版。

消息,"一苏,二皖赣,三闽浙,四湘鄂,五粤桂,六冀,七豫鲁,八晋陕,九辽吉黑,十滇黔,十一川,十二热察绥,十三甘宁青,十四新,十五康藏,十六蒙古"①,监察区一时成为热点。但是不知何故,监察使最终还是被搁置,"各区监察使署,监院拟缓期设立"②。其原因实际上仍旧是经费问题,谢无量就曾对记者谈及此问题:"惟此事异常困难,因经费浩大,能否早日实现,实经费为先决问题也。"③

1935年,监察区制度才正式落实,走向实践层面。1935年4月3日,中政会开第四五一次会议,会议正式派定丁超五为江苏监察区监察使,苗培成为皖赣监察区监察使,陈肇英为闽浙监察区监察使,高一涵为湘鄂监察区监察使,方觉慧为豫鲁监察区监察使,周利生为河北监察区监察使,戴愧生为甘肃、宁夏、青海监察区监察使,并要求成立监察使署,"月支约三千五百元、并在二十三年度国家总预算内开支",监察使在京宣誓就职后,"即分往各区巡回视察"④,至此可以说监察区才真正地步入轨道,进入实际的操作层面。

二 规制

监察区的实际运作要依靠监察使署和监察使,监察使署及监察使的规制都有具体的规定,1932年监察院就制定了《监察使巡回监察规程》十一条,1933年初呈请国民政府备案,⑤ 正式施行,加上后来的修正案以及1935年5月22日监察院颁布施行的《监察使署办事通则》,监察区制度有了法律保障。诸如此类的规程、通则也构成了监察使署

---

① 《监院变更监区》,《申报》1934年9月2日第3版。
② 《监使署将缓期设立》,《申报》1934年8月12日第9版。
③ 《监委谢无量来沪谈设立监察使署难实现》,《新闻报》1934年6月11日第9版。
④ 《中政会决议特派七区监察使土地法施行应即公布各监察使署下月可成立》,《申报》1935年4月4日第3版。
⑤ 《监察院设备区监察使》,《申报》1932年1月25日第8版。

和监察使规制的重要文本，成为了解监察使署和监察使规制的重要凭借。

监察使署是管理所属监察区的办事机构，设有秘书处，秘书处包括总务和调查两科，其中秘书处秘书"承监察使之命管理本署事务，指挥本署职员，监察使出巡时派秘书一人代行署内例行事务"；总务科"管理机要文书、撰拟、收发、保管、出纳、计算、购置、营缮、警卫及不属于他科事项"，总务科科长"承长官命令，督率科属职员办理科务"；调查科"管理编制、调查表册，整理调查报告及统计调查成绩等事项"，调查科科长"承长官命令督率科属职员办理科务"。此外，监察使署还设有参赞，"备监察使之咨询并办理特交事项"①。其后随着监察区监察事务的发展，监察院还要求监察使在监察使署设置公务室，以便管理使署事务。②

除监察使署外，辖区两个或两个以上的监察使署还设置监察处，以便监察使办公。河南山东的监察使方觉慧曾在上任之初于6月7日在开封组织办事处，③安徽江西监察使署则在安徽设立办事处，并于7月1日办公，④其他辖有两个省以上的监察区，其情形大致类似。监察处的设置虽无明文，但其设置确有必然性。正常情形下一省设置一个监察使署是最为理想的状态，由于经费不足，监察使署辖区有的大至两三个省，辖区为一省的监察署或许能够有效管辖区内监察，然而对于那些管辖两到三个省的监察区来说，一个监察使署或许有些疲于应对，因此设置监察处也就成为一件不得已的制度安排。

监察使署机构的人数及办公经费亦有固定限制，《监察使巡回监察规程》第八条对于监察使署的人员数目有明确要求："监察使署设秘书一人至二人，科长二人，荐任、科员二人至四人，办事员四人至六人委任，监察使署得聘任参赞一人至三人。"⑤ 监察使署的经费波动

---

① 《监察使署办事通则》，《监察院公报》1935年第30期。
② 《监署公务室规程起草完竣》，《申报》1935年9月17日第8版。
③ 《鲁豫监察署聘定参赞》，《申报》1935年6月7日第7版。
④ 《皖赣监使署驻皖办事处下月办公》，《申报》1935年6月27日第8版。
⑤ 《监察使巡回监察规程》，《监察院公报》1935年第30期。

较大，1934年监察院赶编监察使署预算时认为"每署每月约需经常费五六千元"①，而中政会通过时，"经费每署每月三千四百元"②。1935年度监察使署经费是每月三千六百元，监察使认为不够，主张增加六千元，后中政会决定五千三百元，于七月领支，③但结果核准经费是五千二百十三元，④即使这样，监察使仍感不足。

监察使是执行监察工作的核心人员，负担所属监察区内的监察职责，其选任、职责和义务都有明确要求。最早讨论监察使选聘时，监察院主张由监察院监察委员兼任监察使，"每区成立一监察使行署"，监察使"以行署为驻节地"，"随时须周巡区内各地"⑤，但是这个主张最终并未付诸实施。第一届的监察使周震鳞和刘守中皆为国民政府委员，第二届七位监察使均由国民党中央委员或监察委员兼任，苗培成、陈肇英、方觉慧、戴愧生、丁超五是原任的中央委员，高一涵、周利生则是原任的中央监察委员，不仅如此，七位监察使除高一涵、周利生和戴愧生外，同时还在党内拥有地方实职，苗培成在安徽任党务指导，陈肇英在福州任党务指委，方觉慧在开封任党务指委，丁超五任江西党务指委，⑥第三届的滇黔监察使任可澄1936年就任前则为地方旧官僚。十位监察使中多数有革命经历，而且不乏留学生，方觉慧曾留学日本早稻田大学，高一涵曾留学日本明治大学，周利生于日本帝国大学，至于年龄稍大点的任可澄还曾是前清举人，丁超五曾是前清秀才，可谓一时之杰。至于监察使的任期，开始是一年，至1936年监察院决定将监察使的任期延长至两年。

监察使的职责大体上有两个，其一，监察、弹劾公务员违法、失职行为；其二，调查、反映监察区内的政治、经济、社会等具体情形，以

---

① 《监院赶编监察使署预算》，《申报》1934年6月27日第6版。
② 《八区监使署成立有待》，《申报》1935年3月25日第3版。
③ 《各监使署经费酌增》，《申报》1935年5月25日第7版。
④ 《七区监署经费核准月各支五千二百十三元》，《申报》1935年6月12日第6版。
⑤ 《监察院弹劾官吏程序各区将设监察使署人民呈控应具铺保监委弹劾须经审查》，《申报》1931年2月14日第7版。
⑥ 《中政会决议特派七区监察使土地法施行应即公布各监察使署下月可成立》，《申报》1935年4月4日第3版。

便中央决策。具体情形包括："一、关于所派监察区内各官署及公立机关之设施事项；二、关于所派监察区内各公务员之行动事项；三、关于所派监察区人民疾苦及冤抑事项。"①

拥有一定的权力是保证监察使正常履职关键，除了拥有《监察委员保障法》规定的各项保障外，监察院为此还赋予了监察使以下三项权力："（一）得向所派监察区各官署及其他公立机关查询或调查档案册籍；（二）对于所派监察区公务员之违法失职认为情节重大须得急速救济，得径行通知该管长官予以急速救济之处分；（三）得接受人民举发公务员违治失职之书状，但不批答。"② 而且随着监察工作的深入展开，监察使的权力也得到进一步扩张和巩固，1936年7月17日七位监察使就任一周年之际，在监察院召开的全国监察使会议上，监察使为获得新的权力在会议上提出了改进地方监察工作的方案，其中涉及权力扩充的有四条，即"（二）请决定监察使署调查案件，除调查员外，仍得委派秘书、科长、科员等查案，决议通过、呈院通行知照；（三）请院通令各省市政府，以后编制省市县施政计划书及县长以上人员更调应函知该区监察使署以资考核，决议通过、呈院通令遵照；（四）请院咨行政院通令各省市政府，通饬所属机关对监察使署调取文卷证件须绝对遵从案，决议通过、呈院转咨分饬遵照……（六）请院咨司法院，通令各司法机关对本院及监察使署调查案件请依法侦察时应充分协助案，决议通过"③。四条中的第二条、第三条使监察使的权力得到扩充，而第四条和第六条使监察使以往的权力进一步巩固。

三 监察

早期监察使大体可以分为三届，第一届即周震鳞、刘守中，第二届

---

① 《监察使巡回监察规程》，《监察院公报》1935年第30期。
② 蔚：《设置监察使》，《前途》1935年第3卷第4/5期。
③ 《监使谈话会二十五年度中心工作将注意边区人民疾苦》，《大公报》（天津版）1935年7月18日第3版。

是苗培成、陈肇英、高一涵、周利生、方觉慧、戴愧生、丁超五，第三届是1936年的川黔监察使，因为第一届监察使未及上任便宣告辞职，第三届监察使上任不久便发生中日全面战争，成为非常态下的监察使，因此第二届监察使成为我们观察监察使具体活动的最佳案例。通过他们的监察活动，我们大致可以勾勒出监察使监察的具体状况，即如何开展监察、监察内容有哪些、监察结果又如何反馈，进而更为深入地探讨监察区的运作。

1935年4月3日，中政会通过苗培成等七位监察使的任命后，七位监察使于4月29日在南京宣誓就职，随后相继前往各自所在的监察区。陈肇英、方觉慧、苗培成、丁超五、周利生、戴愧生、高一涵分别于5月27日、6月2日、6月7日、6月10日、6月11日、6月12日、7月24日在福州、济南、南昌、镇江、北平、兰州、武汉开始有序地开展工作。巡查是监察使的基本工作，监察使上任不久就亲自带领属员前往各地巡视，以期获得实情。河北监察使周利生上任之后便带领属员"先往保定，调查河北省政府各厅及所属各机关、然后出巡冀南各县"[1]，打算半年内将河北省全县视察一遍。闽浙监察使陈肇英亦多次亲自巡察，例如巡视闽侯时便"偕监署秘书陈耀章，科长吴春铜及科员等一行六人"[2]。两湖监察使高一涵就任时，长江中游水灾严重，他更多的是将自己的工作重心放在查灾、勘灾之上，多次亲自带领属员前往防洪大堤巡视，并督促地方要员注意洪堤的修防堵复。皖赣监察使苗培成就任后，"为明了本省各县水灾情形，以便向中央报告及谋赈灾起见，特于前率同秘书科长等，乘舰分赴各县视察，经过二十余县，凡重灾区域，均经实地查勘。苗氏视察完毕后，曾登庐晋谒林主席，报告经过。现已返省料理监署事务，并将此次视察经过，电呈中央鉴核"[3]。另外，监察使为获悉地方真实情形，有时也会采取密查、化名巡察方式，江苏监察使丁超五便是如此，丁超五上任之初到吴江、吴县两县巡视，便是密

---

[1]《周利生定日内出巡保定》，《大公报》（天津版）1935年6月20日第4版。
[2]《视察闽侯各机关》，《申报》1935年8月12日第8版。
[3]《苗监察使将返皖监署事务料理已就绪》，《吉安商报》1935年8月24日第2版。

查各案，而至无锡则采取了夜行化名巡察。《申报》就披露说："国民政府监察院江苏区监察使丁超五氏……日前偕随员郭鸿忠，出发至吴江吴县两县巡视，密查各案后，复转赴常熟，视察该县……前晚即行由虞雇乘锡沪公路汽车来锡，化名巡察，行踪极为秘密，故外界知者极鲜。"① 河北监察使署委派之调查员调查时亦曾携带伪装道具，"俾作临时化妆之用，若农人、工人、邮局当差、游兵散勇等各种服装，大都咸备，该署以大木箱二只盛之。如最近该署调查员卢东白赴平山县调查县长刘驹贤受贿容赌，即穿农人服装前往，当在该县南街获得证据。又闻该署前派某调查员赴平郊调查时，竟化装小贩，其自卫手枪即藏于篮内，警士不知，上前检查，乃告以系监署人员，警士即立正行礼，一时见者皆为愕然"②。

监察使职责繁忙，加之部分监察区范围较广，监察使不可能处处实地监察，有时亦会派属员前往调查地调查，不过，属员调查需持调查证，"各区监察使署派员查案，现经监察院规定，统由院制定调查证，分区编号，颁发应用，以资识别，调查员持有监院调查证，得知会地方法院县市政府及公安局予以协助"③。1936 年 11 月，两湖监察使高一涵阅报，见长沙"市府破获燕子岭伪造印契，侵占省市公产巨案"，"即派员驰往彻查"④。1937 年天津法院推事叶德棨受贿案发生，河北监察使署即派调查科长尹敬让赶赴天津彻查该案。⑤ 然而相对于监察使的亲自调查，监察使署职员调查时有时会遇到一些障碍，1936 年江苏无锡盐栈发生舞弊，驻无锡苏五属税警第六区区长凌希超被人呈控，"谓与盐公栈勾结，贩卖私盐情事"，江苏监察使丁超五并未亲自前往调查，而是派遣监察使署调查员褚龙吟前往秘密调查，褚龙吟检阅账册时，遭到盐栈职员拒绝，无奈褚龙吟会同无锡县员警，将该账房间查封，才得

---

① 《丁超五来锡密查》，《申报》1935 年 9 月 9 日第 9 版。
② 珍一：《河北监察使署之道具》，《上海报》1935 年 12 月 15 日第 2 版。
③ 《弹劾案件注意急速救济处分》，《申报》1935 年 6 月 27 日第 7 版。
④ 《湘市侵占公产巨案两湖监署调查》，《申报》1936 年 11 月 17 日第 3 版。
⑤ 《津推事受贿案监署彻查》，《申报》1937 年 4 月 30 日第 4 版。

以进行调查，①由此我们也可以看到监察使署权限实际上受到诸多牵制，以致影响其正常的行政运转。

监察使工作十分繁杂，他们巡视的内容十分广泛，比起规定来更是繁杂、细致。1936年戴愧生在《甘宁青监察使署一年工作概况》中列出了八项任务，即"地方情形之调查""巡回监察之经过""人民书状之处理""弹劾权之行使与急速救济""监狱行政之查察""灾况及烟禁之查报""各种专门调查之办理""地方政治改善之建议"②。高一涵《两湖监察使署一年来工作概况》列有五项任务，即"人民书状之处理""弹劾案之提起""各种专门事项之调查""水利堤防之注意""巡回监察之报告"。实际上这些工作包括的范围非常广阔，且具体、细致，尤其是各种调查，监察院统一制定的表格就分十二个内容，包含地方概况、县市政府、县长、公安、财政、教育、建设、社会状况、自治、司法、党务、驻军，而且调查时，调查者还须"侧重政治有无进步，人民疾苦已否减除，以及施政时有无阻挠等"③。监察使的专门调查覆盖面亦很广，"有地方公务人员之职务、资格、经历调查""各县市田赋及各项税捐调查""各县市积谷及仓库调查""各省县志书调查""监狱调查，教育调查等"④。监察使的巡视、调查或许能够弥补更多的细节，1935年8月10日，陈肇英在闽侯视察时，大到县政府、县法院、小到游民习艺所、妇女教育院、育婴堂以及监狱等，十分仔细。⑤丁超五视察常熟时，视察了"该县县政府，县监狱及营业税局等，并查询各项控案甚详"⑥。

监察使的最终工作是为肃清官风、反映民情，因此它也牵涉到政务运作的具体过程，即监察使的监察结果如何向上反馈、如何落实。就调查报告、巡视情况而言，监察使需要定期向监察院上呈已经编制、撰成

---

① 《盐栈账启封》，《申报》1936年8月15日第10版。
② 《甘宁青监察使署一年来工作概况》，《中央周报》1936年第430期。
③ 《甘宁青监察使署一年来工作概况》，《中央周报》1936年第430期。
④ 高一涵：《两湖监察使署一年来工作概况》，《中央周报》1936年第430期。
⑤ 《视察闽侯各机关》，《申报》1935年8月12日第8版。
⑥ 《丁超五来锡密查》，《申报》1935年9月9日第9版。

好的调查报告和调查表格，条例就要求"调查成绩除特要事项随时呈报外，须于每半年汇造表册呈报监察院"①，一旦监察使未能按照规定时间定期将调查报告、调查表格上呈，监察院就会下文催促监察使上呈调查报告和调查表格。至于程序较为复杂的弹劾，按照《监察院组织法》的规定，监察使只有弹劾权而没有惩治权，因而监察使如若弹劾地方官吏，只能向监察院递交弹劾书，然后由监察院转交国民政府或者相关的公务员惩戒机构，由惩戒机构具体负责弹劾案件的处理，1935年9月"河北省政府民政厅长兼代主席张厚琬，于奉令免职尚未交卸期间，更换县长十八人"，严重违反国民政府法规，"河北省监察使周利生，以张氏违背国府命令，提出弹劾，经监察院审查通过，呈请国府，移交公务员惩戒委员会惩处"②，其程序便是如此。不过如果遇到紧急的情况，监察使也可以使用非常之权，规定就要求监察使如果对于"监察区公务员之违法失职，认为情节重大须得急速救济，得径行通知该管长官予以急速救济之处分"，所谓的紧急处分其实就是变相的惩治权，但是这种惩治权必须依靠地方主管长官配合。监察使如有相关建议需要向上递呈，其程序同弹劾类似，例如两湖监察使高一涵在巡察湖北湖南水利时，形成了对解决水利问题的看法，便电于右任，"请转陈中央，对水利兴革水患预防，在集中事权齐一意志上，应作一重要决定，俾有遵循"③。可见监察使的日常监察行政活动也遵循一定的规范，形成了一套办事流程。

四 成效

第二届的七个监察区多是国民党和国民政府势力较为强大的区域，监察使的工作开展较为顺利，加上第二届监察使设置时国内环境大体和

---

① 《监察使署办事通则》，《监察院公报》1935年第30期。
② 《周利生昨发表弹劾张厚琬文件因违令更换大批县长监院请国府移付惩戒》，《大公报》（天津版）1935年9月18日第4版。
③ 《高一涵建议水利兴革意见》，《申报》1935年7月25日第8版。

平，监察使工作尽心尽力，国民政府的地方监察工作取得了较大成效，整体而言，监察使取得了以下成绩。

其一，整肃官风、清除害群之马。监察区设置的初衷本为弥补监察院对地方监察的不足，监察使的工作之一便是监察地方官员的违法、失职行为，进而整肃官风、清除害群之马。通过不多的监察区年度报告，我们可以对其工作有一定的了解，经过一年的监察工作，监察区的监察工作取得了不少实效。两湖地区"一年来收受人民书状，共计一千五百六十八件"，"一年来之弹劾案（除奉院令调查案件仍呈覆由院自行核办外）计由本署提起者，共四十八起，合计被弹劾者六十五人，内中湖南省共有三十九人，湖北省共二十六人"。甘肃地区"一年来收受人民书状，共计约一百八十余件，属于甘肃省者一百七十余件，属于宁夏省者三件，属于青海省者六件"[1]。虽然我们难以量化他们监察成绩的大小、比例，但是他们的监察活动至少使得一地区的贪污、失职行为得到惩处，一定程度上净化了官场风气。

其二，为中央决策提供智力支持。监察使不仅仅从事所属地区内的监察巡视工作，他们还根据监察院的要求在所属监察区内积极开展各种调查事业，不仅进行政府施政调查，还进行"地方公务人员之职务，资格，经历调查"，"各县市田赋及各项税捐调查"，"各县市积谷及仓库调查"，"各省县志书调查"，"监狱调查，教育调查"[2]，调查范围广，调查有深度，"凡党务，民政，田赋，税捐，司法，教育，建设等大端，均为注意"[3]。诸如此类的调查涉及社会的诸多面向，为国民党中央和国民政府决策、施政提供更多真实、可靠的一手资料，使得国民党和国民政府的政策制定针对性更强，从而避免政策无的放矢。

其三，为政府决策提供建议。监察使根据自己的巡视、调查情况，有时也会给政府直接提出解决问题的针对性建议。1936 年戴愧生在工

---

[1] 《甘宁青监察使署一年工作概况》，《中央周报》1936 年第 430 期。
[2] 《两湖监察使署一年来工作概况》，《中央周报》1936 年第 430 期。
[3] 《两湖监察使署一年来工作概况》，《中央周报》1936 年第 430 期。

作报告中就说:"监察行政,乃居于督过与责善之地位,而监察政治之全部者,一方面应注意如何而使政治清明,一方面又应注意如何而使政治进步。监察署自成立后,对于三省政治,除注意于消极的督查外,并注意于积极的指导以辅助地方建设之实现,经先后分别提出当地政治改善意见若干点,呈院核转有关机关办理。"① 至于"各地人民疾苦及应兴应革等事宜",戴愧生亦编成报告书,"呈由本院转报中央,设法改革或救济"②。两湖监察使高一涵基于巡视湖北湖南水利的经验,便电于右任,"请转陈中央,对水利兴革水患预防,在集中事权齐一意志上,应作一重要决定,俾有遵循"③。《中央日报》就曾披露监察使的建议案:"各区监察使前乘来京述职之便,曾将勘灾经过及改善现行水利行政制度之意见,提出监察院会议讨论,当经院会决定原则数项,并由监察院令饬各使于本月十二日以前,将此项关系材料,依照院会所定原则,作成有系统之建议书,送院以便汇案核办,现悉监察院以各使尚有在继续勘察灾情者,拟俟全部勘毕,均将建议书送齐到院后,即由院汇编转呈中央采纳。"④

然而监察区制度的设置本身也有一些不足,这些不足一定程度上也影响着监察效果。其一,监察区经费不足,一直处于困窘状态之下。事实上这也是监察使署一开始迟迟无法得以建立的重要原因,1934年监察使署被临时废除亦因经费不足,即使后来经费得以改观亦不很明显,"各使以每月经费仅三千四百余元,工作颇难"⑤。虽然监察使署工作人员甚少,机构亦十分精简,但由于监察使及调查人员要经常外出调查、编制调查报告、调查表格,难免花费较大,经费的困窘必然限制调查的开展,影响监察区的监察工作。其二,监察区域过大而监察力量过小,两者之间的矛盾很难使得社会没有隐情。时论即认为"不过在监察使署成立后,虽然它管辖范围比以前要广,但就其现在组织来看,财力与人

---

① 《甘宁青监察使署一年工作概况》,《中央周报》1936年第430期。
② 《两湖监察使署一年来工作概况》,《中央周报》1936年第430期。
③ 《高一涵建议水利兴革意见》,《申报》1935年7月25日第8版。
④ 《各监察使建议改善治水案》,《中央日报》1935年9月23日第2版。
⑤ 《各监使呈请增加经费》,《申报》1935年5月19日第7版。

力，都非常薄弱，要想毫无遗憾的行使其监察权力，也是办不到的"①。单凭一个监察使以及人员有限、机构精简的监察使署顾全两个省乃至多个省势必有鞭长莫及之感，致使监察区发生变形走样，加之监察使担负的职责过多，一些监察使同时需要兼顾地方党务事业，其力量难免不分散。其三，监察使只有弹劾监察之权而没有惩戒职权，监察使难免不受诸多钳制。时论就指出："监察使分赴各监察区，行使弹劾职权，是其权力范围只限弹劾一项无疑。以视清代科道兼有建议政事、监督行政、查考官吏、会谳重案、检查会计、注销案卷等权者，不可同日而语……不然，有弹劾权而无监察行政、考察官吏诸权，而惩戒机关又依然不归统一集中，则弹劾制度，实等于虚设。各区监察使纵有精明强干其人，而无权以贯澈其弹劾初衷，则亦终必废然而返而已。"② 一针见血地指出了监察区制度的巨大缺陷。事实上，即使是监察院的权限也受到诸多限制，作为派出机构的监察使署，其境遇可想而知，正因为如此，1934年于右任邀请张继担任监察使时遭到了张继的拒绝，张继认为："于院长曾嘱余担任某区监察使，余因监院过去所提弹劾，非特不能实行，即报纸上亦不许刊登，已向于面辞。"③

总之，监察区制度是民国时期监察制度的重要组成部分，一定程度上弥补了国民政府监察院对地方监察不足的缺陷，为澄清地方吏治、防止地方官员贪污腐化、刷新民国政治起到一定作用。不过，也需看到，由于民国政治制度建设的不尽完善，加上经费不足，监察区的活动离监察院预设的效果还有一段距离。但是，无论如何，研究并总结民国监察区制度的成败得失，对于当下监察制度的建设仍具有一定的借鉴与参考价值。

（岳威成，郑州大学历史学院博士研究生；石威，郑州大学历史学院讲师）

---

① 岳僧：《成立监察使署与吏治》，《每周评论》1935年第166期。
② 《设立监察使之商榷》，《申报》1934年6月26日第6版。
③ 《各省监察使署 监察院积极筹备设立 张继不愿充任监察使》，《山东民国日报》1934年6月3日第3版。

伤病员工作的主体力量及其作用[*]

——以红二十五军长征为例

刘 征 周雨迪

摘 要 红二十五军长征中伤亡严重,伤亡、损失超过1000人,伤病员较多,是主要军政首长伤亡比例最大的长征队伍。部队高度重视并积极开展伤病员工作,构建起"党的领导、综合救治、军民结合、群众参与、主体多元、内外联动"的工作机制。军首长、军医院和人民群众是该工作机制运行的基本构成,中共地下党组织、地方苏维埃政府是其重要组成,开明士绅等势力是其必要补充。军首长在方针制定、示范引领等方面发挥核心作用,军医院在综合救治、专业救护等方面发挥关键作用,人民群众在安置、养护和掩护等方面发挥重要作用,成为伤病员工作的三大主体力量。有效的伤病员工作保存了革命的有生力量,巩固了部队,使大别山精神发扬光大,成为部队长征胜利原因的重要组成部分。坚强领导核心、深厚民众基础、正确政策策略和坚定革命精神的融合是红军长征胜利因素的重要构成。

关键词 红二十五军 长征 伤病员 主体力量 工作机制 大别山精神

---

[*] 本文系国家社会科学基金一般项目"'大别山28年红旗不倒'原因研究"(20BDJ075);河南省社会科学规划项目"鄂豫皖苏区政权运行中的问题研究"(2021BDJ017);信阳师范学院廉政专题研究项目"红二十五军长征中对党的纪律建设的探索和创新研究"(2021-XLZ-002);信阳师范学院教改项目"大别山精神融入'纲要'课程的案例教学问题研究"(2019B11)的阶段性成果。

红二十五军是从大别山走出的一支听党指挥、能打胜仗、作风优良,被毛泽东誉为对中国革命立有大功的英雄部队。长征中,红二十五军将士尤其是其领导干部伤病亡惨重,"牺牲营级以上干部达50余名"[①];主要军政首长"一死两伤":军政委吴焕先壮烈牺牲,正、副军长程子华、徐海东均负重伤;中共鄂豫陕省委书记徐宝珊亦不幸病逝。由于伤亡严重,部队为此进行整编,缩减编制。独树镇战斗后,"鉴于第二二四团……伤亡严重,再难以形成整体战斗力,故将该团人员分别编入第二二三团和第二二五团"[②],部队主力因之由三个团缩编为两个团。伤病员问题还促使部队不得不提前赶往陕北。四坡村战斗后,受西征北上途中无根据地致使伤病员难以安置等因素的影响,鄂豫陕省委和红二十五军军领导决定立即北上陕甘革命根据地,与陕甘红军会师。[③]可见,严重伤亡带来的伤病员问题及其应对是红二十五军长征中一个关键而重要的问题,笔者曾从体系和路径构建角度对此进行了初步考察。[④] 随着研究的深入,这一问题尚有继续论述的必要。基于此,本文拟从运行机制视角出发,以主体力量及其作用为主题,对红二十五军长征中的伤病员应对工作(以下简称"伤病员工作")作进一步的考量。从伤病员工作角度进行探析,更能体现医疗卫生工作以人为本之宗旨,由此可拓展长征时期红军医疗卫生工作研究的范围和视野,[⑤] 揭橥红二

---

① 王东伟:《红二十五军:万里长征 赤胆忠心》,《学习时报》2021年8月9日第6版。
② 王诚汉:《胜利完成第一次战略转移》,载中共中央党史研究室编《红军长征纪实丛书·红二十五军卷》(1),中共党史出版社2016年版,第180页。
③ 中国工农红军第二十五军战史编审委员会:《中国工农红军第二十五军战史》,解放军出版社2017年版,第134页。
④ 刘征:《论红二十五军长征中的伤病员工作》,《黄冈师范学院学报》2021年第5期。
⑤ 主要成果有:王友富、王淼《长征时期党和红军在贵州的后勤补给与伤病员安置研究》,《遵义师范学院学报》2021年第5期;胡安徽《长征时期民间对红军的医疗救护》,《军事历史研究》2018年第3期;李霞等《红军长征医疗卫生工作的特点及启示》,《赣南医学院学报》2017年第5期;叶福林、高哲《红军长征中的医疗卫生工作》,《中国井冈山干部学院学报》2016年第6期;范国平《艰难卓绝的生命救护——美国学者约翰·瓦特眼中的中央红军长征医疗》,《军事历史研究》2016年第3期;克文《长征中红一方面军的卫生工作》,《解放军健康》2006年第6期;笃路《红军在长征途中的卫生医疗建设》,《党史纵横》1996年第12期等。上述成果侧重对长征时期中央红军的医疗卫生工作作整体论述或专题研究,对其他长征红军的相关研究尚属薄弱环节。

十五军医疗卫生工作面相，管窥其革命斗争概况，发掘大别山精神等革命精神的深厚意蕴，亦可为今天发展医疗卫生事业和应对重大风险、挑战等提供历史借鉴，具有重要的学术旨趣和现实价值。

一 背景和原因："伤病号是个大问题"

（一）部队伤亡和伤病员概况

红二十五军长征中战斗较多，作战伤亡严重。在长征中，红二十五军进行"重要战役战斗20余次"[1]，"大小战斗上百次"[2]。有作战就有伤亡，其中以独树镇战斗、庾家河战斗、九间房战斗、袁家沟口战斗和板桥镇战斗等伤亡为多，伤亡、损失每次均在百人以上。在1934年11月独树镇战斗中，部队"近百名将士英勇献身，200余人身负重伤"[3]。在12月庾家河战斗中，部队"伤亡在百余"[4]；除军首长程子华和徐海东负重伤外，"还有许多团、营干部也负了伤，战士负伤也有100多人"，其中负重伤不能走的有十多人。[5] 在1935年1月至4月第一次反"围剿"斗争中，在蔡玉窑、文公岭战斗中，部队伤亡数十人；在石塔寺战斗中，部队伤亡亦有数十人；在九间房战斗中，部队"死伤两百以上"[6]，"全军增添了数十个重伤员"[7]，其中包括韩先楚、刘震等营以

---

① 徐占权、徐婧：《中国工农红军长征简史》，军事科学出版社2016年版，第139页。
② 姜为民：《长征中的几次主要战斗》，载芦振国、姜为民编《红二十五军长征纪实》，河南人民出版社1986年版，第79页。
③ 王诚汉：《胜利完成第一次战略转移》，载《红军长征纪实丛书·红二十五军卷》（1），第178页。
④ 《中共鄂豫陕省委代理书记吴焕先关于红二十五军的行动、个别策略及省委工作情况向中央的报告》（1935年7月17日），载中国工农红军第二十五军战史编审委员会编《中国工农红军第二十五军战史资料选编》，解放军出版社1991年版，第314页。
⑤ 钱信忠：《红二十五军的卫生工作》，载中共中央党史研究室编《红军长征纪实丛书·红二十五军卷》（3），中共党史出版社2016年版，第1029页。
⑥ 阳勇、楚艳辉：《红二十五军长征中"扩红"成效原因探析》，《遵义师范学院学报》2019年第2期。
⑦ 郭述申：《寄语商山忆英烈——缅怀吴焕先同志》，载《红军长征纪实丛书·红二十五军卷》（3），第767页。

上干部。在 5 月至 7 月第二次反"围剿"斗争中，部队在陕西商县、河南淅川等地多次与敌作战，战斗中损失数百人，其中袁家沟口一仗"伤亡 100 余人"①。西征北上途中，在 8 月四坡村战斗中，吴焕先不幸牺牲；在 9 月板桥镇战斗中，部队"损失 200 余人"②。还有其他战斗中的伤亡和损失。部队主力撤离鄂豫陕革命根据地后，留下的武装组建为红七十四师。该师除牺牲数名营级干部外，"其余伤亡三四百人"③。综上不完全统计，红二十五军长征中伤亡、损失至少超过 1000 人（不含红七十四师），占部队到达陕北时总数 3400 多人的三成左右。部队伤亡严重，特别是领导干部伤亡更严重，是主要军政首长伤亡比例最大的长征队伍；伤病员数量较多，重伤员人数亦不在少数。

（二）伤病员问题是红二十五军长征中的"大问题"

伤病员问题是长征中红军遇到的突出问题，同样是红二十五军面临的"大问题"。在艰苦残酷的长征中，红二十五军由于没有固定后方，甚至没有后方，致使"伤病员的治疗、安置是很大的问题"④。尤其是长征初期和西征北上途中，"没有根据地，伤病号是个大问题"⑤。长征途中，从军首长到连队干部，最担心的事情之一即"出现过多的伤病员，有了伤病员没有办法处理，根本无法携带伤兵员随军行动"⑥。战士们作战不怕牺牲而怕负伤，"行军打仗到西方，不怕牺牲怕负伤"⑦。

---

① 中国工农红军第二十五军战史编审委员会：《中国工农红军第二十五军战史》，第 122 页。

② 中国工农红军第二十五军战史编审委员会：《中国工农红军第二十五军战史》，第 135 页。

③ 《李学先、李书全等座谈陕南红七十四师的历史情况》，载《中国工农红军第二十五军战史资料选编》，第 580 页。

④ 中国工农红军第二十五军战史编审委员会：《中国工农红军第二十五军战史》，第 195 页。

⑤ 张希才：《怀念吴焕先政委》，载《红军长征纪实丛书·红二十五军卷》（3），第 780 页。

⑥ 王诚汉：《胜利完成第一次战略转移》，载《红军长征纪实丛书·红二十五军卷》（1），第 179 页。

⑦ 卢振国：《血沃中原——吴焕先传记》，河南人民出版社 1987 年版，第 544 页。

在突围和转战途中，重伤员们都担心把自己留下。特别是独树镇突围中，因当时风大雨大，道路泥泞，"要迅速摆脱敌人，就不能带伤员走"，故而"最不好办的是伤员"①，"最困难的是安置伤病员，都不愿留下，但不留下又不行"②。而把伤病员寄养在沿途老乡家，"领导和同志们不忍心，他们自己更不愿意"③。面临严重敌情时，伤病员情绪易产生波动。部队在朱阳关遭遇敌军严密封锁我入陕之路的险情时，"一些受重伤的伤员们则联名给军首长写血书，表示坚决不拖累主力"，"甚至伤员写的血书附有个人遗书和籍贯，打算自己结束生命"④。这种情绪进而波及全军，对继续前行造成不利影响。只有把重伤病员稳妥安置后，部队才能轻装前行。严重伤亡及其引发的伤病员问题就成为部队前进路上必须正视和亟须解决的关键问题，这是红二十五军长征中高度重视并积极开展伤病员工作的重要背景和原因。

（三）伤病员工作机制的构建和主体力量的形成

历经长征前较长时间的艰辛探索，长征中红二十五军从革命斗争实际出发，构建起较为完善的"党的领导、综合救治、军民结合、群众参与、主体多元、内外联动"的伤病员工作机制。在此工作机制中，军首长确立伤病员工作的指导方针、目标任务，制定应对策略并以其模范行动，带动全军营造关爱、帮助伤病员的浓厚氛围，体现了党的坚强领导方针。军医院对伤病员进行及时抢救和全力救护，人民群众对伤病员进行接续治疗和护理，体现了综合救治和军民结合的基本原则。同时，人民群众尽力收养、救护、转运和掩护伤病员，大力支持并参与伤病员工作，体现了群众参与的显著特色。中共地下党组织和地方苏维埃政府积

---

① 刘华清：《红二十五军长征初期的艰苦斗争》，载《红军长征纪实丛书·红二十五军卷》（1），第166页。
② 陈先瑞：《激战独树镇》，载《红军长征纪实丛书·红二十五军卷》（1），第205页。
③ 张希才：《怀念吴焕先政委》，载《红军长征纪实丛书·红二十五军卷》（3），第780页。
④ 田竞、苏北：《重走长征路（红二十五军）》，华文出版社2016年版，第83页。

极配合伤病员工作,部队还利用开明士绅的力量为伤病员工作服务,体现了主体多元的鲜明特质。在此基础上,红二十五军形成了全军上下、部队内外共同救护伤病员的强大合力,体现了内外联动的整体特征。在此工作机制运行中,由于部队拥有坚强有力的领导核心、精干健全的医疗卫生机构、大力拥护和支持部队的人民群众等积极因素,由于其长征得到所经之地中共鄂豫边地下党组织的配合和帮助,由于其长征中建立了鄂豫陕革命根据地并执行抗日民族统一战线政策,故而红二十五军形成了以军首长、军医院、人民群众为基本构成,以中共地下党组织、地方苏维埃政府为重要组成,以开明士绅等势力为必要补充的伤病员工作主体力量。在此工作机制有序运行和主体力量广泛推动下,红二十五军长征中开展了主动有为、积极有效的伤病员工作。

二 "一切都由首长亲自抓":军首长带动全军营造关爱、帮助伤病员的浓厚氛围

红二十五军长征中军首长对伤病员工作亲力亲为,"当时一切都由首长亲自抓"[①]。军首长在确立伤病员工作方针、目标任务,作出指示、安排基础上,要求广大指战员照顾好伤病员,并以其模范行动,带动全军营造关爱、帮助伤病员的浓厚氛围。这在体现党的坚强领导的同时,为伤病员工作的积极开展奠定了坚实基础。

(一)军首长确立伤病员工作的指导方针和目标任务

面对长征中部队伤亡严重、伤病员较多的严峻状况,红二十五军军首长确立了伤病员工作的指导方针和目标任务。吴焕先指示说:"伤病员是我们的阶级弟兄,在非常困难的情况下,不丢弃一个伤病员,是我

---

① 《各地红二十五军老同志座谈会纪要(摘编之二)》,载《中国工农红军第二十五军战史资料选编》,第 625 页。

军的光荣传统。"① 他深情地说："战士们……流血负伤吃了那么多苦，没有任何怨言，还照样坚持行军打仗，真是革命的宝贵财富啊！我们当干部的有责任把他们照顾好，尽量争取把每一个彩号都带到陕北根据地。"② 徐海东亦指出，"我们的干部、战士，都是浴血奋战从老区出来的，都是革命的宝贝"，为此他提出对伤病员"一个也不能丢下"③ 的要求。他明确指出，"我军在战场上是不允许丢伤号的"④；他爱讲这样两句话："战斗再激烈，决不丢掉一个伤员；行军再紧张，决不丢掉一个病号。"⑤ 由此，从伤病员是"阶级弟兄"和革命的"宝贵财富""宝贝"的立场出发，军首长提出了"不丢弃一个伤病员""争取把每一个彩号都带到陕北根据地"等指示、要求，这成为部队长征中伤病员工作的指导方针和目标任务，从而为该工作的积极开展和统筹运行提供了根本遵循。此外，由于部队兵力单薄，吴焕先确立了"不到走投无路的时候，不能跟敌人死打硬拼"⑥ 的作战原则，从而在一定程度上避免了更多的伤亡。由于红二十五军领导集体的代表是吴焕先和徐海东，两人的指示和要求就体现了党的正确主张，故而伤病员工作是在党的坚强领导下进行的。

（二）军首长制定伤病员工作的应对策略

针对伤病员工作中遇到的突出问题，军首长制定了相应的应对策略。基于长征中伤病员行军易掉队和掉队后的危险性以及从加强部队战

---

① 夏云飞：《丰功伟绩　英名永存》，载《红军长征纪实丛书·红二十五军卷》(3)，第824页。
② 张希才：《怀念吴焕先政委》，载《红军长征纪实丛书·红二十五军卷》(3)，第781页。
③ 张震东：《徐海东军长率领我们胜利长征》，载《红军长征纪实丛书·红二十五军卷》(3)，第911页。
④ 曹思明：《长征路上的官兵情》，载中共中央党史研究室编《红军长征纪实丛书·红二十五军卷》(2)，中共党史出版社2016年版，第519页。
⑤ 石惠：《徐海东在长征路上——回忆文章集锦》，载卢振国、姜为民编《红二十五军长征纪实》，第246页。
⑥ 卢振国：《血沃中原——吴焕先传记》，第391页。

斗力出发，吴焕先明确指出，"在这次战略转移中，收容伤病员的工作十分重要"①，为此部队采取组建收容队等方式收容掉队伤病员，开展体力互助等活动以防止伤病员行军时掉队。针对负重伤正、副军长的安全问题，他毅然从全军有限的兵员中，抽出两连兵力，由一名营长负责指挥，担负其安全保卫任务；并命令军医院院长钱信忠，务必想尽一切办法、采取一切措施进行抢救治疗，坚决保证两人的性命安全。他还对安置在群众家的伤病员提出爱民主张，"要求这些同志嘴要乖，心要诚实，决不可胡作非为，定要把收养自己的老百姓当作亲生父母"②。长征路上，为了更好地抢救伤员，负责部队作战指挥的徐海东十分重视医疗救护点的设置。每次战斗前，他都喜欢带钱信忠一同上阵地，观察地形，"他希望救护点的设置能尽量离战场近些，这样救治伤员及时，指战员就会少牺牲很多人"③。他还提出物品分配对伤病员倾斜的主张，认为："打仗是他们，流血牺牲也是他们。他们是我们的阶级兄弟，多分给他们一些东西，完全是应该的。"④ 军首长制定具体而切实的应对策略，保证了伤病员工作的有序推进。

（三）军首长善做思想政治工作，加强对伤病员的关爱

军首长重视并通过思想政治工作，加强对伤病员的关爱。他们从团结奋进和争取革命胜利的战略高度对部队进行宣传动员，大力开展思想政治工作。针对行军中伤病员害怕掉队的现象，吴焕先号召全军，"争取把每一个彩号病号，都紧紧带在部队身边……把'不能丢掉一个伤病员'的口号，贯彻到每个连队中去，造成一种团结互助的声势，展开体

---

① 夏云飞：《丰功伟绩 英名永存》，载《红军长征纪实丛书·红二十五军卷》（3），第823—824页。
② 郭述申：《寄语商山忆英烈——缅怀吴焕先同志》，载《红军长征纪实丛书·红二十五军卷》（3），第769页。
③ 田竞、苏北：《重走长征路（红二十五军）》，第116页。
④ 石惠：《徐海东在长征路上——回忆文章集锦》，载卢振国、姜为民编《红二十五军长征纪实》，第247页。

力互助！"① 并鼓舞全体指战员："只要紧紧跟上队伍，没有几个掉队的，就等于加强了我们的战斗力，对于争取革命胜利，就有保证！"② 他们时时处处把伤病员的安危冷暖放在心上，鼓励伤病员要有战胜伤病和困难的信心；同时，严厉批评、及时纠正伤病员工作中的一些不良行为。在独树镇战斗中，刚刚指挥完战斗的吴焕先一回到军部就去看望伤员，他挨个探问伤势，亲切安慰说，"同志们打得很勇敢，为革命流血挂彩吃苦了。再坚持一下，夜里突出去就好了"，并"详细安排了护送伤员突围的事项，特别交代要注意安全，千万不能丢掉一个伤员"③。庾家河战斗结束后，当发现有些伤员还未安置，而一领导干部却在睡大觉时，他当场严厉批评该领导。有一次，他发现某营政委不愿把自己的马给负伤战士骑，就在全军大会上批评该干部为"骑马大王"，不关心伤病员的痛苦；并以此为契机，在全军进行了一次尊干爱兵教育；全军干部由此更加关爱伤病员，进而密切了官兵关系，该干部亦成为爱兵模范。部队每到一地，徐海东"第一件事总是先到医院去看望伤病员"④，一一慰问，嘘寒问暖；并同医院领导一起研究怎样更好地照顾好伤病员；每次战斗缴获的吃用物品，他都专门要求供给部门多分给伤病员一些。通信员曹建明负伤后，思想上产生顾虑，徐海东多次探望他，安慰说"安心养伤，配合治疗，不要想别的"，"负伤后组织上……会很好地照顾你的"，并鼓励他"战胜伤痛，坚持到目的地"，而"一个高级指挥员对一名普通士兵如此无微不至的关怀，这样的事，只有共产党领导的革命军队里才会有"⑤。红二十五军军首长则是其中的典范。坚强有力、细致入微的思想政治工作使伤病员感受到党组织的关怀，使部队建立了很好的官兵关系，形成了强大的凝聚力。

---

① 卢振国：《血沃中原——吴焕先传记》，第 544 页。
② 卢振国：《血沃中原——吴焕先传记》，第 561 页。
③ 张希才：《怀念吴焕先政委》，载《红军长征纪实丛书·红二十五军卷》（3），第 779 页。
④ 石惠：《徐海东在长征路上——回忆文章集锦》，载《红二十五军长征纪实》，第 246 页。
⑤ 曹思明：《长征路上的官兵情》，载《红军长征纪实丛书·红二十五军卷》（2），第 519—520 页。

（四）军首长以身作则，用模范行动爱护伤病员

红二十五军领导干部爱护部属特别是伤病员，这在军首长身上体现得尤为明显。长征路上，吴焕先经常把自己的乘骑让给伤病员，"他的骡子总让给伤病员骑"①；同时，他"总有个习惯，就是经常跑前跑后，看看有没有战士生病掉队的"，并想方设法解决掉队伤病员的行军困难问题；他还教育全军干部都要这样做。部队在陕南时，警卫员通过打土豪搞来一点白木耳，"想给政委补养身体"，而他则严肃要求："赶快给伤病员送去！"② 他还曾"亲自扛一布袋银元来慰问"③ 在群众家养伤的伤员。长征途中，部队常常没饭吃，警卫员设法为徐海东弄到的食品，他总是送给伤病员；他浑身是伤，行走不便，却常常把乘骑让给伤病员骑；行军宿营时，他总是先去看望伤病员，想尽办法多给予照顾。独树镇突围中，他还亲自抬担架运伤员。在伤病员工作中，军首长吴焕先和徐海东在方针制定、示范引领等诸多方面发挥着核心领导作用，特别是吴焕先，更以其卓越领导才能和模范行动，对部队起着凝聚人心、鼓舞士气、战胜困难、勇往直前的"军魂"作用。

（五）部队营造关爱、帮助伤病员的浓厚氛围

在军首长言传身教示范带动下，各级指战员发扬团结互助精神，党团员发挥先锋模范作用，全力关爱、帮助伤病员。行军中，各级干部"经常把乘马让给伤病员和体弱的同志骑，帮助战士背枪、背背包"；到了宿营地，他们"烧水给战士洗脚，督促和帮助战士放脚泡、打草

---

① 《各地红二十五军老同志座谈会纪要（摘编之一）》，载《中国工农红军第二十五军战史资料选编》，第615页。

② 廖辉：《出师未捷身先死——忆吴焕先政委》，载《红军长征纪实丛书·红二十五军卷》（3），第834页。

③ 郭述申等：《红25军转战鄂陕边》，载中共郧西县委宣传部、郧西县地方志办公室编《鄂豫陕边区的胜利丰碑——向建国四十周年献礼》，郧西县印刷厂1989年印，第434页。

鞋……关心照顾伤病员"①。与此同时，党小组都要对基层单位的病号掉队和替病号背枪等情况进行常规检查，"如果哪个班有掉队的，他的枪没人给背，这个班的党团员都要做自我批评，做检讨"②。在独树镇突围中，干部都抬担架和让出乘马运伤员，从而使大部分伤员都能随军突围。长征途中一有紧急险情，指战员们都让伤病员先转移，并对其优先照顾。部队过七里峡时，由于要蹚七次水，"对有病的同志便用首长那匹马来回送，或者由同志们背过去"③；过渭河时，军领导把木船让给了军医院，"女护士都跟伤病员一起乘船渡河"④。打起仗来，后勤部门在尽力保障部队伙食的同时，"还要准备伤病员的饭、菜、开水等"⑤。年幼战士张占英"因病无法翻山越岭，连长、营长将他背过岭"⑥。在此基础上，部队养成了"战斗再激烈也不丢下伤员，对烈士的遗体尽力掩埋好"⑦的宝贵习惯。在军首长精心指导和示范影响下，部队营造了关爱、帮助伤病员的浓厚氛围，全体指战员由此更加团结一心，形成了全军上下、风雨同舟、生死与共、情同手足的优良传统。这使伤病员体会到革命大家庭的温暖，增强了战胜伤病和困难的信心，为伤病员工作的积极开展奠定了坚实环境基础。

三 "一切为了伤病员"：军医院及时抢救和全力救护伤病员

红二十五军军医院是一个精干、健全的医疗卫生机构，在长征中充

---

① 中国工农红军第二十五军战史编审委员会：《中国工农红军第二十五军战史》，第194页。
② 黎光：《回顾红二十五军的政治工作》，载《红军长征纪实丛书·红二十五军卷》(3)，第1016页。
③ 陈新昭：《长征回忆片断》，载《红军长征纪实丛书·红二十五军卷》(3)，第1118页。
④ 卢振国：《红二十五军长征记》，第152页。
⑤ 刘炳华：《红二十五军、八路军一一五师、新四军三师后勤工作琐忆》，载《中国人民解放军历史资料丛书》编审委员会编《后勤工作·回忆史料》(1)，解放军出版社1994年版，第101页。
⑥ 田竞、苏北：《重走长征路（红二十五军）》，第95页。
⑦ 中国工农红军第二十五军战史编审委员会：《中国工农红军第二十五军战史》，第194页。

分发挥了卫生工作的医疗救护作用。军医院在"一切为了伤病员"口号指引下，着力加强自身建设，大力发扬革命人道主义精神，及时抢救和全力救护伤病员，在综合救治、专业救护等方面发挥关键作用，成为医疗卫生工作的主力军。其中，部分红军女护士和钱信忠贡献突出，体现了群体和个体在革命事业中的重要作用，亦是军医院积极发挥医疗救护作用的集中缩影。

（一）军医院加强业务和制度建设

军医院着力加强自身业务和制度建设，以有效服务于伤病员工作。长征前军医院人员和设备已初具规模，机构较为健全，"各团有医务所负责部队的医疗救护任务"①。长征出发前，军部派杨则民到军医院任政委，还充实了看护班、通信班、担架队，从而加强了党的领导，完善了机构运转。长征中军医院具有战斗化的特点，紧随部队行动，随时接收伤病员，并在战斗前设置医疗救护点，成立战地救护队以及时进行抢救。在陕南创建根据地时期，军医院还培训了一批部队的看护和卫生人员，从而充实了战地救护力量。同时，军医院建立严厉的医护责任追究制度。早在鄂豫皖苏区时期，军医院领导就提出，"三个护士负责照顾一名重伤员，伤病员在，分管护士在，伤病员发生意外，要追究责任，重者杀头"②。长征中，钱信忠亲自制定制度，职责明确，要求严格，并明确提出"如果因消毒不严或换药出错引起医疗事故，当事的护士要受处分"的规定；在其严格要求下，军医院"没有发生任何医疗事故"③。庾家河战斗中，徐海东叮嘱钱信忠，一定要治好程子华的伤，"出了问题，你们要负责"④；对重伤正、副军长的性命

---

① 张汝光：《回顾红军长征中的卫生工作》，载《中国工农红军长征史料丛书》编审委员会《中国工农红军长征史料丛书·回忆史料》（4），解放军出版社2016年版，第257页。
② 周东屏：《我们是女战士》，载《红军长征纪实丛书·红二十五军卷》（3），第1085页。
③ 周东屏：《我们是女战士》，载《红军长征纪实丛书·红二十五军卷》（3），第1087页。
④ 周东屏：《回忆参加长征的片断》，载《红军长征纪实丛书·红二十五军卷》（3），第1081页。

安全问题，钱信忠亦向吴焕先保证，"若要有个什么差错，我就该以军法查办！"① 部队通过建立严厉的医护责任追究制度，以切实提高全体医护、医务人员的责任心，尽最大努力抢救伤病员，提高救治效果。此外，部队"长征路上用的药品，基本上是从药店买的及缴获敌人的药品"，由于红二十五军实行正确的商业政策和缴获较多，故而"一般药品还不算太缺乏"②。这些基础因素为军医院在长征中积极开展工作提供了基本前提。

（二）军医院发扬救死扶伤和艰苦奋斗精神

医护人员以抢救战友的生命为天职。他们自觉认识到，"多抢救出一名战士，就是为革命增添一份力量"③。基于此，全体医护、医务人员发扬高度救死扶伤的阶级友爱精神，千方百计进行医疗救护，任劳任怨、全心全意为部队服务，尽一切努力救治伤病员，使他们恢复健康，继续战斗。故而军医院克服行军作战给医护工作带来的困难，战斗打到哪里，医务人员就出现在哪里，勇敢地抢救人员。在独树镇战斗中，救护工作做得比较好，大部分伤员及时进行了处理；在庾家河战斗中，军医院及时组织了抢救，战后还对十几名重伤员都派了担架员运送；在板桥镇战斗中，钱信忠带十几个人深入火线，在担任后卫阻击掩护任务的第二二五团三营抢救伤员，并因此被突袭敌军冲散而失去联系。同时，军医院大力发扬艰苦奋斗、自力更生精神。医护人员不惧辛苦，"部队一到宿营地，战士们都休息了，却是他们最忙的时刻，不停地给伤病员看病换药"④。他们克服重重困难，"自采中草药，用盐水消毒，甚至用野草、树皮、南瓜瓤敷伤口"⑤；"用盐水和自制的高锰酸钾溶液天天给

---

① 卢振国：《血沃中原——吴焕先传记》，第 402 页。
② 钱信忠：《红二十五军的卫生工作》，载《红军长征纪实丛书·红二十五军卷》（3），第 1031 页。
③ 周东屏：《我们是女战士》，载《红军长征纪实丛书·红二十五军卷》（3），第 1087 页。
④ 刘炳华：《红二十五军、八路军一一五师、新四军三师后勤工作琐忆》，载《后勤工作·回忆史料》（1），第 102 页。
⑤ 中国工农红军第二十五军战史编审委员会：《中国工农红军第二十五军战史》，第 196 页。

伤员消毒，有时边行军，边把采来的药用树枝、树根熬成水，给伤员清洗伤口"①。通过这些办法，弥补了药品的相对不足，挽救了不少伤病员的生命。

（三）红军女护士作出独特贡献

红军女护士以女性独有的细致耐心和常人无法想象的顽强意志、毅力照护伤病员，为部队伤病员工作作出独特贡献。长征中，对红二十五军周东屏、曾纪兰等七名随军女护士来说，"照顾伤病员是她们最重要的工作"②，她们在医疗卫生、战场救护等方面发挥了积极作用。每当打下一座新的县城乡镇，她们除要收购筹集药品外，还要安置伤病员。每天长途行军到达营地时，她们已累得不行，但依然打起精神看护伤员，为他们包扎伤口，喂水喂药。周东屏的护理工作特别细致，看到重伤员由于病情伤情难以下咽，她便亲自架锅煮面条，一口口地喂给他们。在独树镇突围中，军医院班长曾纪兰发现有三名战士被冻僵，无法撤离，就立即带领两名女护士前去急救。"在她们反复按摩、揉搓下，三名战士的双腿可以活动了，但脚仍然难以下地行走。情急之下，她们忘了害羞，将自己的棉衣打开，把战士的双脚夹在自己的腋窝下，用体温暖活了战士脚部的知觉。"③ 像这样的事例举不胜举。由于她们英勇无畏地抢救、无微不至地照料伤病员，故被指战员们称为"救命女神"④。

（四）钱信忠作出突出贡献

军医院院长钱信忠以高尚的医德、高超的医技，为部队伤病员工作

---

① 赵雅：《参加长征的女红军全景回眸》，《党史博览》2015 年第 10 期。
② 杨筱筠、李玉银：《白衣天使托起长征的"红飘带"》（上），《解放军健康》2019 年第 4 期。
③ 张书松：《独树一帜——"血战独树镇"及红二十五军征战片段追忆》，《战士文艺》2007 年第 3 期。
④ 赵雅：《参加长征的女红军全景回眸》，《党史博览》2015 年第 10 期。

作出突出贡献，发挥了不可替代作用。指战员们一致认为，他"有高度的责任心，工作十分负责"，"他的医疗技术很高明"①；他"救死扶伤、勇敢有功"②；好多伤病员"都是他给治好的，救了好多人"③。长征途中，钱信忠的衣服兜里装着个小本子，登记部队的伤亡减员数字以及伤病员姓名和治疗情况。张希才负重伤，腰部被子弹打穿，肠子都露了出来，幸亏他治疗及时，才得以康复。刘震有一次受伤很危险，就是他给抢救过来的。刘震回忆总结说，"好多伤员，只要能抢救，有一线希望，他总是千方百计想办法抢救，决不让战士遭受不应有的牺牲……他以高度负责的精神……抢救和医治好大批指战员的伤病，对党对人民作出了贡献"，从而认为他是"知识分子参加革命的一个很好的典型"④。故钱信忠被誉为伤病员的"再生之神"⑤。

四 "群众和军队亲如一家"：人民群众大力支持并参与伤病员工作

由于红二十五军全心全意为人民服务和战斗，赢得群众的衷心爱戴，从而得到人民群众的大力拥护和支持，这在伤病员工作中得以充分体现。长征中，部队伤病员"主要依靠群众照料、掩护"⑥，"我们的病号、伤号，都放在群众家里，群众和军队亲如一家"⑦。在白色恐怖非

---

① 周东屏：《回忆参加长征的片断》，载《红军长征纪实丛书·红二十五军卷》(3)，第1078页。
② 《各地红二十五军老同志座谈会纪要（摘编之二）》，载《中国工农红军第二十五军战史资料选编》，第625页。
③ 《各地红二十五军老同志座谈会纪要（摘编之一）》，载《中国工农红军第二十五军战史资料选编》，第603页。
④ 《刘震介绍红二十五军斗争史情况》，载《中国工农红军第二十五军战史资料选编》，第521页。
⑤ 卢振国：《红二十五军长征记》，第413页。
⑥ 中国工农红军第二十五军战史编审委员会：《中国工农红军第二十五军战史》，第196页。
⑦ 郭述申：《关于红二十五军创建鄂豫陕根据地的一些情况》，载《红军长征纪实丛书·红二十五军卷》(1)，第253页。

常严重的情况下，人民群众给部队"抬担架，掩护和照料伤病员"①，大力参与了全过程的伤病员工作。

（一）人民群众主动收养、安置伤病员

长征中，部队伤病员大部分是安置在群众家养伤病。尤其是部队进入陕南后，由于群众被发动起来，伤病员"可以放心地住在老百姓家中"②。长征路上，部队伤病员得到沿途群众的收养和安置，在陕南则得到根据地群众较大规模的收养和安置。部队转战至程湾黑明寺时，由于在佯攻枣阳等战斗中有伤亡，"当地老百姓主动收养伤病员，给他们喂饭、端水、请医生、送药"③。部队经嵩县车村镇西进后，"好几名因伤病留下的战士被本地人收留、保护"④。庾家河战斗后，"杨春荣、罗锦文等将一百多名伤员分散护养在群众家里，直到伤好归队"⑤。部队在龙驹寨整训时，"将200多名红军伤员转移到龙驹寨附近的蔡川镇群众家里疗伤"⑥，"有70多位伤员同志都在孙家山（群众）家养伤"⑦。当时，一腿部受重伤的团长，军医院派了医务人员随同，把他安置在老乡家里；身负两处重伤的魏文建，被留在一个姓焦的独户人家休养；部队返回镇安时，将患病战士张万青安置在马坪乡陈家台群众家治疗。上述群体和个案事例说明部队伤病员得到人民群众积极的收养和安置，从而为后续治疗、养伤等提供了重要前提。

---

① 中国工农红军第二十五军战史编审委员会：《中国工农红军第二十五军战史》，第192页。

② 王诚汉：《创建鄂豫陕革命根据地》，载《红军长征纪实丛书·红二十五军卷》（1），第295页。

③ 佑龙等：河南广电再走红二十五军长征路专题报道——桐柏盛开红军花，https：//baijiahao.baidu.com/s?id=16412736029290067493&wfr=spider&for=pc，2019年8月8日。

④ 田竞、苏北：《重走长征路（红二十五军）》，第78页。

⑤ 李文实、赵凌云：《血染长征路——中共鄂豫陕省委代书记、红二十五军政委吴焕先长征纪实》，载中共商洛地委党史资料征集研究办公室编《鄂豫陕边的记忆》，商洛地区印刷厂1985年印，第159页。

⑥ 田竞、苏北：《重走长征路（红二十五军）》，第121页。

⑦ 程启文：《回忆中共商洛特委和抗捐第一军》，载《红军长征纪实丛书·红二十五军卷》（1），第391页。

(二) 人民群众精心救护伤病员

人民群众对收养、安置的伤病员进行精心救治和护理。庾家河战斗后,为使众多分散在该镇周围农民家中养伤伤员早日痊愈归队,乡村医生杨春荣、罗锦文等日夜四处奔波护理治疗;没有西药他们就用草药,草药缺乏时他们就上山采药,还冒险从城里弄来西药;杨春荣还"配制了专治红伤的中草药,帮助伤员医治枪伤"[①]。部队攻占荆紫关后,"当地群众纷纷主动为红军……救护伤员"[②]。部队在袁家沟口设立后方医院后,"在几处红军后方医院的所在地,有不少被红军战士称为'干妈'的老大娘,她们主动把伤员接到自己家里,精心照看、治疗"[③]。据李庆柳回忆,他在袁家沟口养伤时,"多亏一位老大娘,她用丝绳子扎紧我流血的膀子,才止住血,救了我"[④]。战士王兴和作战中腿部负伤,被道士李厚基领到黄龙洞中治疗并痊愈。由于人民群众的悉心救治和照料,许多伤病员得以康复。部队在陕南时,"几次作战的二百多个伤病员,都是安排在老百姓家里,老百姓给治好的"[⑤]。人民群众的民间救护和部队的专业救治紧密结合,使伤病员得到较好的治疗和护理,从而取得显著效果。

(三) 人民群众积极转运伤病员

人民群众在战斗前组织担架队、救护队,在战斗中抬送伤员。而在战斗结束后,积极转运伤病员。由于军民关系密切,虽然部队经常转

---

① 卢振国:《红二十五军长征记》,第39页。
② 中共南阳市委党史研究室编:《红军征战南阳》,中共党史出版社2016年版,第127页。
③ 中国工农红军第二十五军战史编审委员会:《中国工农红军第二十五军战史》,第122页。
④ 李庆柳:《一点回忆》,载《红军长征纪实丛书·红二十五军卷》(2),第452页。
⑤ 李书全:《陕南斗争回忆》,载《红军长征纪实丛书·红二十五军卷》(1),第334页。

移,但伤病员的转移都能及时得到群众的帮助。在打破敌人第二次"围剿"时,部队在外线活动期间,根据地广大人民群众积极转移伤病员;袁家沟口战斗结束后,部队主力进行休整,由广大群众组织救护和转运伤员,"有六七十个红军伤员,都由当地群众抬送到李家沟、仓房沟、庙脑沟等地休养"。徐光杰作战负伤后,"留在许大娘家中,昏昏迷迷睡了三四天,随后才由大娘护送到李家沟养伤治疗"①。部队过平凉时,"战斗结束后,群众组织起来为红军抬送伤员"②。同时,人民群众还及时护送伤病员归队。王诚汉连队的两名战士在激战中负伤掉队,半月后,已在老百姓家中养好伤的两人,又在当地老百姓护送下返回连队。红二十五军一部在疙瘩庙战斗结束后,两位负伤战士掉队;第二天,当地一王姓农民为他俩带路,将他们送回了镇安。人民群众积极转运伤病员,为部队提升机动作战能力和战后进行适时休整创造了有利条件。

(四) 人民群众冒险掩护伤病员

在白色恐怖笼罩下,人民群众历尽千难万险,冒着生命危险掩护伤病员。陕南群众"掩护伤员上百名"③;郧西"二天门吴之祥,想方设法保护着一位受伤的红军团长","虎坪马福顺家就掩护了三名红军伤病员"④。张波在蔡川何老五家养伤,敌人来搜查,"把何老五拉去吊打,他始终没有暴露(张)"⑤,一直将其掩护至顺利归队。王奎先因患重病被安置在镇安县覃大娘家里,敌军前来搜捕时,年过半百且又是小脚的覃大娘奋力将他背到山下麦地里隐藏起来,并机智将敌引向他处;后经数次转移,一直掩护他伤愈归队。袁家沟口一丛姓老大娘,"不顾

---

① 卢振国:《红二十五军长征记》,第55页。
② 中共平凉地委党史办公室编:《人民军队在平凉 中共平凉党史资料之三》,平凉地区印刷厂1991年印,第13页。
③ 张波:《回忆豫陕边的斗争》,载《红军长征纪实丛书·红二十五军卷》(1),第338页。
④ 中共郧阳地委党史办公室、中共郧西县委党史办公室:《红二十五军在郧西的斗争》,载中共郧阳地委党史资料征编委员会办公室编《郧阳党史资料丛书》第1辑,郧西县印刷厂1985年印,第172页。
⑤ 张波:《回忆豫陕边的斗争》,载《红军长征纪实丛书·红二十五军卷》(1),第337页。

敌人抄家和吊打，冒着生命危险，把在她家休养的四名红军伤病员转移到安全地带，被红军战士称为'干妈'"①。凡是当年建立过苏维埃政权的地方，都有不少掩护过伤病员的"红军干妈"。部队西征北上后，反动民团武装对根据地实行反攻倒算，红岩寺区苏维埃的干群为掩护伤病员转移，"有300多人被敌人抓住，当场杀害100多人，200多人被关押，受尽酷刑，有的壮烈牺牲"②。人民群众冒险掩护伤病员以致牺牲，成为伤病员工作中军民鱼水情的悲壮篇章。

需要指出的是，人民群众对伤病员的收养、安置、救护和掩护等是紧密结合、一体进行的。李庆柳在群众家养伤时，"为了躲避敌人的搜捕，阮大妈将他隐蔽在一个山洞里面，继续将息休养。大娘还以上山割柴为名，三天两头给他送吃的喝的，找点中草药搽敷伤口"③。平凉羊圈洼村阎家齐老汉一家，"把红军伤员陈娃留在家里收养下来，以自己儿子一般看待，为陈娃治好了伤。当敌人进村搜索时，他和儿子阎玉玺背着陈娃进沟躲藏"④。在生活极度困难情况下，人民群众忍饥挨饿，"常把家里仅有的一些粮食食品送给伤病员"⑤，"把最好的东西拿出来叫伤员同志吃"⑥。人民群众全力支援部队，大力参与伤病员工作，在揭示部队群众工作成效的同时，生动反映了深厚的军民鱼水情谊，是红二十五军长征中战胜一切困难的力量源泉。

五 桥梁和纽带：中共地下党组织和地方苏维埃政府积极配合伤病员工作

长征途中，在伤病员收容、安置等方面，红二十五军得到了中共地

---

① 中国工农红军第二十五军战史编审委员会：《中国工农红军第二十五军战史》，第192页。
② 陈先瑞：《鄂豫陕边的游击战争》，载《红军长征纪实丛书·红二十五军卷》（1），第345页。
③ 卢振国：《红二十五军长征记》，第54页。
④ 中共平凉地委党史办公室编：《人民军队在平凉 中共平凉党史资料之三》，第13页。
⑤ 钱信忠：《红二十五军的卫生工作》，载《红军长征纪实丛书·红二十五军卷》（3），第1031页。
⑥ 程启文：《回忆中共商洛特委和抗捐第一军》，载《红军长征纪实丛书·红二十五军卷》（1），第391页。

下党组织和地方苏维埃政府的积极配合、支持和帮助。此外，部队还利用开明士绅等势力为伤病员工作服务，体现了政策、策略的正确性和灵活性。由此，中共地下党组织、地方苏维埃政府及开明士绅等势力成为伤病员工作主体力量的重要组成和必要补充。

（一）中共地下党组织的配合和帮助

长征初期，红二十五军伤病员工作主要得到中共鄂豫边地下党组织的适时配合和帮助。部队进入桐柏山区后，一些伤病员"由地方党组织收容安置在群众中隐蔽休养"①。1934年11月22日下午，部队到达程湾黑明寺后，桐柏地下党组织将三位伤病员妥善安置到当地群众梁玉申、陈守贵家里。鄂豫边工委书记张星江亲自带队送钱，热情慰问，反复嘱托当地群众要严格保密，千方百计保护好红军伤病员。23日黎明前，随军的张星江让梁玉申回去护理红军伤病员。24日晨，部队到达泌阳县八里岗时，韩本清奉张星江指示，返回桐柏做红军伤病员的收容掩护工作。② 独树镇突围中，"在地下党组织帮助下，伤员分散安置在群众家里"③。中共地下党组织妥善解决了部分伤病员的安置、收容等问题，解除了部队继续前行的后顾之忧，使部队较为快捷通过河南境域，为长征初期的战略转移争取了主动。

（二）地方苏维埃政府的配合和支持

进入陕南后，红二十五军伤病员工作主要得到地方党政群组织特别是苏维埃政府的大力配合和支持。"根据地的各级党政组织，动员群众，组织担架队、救护队，随时保证部队需要。"④ 部队在外线活动期间，

---

① 中国工农红军第二十五军战史编审委员会：《中国工农红军第二十五军战史》，第100页。
② 李润波：《长征记忆》，广东人民出版社2016年版，第224—225页。
③ 刘华清：《红二十五军长征初期的艰苦斗争》，载《红军长征纪实丛书·红二十五军卷》（1），第166页。
④ 陈先瑞：《鄂豫陕革命根据地的创建》，载《红军长征纪实丛书·红二十五军卷》（1），第262页。

"各地的农民协会、少先队、妇女会等群众组织也都纷纷行动起来……看护伤病员"①，有力配合和支援了部队的作战行动。部队离开华阳时，把七个红军伤病员，交给当地苏维埃政府养伤；西征北上前夕，把不能随军的伤员交给"当地苏维埃政府看管，分居在老百姓家里"②。主力部队撤出袁家沟口后，面对反动民团的反扑，豫陕边区苏维埃政府主席程家盛"把分散在各地的红军伤员，都妥善作了安置"③。在伤病员安置等工作中，中共地下党组织和地方苏维埃政府由于熟悉当地社情民情，他们动员、组织群众参与伤病员工作，在军民之间起了桥梁和纽带的重要作用。

此外，部队还利用开明士绅等势力掩护伤病员，为伤病员工作服务。红二十五军特别是红七十四师自觉执行党的抗日民族统一战线政策，实行切合实际的政策措施。红七十四师在陕南活动期间，对豪绅、保甲长、团总、侦探、军官等区别对待，除罪大恶极者外，其余则进行教育和争取利用，使其为部队服务。部队"不没收他们的财产，还利用一些财主豪绅家掩护伤病员"④。在不动其财产，保护其生命安全条件下，部队"利用宁陕两河口区区长宋承义和一些地主豪绅来掩护伤员"，委托商南大地主石老八为红军"买药品、物资"⑤。据刘学江回忆，他负伤后，"就是在一个小地主家养伤的……这家人帮助我养伤，敌人来了还掩护我"⑥。由于地主较农民在社会、生活等方面条件都要优渥，故把伤病员安置在地主家更利于养伤、康复。上述史实充分说明红二十五军实行了正确的政策和灵活的策略，从而为伤病员工作提供了多元化的实施路径。

---

① 中国工农红军第二十五军战史编审委员会：《中国工农红军第二十五军战史》，第120页。
② 赵凌云、周福才：《袁家沟口访问记》，载《鄂豫陕边的记忆》，第220页。
③ 卢振国：《红二十五军长征记》，第51页。
④ 陈先瑞：《鄂豫陕边的游击战争》，载《红军长征纪实丛书·红二十五军卷》（1），第361页。
⑤ 中国工农红军第二十五军战史编审委员会：《中国工农红军第二十五军战史》，第150页。
⑥ 《各地红二十五军老同志座谈会纪要（摘编之一）》，载《中国工农红军第二十五军战史资料选编》，第611页。

六　成效和影响：书写长征胜利和大别山精神弘扬的壮美华章

红二十五军长征中伤病员工作成效颇为显著，由此产生了重要的积极影响。伤病员工作在全军上下、部队内外共同协作下，有效救护了伤病员，使部队减员少，进而有力巩固了部队，使部队实现了长征的伟大胜利。在此过程中，在长征精神得以培育的同时，以"红旗不倒"为特征的大别山精神集中在伤病员群体发扬光大。由此，红二十五军生动书写了实现长征胜利和弘扬大别山精神的壮美华章。

（一）保存了革命的有生力量，使部队实现了长征的伟大胜利

伤病员工作保存了革命的有生力量，为革命人才的成长打下基础、提供前提。红二十五军长征中积极的伤病员工作使"伤病员治愈率较高"[1]，降低了伤员的死亡率，保存了革命的有生力量，特别是保存了革命的骨干成员。吴焕先常说，"要好好保存我们的骨干，有一天，这些骨干都要成为担负重任的领导干部"[2]。因作战英勇而负伤的刘华清被批准随军突围，并在军部配备的小马助力下，跟上了部队的转移，这是其人生中"命运转折的关口"[3]。伤病员因英勇作战而负伤，部队"对作战勇敢、表现突出的，大胆提拔，甚至越级提拔"[4]。深受

---

[1] 钱信忠：《红二十五军的卫生工作》，载《红军长征纪实丛书·红二十五军卷》（3），第 1031 页。

[2] 程子华等：《记长征中的吴焕先同志》，载《红军长征纪实丛书·红二十五军卷》（3），第 773 页。

[3] 刘华清：《红二十五军长征初期的艰苦斗争》，载《红军长征纪实丛书·红二十五军卷》（1），第 166 页。

[4] 中国工农红军第二十五军战史编审委员会：《中国工农红军第二十五军战史》，第 194 页。

部队关爱的伤病员亦纷纷表示，"一定努力学习，练好杀敌本领，以实际行动报答首长和组织上的关怀"①。许多伤病员被安置在群众家养伤病，增进了同群众的感情，坚定了为人民斗争的决心。故而他们在战斗中快速成长，在同伤病作斗争中经受磨炼，综合素养得到进一步提升，从而为之后的革命事业打下坚实基础。红二十五军是一支朝气蓬勃的长征队伍，伤病员康复较快。许多伤病员克服困难，坚定走完长征路，体现了对革命的忠诚和顽强的毅力。他们在其后的革命斗争中继续为党和人民事业英勇奋斗，涌现出众多共和国将军和多名党、国家和军队领导人，红二十五军因之被誉为革命人才成长的摇篮。他们中的很多人在长征中负伤患病，都得到积极救治，基本得以康复，从而为其接续奋斗提供前提，颇有成效的伤病员工作功不可没。

伤病员工作巩固了部队，使部队实现了长征的胜利。有效的伤病员工作使部队减员少，保证了部队基本力量的稳固，对其规模整体保持稳定起了较大的促进作用。红二十五军长征从出发到陕南时，"减员的人数不到百分之十"②。而从长征全程看，1934年11月部队从何家冲出发时规模是2980余人，1935年5月初鄂豫陕革命根据地初步建成时是3700多人，7月江口镇整编时是4000余人，9月到达永坪镇时是3400多人；红七十四师规模则在独立坚持鄂豫陕游击战争结束时达到1700余人。③ 可见其规模总体保持稳定，整体上呈增长态势，并与"扩红"相结合，最终成为唯一实现人员不减反增的长征队伍。同时进一步提高了部队的凝聚力和战斗力，使部队成为"一支英勇善战，拖不垮、打不烂，具有坚强战斗力的革命武装"④，可见伤病员工作"对巩固部队起到了积极的作用"⑤。在伤病员工作张力驱动下，基于西征途中无根据

---

① 曹思明：《长征路上的官兵情》，载《红军长征纪实丛书·红二十五军卷》(2)，第519页。
② 钱信忠：《红二十五军的卫生工作》，载《红军长征纪实丛书·红二十五军卷》(3)，第1030页。
③ 中国工农红军第二十五军战史编审委员会：《中国工农红军第二十五军战史》，第97、116、128、136、151页。
④ 中国工农红军第二十五军战史编审委员会：《中国工农红军第二十五军战史》，第177页。
⑤ 钱信忠：《红二十五军的卫生工作》，载《红军长征纪实丛书·红二十五军卷》(3)，第1030页。

地致使伤病员难以安置等因素的综合考量,部队加速了挺进陕甘革命根据地的进程,并率先到达陕北,成为最早实现长征胜利的队伍。此后,红二十五军先后编入红十五军团、红一方面军序列,在自身壮大的同时,亦壮大了陕北红军和中央红军的力量,从而为中国革命事业作出巨大贡献。

(二)伤病员坚持革命斗争,使大别山精神发扬光大

伤病员发扬不惧困难和友爱互助精神,坚持随军行动。伤病员工作的有效开展和部队对伤病员的关爱,使红二十五军在形成高度凝聚力和向心力的同时,伤病员具有高度的大局和团体意识。他们自觉认识到,长征中因伤病"减少一个人,就会减少一分力量,减少一分胜利,因此谁也不愿离开部队"[1]。许多伤病员带伤病走上长征路,当时他们只有一个念头,"就是铁心跟着红军走,就是死也要死在红军队伍里"[2],故而他们都忍着极大伤病疼痛,坚持随军行动。同时,伤病员积极想办法克服困难,坚持行军时不掉队。刘华清、王诚汉等伤病员巧借"马力",拉着马尾巴,紧随部队前进,体现了主动进取的革命精神。伤病员还发扬舍己为人精神,尽力帮助他人。长征初期,陈先瑞伤基本痊愈,已能行走,就把小毛驴给了病号和重伤员;部队到卢氏时,刘华清伤并未好,只是能走路了,就主动把小马让给重伤员;再次负伤的陈先瑞骑的小马,就是刘华清让出来的。这匹接力驮运伤员的小马是部队友爱互助精神的见证,而这种互相帮助、勇于吃苦、把困难留给自己的事例很多,反映了广大伤病员之间深厚的感情。众多伤病员用革命行动践行了以"坚守信念、胸怀全局、团结奋进、勇当前锋"[3]为主要内涵的大别山精神,使其在长征路上进一步发扬光大。

---

[1] 刘震:《袁家沟口战斗一角》,载《红军长征纪实丛书·红二十五军卷》(1),第308—309页。

[2] 阎荣安:《百岁将军胡继成回忆:当年带伤走上长征路》,《大江南北》2016年第9期。

[3] 乔新江:《"红旗不倒"的大别山精神》,《百年潮》2016年第8期。

伤病员发扬生命不息和斗争不止精神，坚持革命斗争。在战斗中，伤病员英勇顽强，前仆后继对敌作战。在激烈残酷的庾家河战斗中，"二二四团团长叶光宏，在同敌人拼杀时，一条腿被打断，仍坚持指挥作战。军部司号长程玉林，下颚挂了花，不能吹号，就利用一个小土地庙作掩护，接连投出几十颗手榴弹，打退敌人多次冲击。敌人集中火力向他射击，他始终坚守阵地，最后壮烈牺牲。一挺机枪在和敌人对射中，第一名射手倒下去，第二名射手接着打，第二名射手倒下去，第三名射手又接着打起来，终于把敌人火力压倒了"①。类似的可歌可泣的英雄事迹不胜枚举。同时，伤病员在伤愈后纷纷主动归队，继续坚持革命斗争。红二十五军放在群众家的伤员，"伤养好后就要找回部队来"②。张波在蔡川群众家养伤时，听闻孙家山活跃着一支红军队伍，就跛着一条腿，坚持赶来寻找队伍。部队主力从华阳路过时，魏文建等伤员都归回部队。李庆柳伤势稍好一点就归队，跟随五路游击师打游击。部队第二次进驻葛牌镇时，伤口才完全愈合的张希才就及时赶回部队，被安排到军供给部当政委。这是部队高度凝聚力、向心力和伤病员高度大局、团体意识的生动写照，从侧面揭示了红二十五军具有顽强战斗力，突出体现了以"红旗不倒"为基本特征的大别山精神。

伤病军首长发扬不惧牺牲和无私奉献精神，坚持革命工作。红二十五军军领导是一个勇敢坚定，为崇高理想而献身的领导集体，他们除作战时身先士卒，奋不顾身外，受伤后仍坚持为革命事业而勤勤恳恳工作，体现了英勇顽强、舍生忘死的革命英雄主义精神。在庾家河战斗中，程子华虽"两手受伤"，但仍"坚持在阵地指挥作战"③；重伤在身的徐海东则"一边接受治疗，一边传达命令、指挥战斗"④。文公岭战

---

① 姜为民：《长征中的几次主要战斗》，载《红二十五军长征纪实》，第82页。
② 黎光：《回顾红二十五军的政治工作》，载《红军长征纪实丛书·红二十五军卷》(3)，第1016页。
③ 钱信忠：《红二十五军的卫生工作》，载《红军长征纪实丛书·红二十五军卷》(3)，第1029页。
④ 马希顺：《与红军将领的生死奇遇》，载《红军长征纪实丛书·红二十五军卷》(3)，第1068页。

斗正酣时，一听到枪炮声，徐海东"二话不说，便从担架上挺起身来，急忙提着手枪就往外走"；"（警卫员们）架着他的臂膀，一路上扶着抬着，艰难地奔向山头阵地，协同军政委指挥战斗"①。程子华负重伤后，尽管连基本生活都无法自理，但他"总是忍受着常人难以忍受的痛苦，时刻想着部队，想着创建根据地的工作，坚持做一些力所能及的事"②。他因伤不能参加会议，就在清醒后，"与吴焕先同志等商谈作战和创建根据地及其他工作"③。正是在伤病员工作有效开展基础上，在具有忘我的革命牺牲和无私奉献精神的伤病军首长率领、感召下，红二十五军克服了严重伤病亡问题带来的不利影响，战胜了前进道路上的艰难险阻，实现了长征的伟大胜利，矗立起革命精神永存天地的巍峨丰碑。

结 语

综上所述，针对长征中部队伤亡严重、伤病员较多的严峻状况，红二十五军高度重视并积极开展伤病员工作，构建起"党的领导、综合救治、军民结合、群众参与、主体多元、内外联动"的工作机制。军首长、军医院和人民群众是该工作机制有效运行的基本构成，中共地下党组织、地方苏维埃政府是其重要组成，开明士绅等势力是其必要补充。其中，军首长在方针制定、示范引领等方面发挥核心作用，军医院在综合救治、专业救护等方面发挥关键作用，人民群众在安置、养护和掩护等方面发挥重要作用，并且他们的作用基本贯穿部队长征全过程，故而成为伤病员工作的三大主体力量，体现了党的领导、独立自主和群众路线的有机统一。伤病员工作在党的坚强领导下，以"不丢弃一个伤病员""争取把每一个彩号都带到陕北根据地"为指导方针和目标任务，

---

① 卢振国：《红二十五军长征记》，第247页。
② 刘华清等：《深切怀念我们的军长程子华同志》，载《红军长征纪实丛书·红二十五军卷》（3），第884页。
③ 程子华：《红二十五军的长征》，载《红军长征纪实丛书·红二十五军卷》（1），第32页。

以救死扶伤、治病救人为核心要义，以恢复和保障军队战斗力为旨向归属，将重视思想政治工作、加强制度建设和发扬革命精神等贯穿其中，充分发挥自身主观能动性，紧紧依靠人民群众，具有主动创造性和鲜活生命力。伤病员工作有效救护了伤病员，保存了革命的有生力量和骨干成员；使部队减员少，成为唯一实现增员的长征队伍；巩固了部队，提高了部队的凝聚力和战斗力，并使部队率先到达陕北；同时使大别山精神发扬光大。卓有成效的伤病员工作是红军医疗卫生事业在长征中的生动实践和创新发展，亦是红二十五军长征胜利原因的重要组成部分。

红二十五军长征中伤病员工作是红军长征医疗卫生事业、队伍建设和群众工作等的集中展现和具体缩影，具有多重史学研究价值。伤病员工作始终坚持了党的领导、独立自主和群众路线原则，大力发扬了革命人道主义精神，生动反映了军民鱼水情谊，深刻揭示了以人为本和生命至上理念，突出体现了大别山精神等革命精神的深厚意蕴。这雄辩说明红二十五军是一支政治坚定、政策正确，团结进取、英勇斗争，紧紧依靠人民群众并得到其大力支持，不惧任何困难并敢于战胜各种艰难险阻，从而具有高度凝聚力和顽强战斗力的精干高效有为的英雄部队。由伤病员工作可看出，红二十五军拥有坚强领导核心、深厚民众基础、正确政策策略和坚定革命精神等，故能在革命斗争中无往而不胜，这亦是红军长征胜利因素的重要构成。在新时代，我们要赓续红二十五军的红色血脉，以其长征中的伤病员工作为史鉴，树牢以人为本和生命至上理念，继承、弘扬长征精神和大别山精神，发扬革命人道主义精神；在中国共产党的领导下，坚持独立自主和群众路线原则，调动一切积极因素，以专业救治为前提，群策群力，做好救死扶伤的医疗卫生事业；在汲取宝贵历史经验基础上，积极有效应对前进道路上的重大风险和挑战，向着"第二个百年"奋斗目标奋力前行。

（刘征，信阳师范大学马克思主义学院副教授、大别山廉政文化研究与教育中心研究员；周雨迪，郑州大学新闻与传播学院硕士研究生）

【研究述评】

近五年来鄂豫皖苏区史研究状况与展望

巴 杰 郑渝珮

摘 要 近五年来，学术界对鄂豫皖苏区的研究呈逐渐深入之势，在注重社会现实、跨学科研究方面取得不少成果。但是，在史料来源单一、研究视野狭窄等因素的影响下，鄂豫皖苏区史研究还存在着研究内容重复、观点同质化严重等不足。加强史料挖掘、拓宽研究视野、增强学术合作与对话，是深化鄂豫皖苏区史研究的必要因素。

关键词 鄂豫皖苏区 史料挖掘 视野拓展 学术对话

鄂豫皖苏区是中国共产党的重要建党基地，在推动党的建设、创建人民军队、培养革命人才等方面为中国革命胜利作出了巨大贡献，鄂豫皖苏区史也是近年中共党史研究的热点问题。回顾梳理近五年关于鄂豫皖苏区史的学术成果，对于深化鄂豫皖苏区及中共党史研究，具有十分重要的学术意义与现实价值。

一 鄂豫皖苏区法制建设

法律是维持社会秩序、维护政权稳定的重要保障。鄂豫皖苏区不仅创建了最早的工农监察制度以及人民公诉制度，还建立了比较完善的土地法、婚姻法、劳动法等部门法体系。近五年，对于鄂豫皖苏区法制建设的研究可分为粗线条整体性研究与司法制度、司法机关的专题研究两方面。

（一）关于鄂豫皖苏区法制建设的整体梳理

近五年对鄂豫皖苏区法制建设的宏观研究多为对法律条文的梳理、对法制建设的定性评价以及总结法制建设的历史经验等方面。周妍认为，鄂豫皖苏区法制建设具有深厚的法制基础以及广泛的民主性，但依然存在着机构设置不合理、法律内容缺乏系统性以及受"左"倾错误的影响等不足之处。[①] 张瑞、郭薪璞从宏观上分析鄂豫皖苏区立法的原则、法制建设的特点，认为鄂豫皖苏区法制建设形成了比较完备的法律体系，并建立了系统的立法、司法以及执法机构，对于新时代依法治国的执政理念具有重要借鉴意义。[②]

宋宗君分析了鄂豫皖苏区对广大人民生存权利、政治权利、司法保障以及文化教育权利四个方面的法律保障实践，认为鄂豫皖苏区颁行的一系列保障人权的政策法令使人民利益得到了切实保障，对加快新时代中国特色社会主义人权法律保障制度的健全与完善有重要启示意义。[③]《河南法律史》论述了鄂豫皖苏区的主要法制机关及其运行机制，将鄂豫皖苏区的法律思想分为民主平等、平均分配土地、管制借贷利率、财税法制以及婚姻自由等几个方面，并用具体法律条文进行佐证。[④] 甄京博按照时间顺序简单梳理了土地革命时期鄂豫皖苏区法制建设的过程，[⑤] 由于考察范围广泛，因此不够细致深入，只是简单的梳理。

[①] 周妍：《鄂豫皖革命根据地法制建设研究》，硕士学位论文，江西财经大学，2017年。
[②] 张瑞、郭薪璞：《鄂豫皖苏区法制建设述论》，《苏区研究》2019年第2期。
[③] 宋宗君：《鄂豫皖苏区人权法律保障实践及现代启示》，《党史博采（下）》2022年第4期。
[④]《河南法律史》编委会编：《河南法律史》，河南人民出版社2019年版。
[⑤] 甄京博：《新民主主义革命时期中国共产党在河南的法制建设》，《郑州航空工业管理学院学报》2018年第1期。

（二）关于司法制度以及司法机关的研究

对于鄂豫皖苏区法律制度以及法律机构的研究主要集中于对司法机关以及司法制度的研究，近五年尚未有较为系统的立法制度以及立法机关的专门研究。对于司法机关的研究，主要是对工农监察委员会的研究，近五年对于政治保卫局、国家公诉处等司法机关还未有专门研究。

鄂豫皖苏区是最早建立工农监察机构、最早实施工农监察制度的苏区，研究鄂豫皖苏区工农监察制度具有重要意义。张瑞探究了鄂豫皖苏区建立工农监察制度的原因，概述了工农监察制度的建立过程，认为工农监察制度的建立，不仅为监察制度本身提供了制度保障，且有效提高了党的建设水平、社会治理能力和政府的自我管理能力，同时也激发了群众参与社会治理的积极性。[①] 王贵东分析指出，鄂豫皖工农监察委员会具有独立设置监察机关，采用垂直管理体制，联席会议解决纷争，分工合作、相互制约等独特的制度创新之处。[②] 春杨、汪思薇以红安县七里坪革命法庭为考察对象，从革命法庭设立的历史背景与发展过程、法律适用依据与具体的司法实践几个方面进行论述，以具体个案印证革命法庭的职能以及作用，认为七里坪革命法庭的司法实践，贯彻了打击土豪劣绅、开展土地革命的政治任务，是中国共产党以法律程序为手段，宣传政治革命，进行思想和实践动员的有益尝试，对鄂豫皖根据地乃至其后更长时期中国共产党的法制建设起到了重要借鉴意义。[③] 李志增简单概括了鄂豫皖苏区审判委员会运行机制，分析了鄂豫皖苏区审判组织的特点。[④] 舒绍福、李婷考察了党内行政监察制度的变迁，梳理了鄂豫

[①] 张瑞：《鄂豫皖苏区工农监察制度建设述论》，《苏区研究》2020年第1期。

[②] 王贵东：《鄂豫皖苏区工农监察委员会的成立及其制度创新》，《黄冈师范学院学报》2020年第5期。

[③] 春杨、汪思薇：《红安县七里坪革命法庭的法制实践研究》，《苏区研究》2021年第6期。

[④] 李志增：《审判委员会制度的历史沿革》，《周口师范学院学报》2017年第6期。

皖苏区行政监察制度的产生与发展。① 由于是大范围沿革性考察，因此对鄂豫皖苏区的法制建设研究有待进一步论证。

除此之外，《革命根据地法律文献选辑 1927—1937》以时间为顺序，按照文教卫生、土地法、劳动法、婚姻法等部门法的分类方式整理苏区法律文献，对于研究鄂豫皖革命根据地的革命法制建设起到了重要的文献基础作用。②

近五年对鄂豫皖苏区婚姻法、土地法、劳动法等相关部门法的研究以及董必武等领导人法制思想的相关研究尚不多见。此外，对法律条文以及法制机构的研究也不应忽视个体案例的分析，要将静止的法律条文以及法制机构同鲜活的案例结合起来探究鄂豫皖苏区法律条例的具体实施情况以及法制机构的实际运行状况，同时也应从动态的角度探究不同方面的法律条文以及法律实践之间的互动影响。

二 鄂豫皖苏区党的建设

研究鄂豫皖苏区党的建设具有现实意义。近五年对党的建设的研究成果也非常丰富，包括党的政治建设、纪律建设、组织建设和党群关系等几个方面。

（一）关于党建的整体论述

研究鄂豫皖苏区党的建设，对于深入推进新时代党的建设具有重要意义。林立着重梳理了鄂豫皖苏区党组织在加强自身组织建设、思想建设以及作风建设等方面进行的实践探索，指出鄂豫皖苏区党组织建设形成了理论联系实际的工作作风，锻造了坚强战斗力的人民军队，培育了

---

① 舒绍福、李婷：《从党内监察到国家监察：建党以来监察制度变迁》，《新视野》2022年第1期。
② 张希坡编著：《革命根据地法律文献选辑 1927—1937》第 2 辑上，中国人民大学出版社 2017 年版。

大别山精神。[①] 李良明分析了中国共产党在鄂豫皖苏区局部执政的历史背景，梳理了党在思想建设、组织建设以及纪律和作风建设等方面所采取的一系列措施。[②]

习近平总书记关于鄂豫皖革命根据地是中国共产党具有全党意义的重要建党基地的重要论断，为鄂豫皖苏区党的建设研究提供了理论依据。田青刚首先点明建党基地的内涵，指出"建党基地是指民主革命时期中国共产党秘密建党中创建与发展的依托基地"，分析了大别山区成为建党基地的原因，认为其具有建党时间早、党员人数多、党组织发展快、有根据地做依托等特点。[③] 黄遵应从重要建党基地视域下分析了鄂豫皖苏区建党的主要特征，总结了鄂豫皖苏区建党的重大贡献及宝贵经验，认为鄂豫皖苏区是中国革命的重要策源地、人民军队的重要发源地，为党培养和输送了大批人才并锻造了一系列伟大精神。[④]

（二）关于鄂豫皖苏区政党政治建设的研究

政治建设是党的根本性建设，近五年的研究多从鄂豫皖苏区党的政治建设中汲取经验与启示。俞依娜、高巍翔指出，鄂豫皖苏区党组织将党的政治建设放在突出的重要位置上，通过密切联系群众、强化党员党性锻炼、开展党员政治教育以及严肃党的群众纪律等措施加强了党的政治建设。[⑤] 李俊、周忠鑫对鄂豫皖革命根据地党的政治建设的成功经验进行了分析，认为中共始终坚持为人民群众服务的情怀，通过对农民革命军进行党性教育和改造，对党员以及干部进行理论教育和革命形势教

[①] 林立：《鄂豫皖边区党的建设研究（1927—1932）》，硕士学位论文，华中师范大学，2018年。

[②] 李良明：《中国共产党在鄂豫皖苏区局部执政的历史经验》，《苏区研究》2018年第6期。

[③] 田青刚：《大别山地区成为中国共产党重要建党基地刍议》，《信阳师范学院学报》2021年第2期。

[④] 黄遵应：《重要建党基地视域下鄂豫皖苏区根据地的特征、贡献及经验》，《安徽理工大学学报》2022年第2期。

[⑤] 俞依娜、高巍翔：《鄂豫皖苏区党的政治建设的经验与启示》，《山东干部函授大学学报》2020年第5期。

育以及加强党组织建设等一系列实践活动,促进了鄂豫皖苏区根据地稳步发展。① 张香港梳理了鄂豫皖苏区开办党务学校、印制宣传资料、密切党团联系、培育精简作风以及健全法律制度等加强党的政治建设的具体措施,分析鄂豫皖苏区党的政治建设的核心价值,并考究其时代适用性。②

(三) 关于鄂豫皖苏区党纪建设的研究

近五年来,关于鄂豫皖苏区的党风、党纪建设的研究成果非常丰富。

刘晖考察了中国共产党在大别山区局部执政时期从严治党的实践探索,认为中国共产党通过建立严格的纪律约束机制以及专门的监察机构,强化党内民主、加强作风建设,建立请示报告制度,自觉接受监督等一系列从严治党的举措起到了实现管党治党、防止官僚腐化的作用,有力地团结了队伍、凝聚了民心。③ 除此之外,他还撰文分析了大别山局部执政时期加强纪律建设对于新时代把红色基因传承好、推进党的纪律的制度化建设的现实意义。④ 王峰、余坤梳理了鄂豫皖苏区开展巡视工作的主要实践活动,总结了鄂豫皖苏区党的巡视工作的基本经验及历史启示,认为党的巡视工作加强了党内监督,保障了党中央的方针政策在鄂豫皖苏区得到贯彻执行。⑤

王传富认为中国共产党在鄂豫皖革命根据地,通过加强思想教育、建立完善的反腐法规等措施整治财经、男女关系,并组建专门反腐败斗

---

① 李俊、周忠鑫:《鄂豫皖革命根据地党的政治建设的有益探索及启示》,《信阳师范学院学报》2021年第3期。
② 张香港:《"红旗不倒"的大别山革命历程价值探析——以鄂豫皖革命根据地党的政治建设为视角》,《马克思主义学刊》2021年第2期。
③ 刘晖:《大别山区局部执政时期中国共产党从严治党的实践探索》,《学习论坛》2017年第4期。
④ 刘晖:《中国共产党在大别山区局部执政时期加强纪律建设的历史考察》,《郑州大学学报》2020年第2期。
⑤ 王峰、余坤:《鄂豫皖苏区党的巡视工作的历史考察》,《上海党史与党建》2018年第10期。

争机构，初步形成了较为完善的反腐败斗争的方略，对新时代反腐斗争具有重大启示意义。① 江峰、舒卉卉以鄂豫皖苏区为例考察中国共产党的红色廉政文化，通过对组织制度、监督机制、群众特色、细节管控、宣传教育、典型案例、人格风范等方面的探究，揭示了红色廉政文化的基本特质，并分析了其在新时代党风廉政建设中的价值。② 彭学宝指出中国共产党通过吸收工农做党的干部、加强党的领导、开展批评和讨论、加强民主集中制以及设立各级监察委员会、建立巡视制度等一系列措施，加强了鄂豫皖革命根据地党的纪律建设，为新时代开展党的纪律建设工作提供了重要借鉴和启示。③ 陈陈认为，鄂豫皖苏区通过加强票证管理、开展节约运动、加强异体监督、严格执行财政纪律、建立健全财政机构以及建立和完善预、决算制度等一系列具体措施，有效克服和防止了苏区的贪污腐败行为，并为新形势下反腐倡廉工作的深入开展提供了经验和启示。④

（四）关于鄂豫皖苏区政党组织建设的研究

党的组织建设是党建不可忽视的重要部分。张飞龙、黄文治从党组织建设的角度对"商南事变"进行考察，认为"商南事变"背后所反映出来的是以地方主义为代表的传统因素对大别山区早期中国共产党组织建设的严重制约，中国共产党上层对苏区党施以组织改造，以组织整肃的方式进行纯化组织和强化组织控制，但必然会触及地方党员的利益，由此引发的中国共产党上层与地方党组织间的分歧。⑤ 贾牧耕、黄

---

① 王传富：《鄂豫皖苏区反腐败斗争的方略及启示》，《信阳师范学院学报》2020年第2期。
② 江峰、舒卉卉：《试析红色廉政文化及其在新时代党风廉政建设中的价值转换逻辑》，《红色文化学刊》2021年第1期。
③ 彭学宝：《论鄂豫皖根据地党的组织纪律建设》，《商丘师范学院学报》2021年第5期。
④ 陈陈：《鄂豫皖苏区财政廉政建设的实践探索及其当代启示》，《信阳农林学院学报》2022年第2期。
⑤ 张飞龙、黄文治：《组织形态视角下中共"商南事变"的历史考察》，《党史研究与教学》2017年第6期。

文治以地方性视角考察中共"商南事变",认为商城党组织借用民间社会资源、地方红军的保守特性以及潜藏在党员干部群体中的土客冲突等因素是"商南事变"的原因,同时"商南事变"也成为中共中央整治鄂豫皖地区党组织及红军的诱因,以及"左"倾情绪影响下鄂豫皖中央分局整肃商城党组织的口实。[①] 朱同留对鄂豫皖苏区早期党组织建设进行考察,认为早期党的建设构成了以加强党的思想建设为根本,以强化党的组织建设为保证,夯实党的作风建设为保障的"三位一体"的党组织运行机制。[②] 刘喜元从组织沿革视角下梳理了中共鄂豫皖边特委的成立过程,认为三省地方党组织在自身的不断发展中通过内部嵌入模式和联席会议模式进行跨省合作,推动了中共鄂豫皖边特委的成立。[③]

孙启正、刘海晓以中国共青团为研究对象,考察了大革命失败后鄂豫皖苏区的中国共青团理论、组织的重建,认为在苏维埃革命时期,随着土地革命和武装斗争的深入,中国共青团最终实现了无产阶级化与群众化、革命化的自我改造,但因为团内"关门主义"盛行,党、团混淆问题以及"立三路线"下党、团合并,共青团的工作仍存有困难与隐忧。[④] 王传富梳理了鄂豫皖苏区共青团的组织变迁,认为鄂豫皖苏区共青团工作具有政治性、先进性、战斗性、群众性等鲜明特征,为革命事业作出了重要贡献。[⑤]

党对群众组织的领导也是党的组织建设的重要组成部分。张磊、易青豫对鄂豫皖苏区群众组织建设进行考察,认为鄂豫皖党委通过完善纲领政策,动员民众参与到群众组织中,充分发挥了群众组织在根据地建设和对敌斗争中的作用。[⑥] 王传富考察了鄂豫皖苏区的儿童团,论述了

---

① 贾牧耕、黄文治:《地方性视角下中共"商南事变"再考察》,《广东党史与文献研究》2022年第2期。
② 朱同留:《鄂豫皖苏区早期党的建设历史考察与现实启示》,《信阳农林学院学报》2021年第4期。
③ 刘喜元:《略论组织沿革视域下中共鄂豫皖边特委的成立》,《信阳师范学院学报》2022年第2期。
④ 孙启正、刘海晓:《布尔什维克化:苏区时期共青团基础之重建——以鄂豫皖苏区为中心的探讨》,《赣南师范大学学报》2018年第1期。
⑤ 王传富:《鄂豫皖苏区的共青团工作》,《信阳师范学院学报》2021年第3期。
⑥ 张磊、易青豫:《土地革命时期鄂豫皖苏区群众组织建设研究》,《军事史林》2020年第12期。

鄂豫皖苏区儿童团的组织形态、实践活动以及存在的历史局限性，认为儿童团不仅为当时的革命斗争作出了贡献，而且在中国共产党的革命思想熏陶下，也逐渐成为中国革命事业的接班人。①

（五）关于党和人民群众关系的研究

中国共产党形成和发展的基础是广大人民群众，党群关系的研究具有十分重要的现实意义。彭润娜首先对鄂豫皖革命根据地党的群众工作的具体实践进行整理分类，并在此基础上归纳了群众工作的途径与方法，最后分析鄂豫皖苏区中国共产党群众工作的特点并总结历史经验与对新时代中国共产党群众工作的启示。② 靳涛涛考察了鄂豫皖革命根据地党群关系建设的历史背景，并从加强党的建设、发展苏区经济、重视政治宣传以及建立党团组织几方面梳理了苏区党群关系建设的主要举措，总结基本经验和当代启示。③ 秦海宸从解决农民土地问题、人民民生问题以及保护群众利益三方面梳理了鄂豫皖革命根据地群众工作的历史实践，总结其对于新时期做好群众工作所提供的具有现实意义的经验借鉴。④ 孙启正分析了大革命失败后中共党员的构成变动，认为知识分子与农民在党内占据多数，党面临着"非无产阶级化"的问题，随着马克思主义中国化的阶级理论的出现，中国共产党将党的阶级基础建筑在贫农、雇农等农村无产阶级、半无产阶级之上，实现了党的阶级基础以及党的指导机关无产阶级化，从而保障了土地革命的顺利进行。⑤ 王兵对鄂豫皖苏区红色政治权威来源进行研究，认为中国共产党领导的革

---

① 王传富：《中国土地革命时期的儿童团》，《信阳师范学院学报》2018 年第 1 期。
② 彭润娜：《鄂豫皖苏区中国共产党群众工作研究》，硕士学位论文，信阳师范学院，2018 年。
③ 靳涛涛：《鄂豫皖苏区党群关系建设研究（1927—1932）》，硕士学位论文，东华大学，2020 年。
④ 秦海宸：《中国共产党在鄂豫皖苏区群众工作的历史实践暨现实意义》，《档案管理》2021 年第 6 期。
⑤ 孙启正：《苏区时期中国共产党阶级基础的重建——以鄂豫皖革命根据地为例》，《信阳师范学院学报》2021 年第 2 期。

命在实践和政治文化中重塑了农民社会身份,使农民新的社会身份认同转化为政权认同;同时,中国共产党为群众谋利益,使农民的利益认同转化为政权认同;这是鄂豫皖苏区红色政治权威的主要来源。①

从总体上来看,近五年来鄂豫皖革命根据地党的建设的研究成果大多都与新时代党的建设工作结合起来,紧扣时代主题,分析鄂豫皖苏区党的建设工作对于新时代中共党的建设工作的历史启示,具有较强的现实意义。

三　鄂豫皖苏区经济建设

根据地经济建设是有效应对国民党经济封锁,保障军民供给的基础,近五年对鄂豫皖苏区经济建设的研究主要包括对苏区经济的总体研究、对苏区经济政策的研究以及对苏区农业问题的研究。

(一) 关于苏区经济的总体研究

李良明从减税放贷、发展军需工业和手工业、发展合作经济和私营经济等方面论述了鄂豫皖革命根据地加强农业、工业、商业的一系列措施。② 郑段认为鄂豫皖革命根据地经济建设具有军事化色彩浓厚、保障农业生产、协调发展工商业以及善于发挥群众力量等特点,有效地保障了根据地的物资供应,支援了根据地的斗争。③ 魏俊分析了根据地建立之前鄂豫皖地区工农业发展的艰难状况,探讨了中共在鄂豫皖苏区发展农业、工业、商业的一系列措施。④

---

① 王兵:《社会身份认同、利益认同化为政权认同——鄂豫皖苏区红色政权政治权威来源研究》,《黄冈师范学院学报》2021年第5期。
② 李良明:《中国共产党在鄂豫皖苏区局部执政的历史经验》,《苏区研究》2018年第6期。
③ 郑段:《鄂豫皖革命根据地经济建设特点探析》,《黄冈职业技术学院学报》2019年第3期。
④ 魏俊:《鄂豫皖革命根据地经济工作实践初探(1927—1937)》,《经济师》2019年第3期。

（二）关于苏区经济政策的研究

一是对于金融制度的研究。李启星考察了鄂豫皖苏区工农银行和赤城县苏维埃银行的筹建、开业、停业以及业务沿革等细节，重构了分散时期和集中时期的两种银行体系，对于完善鄂豫皖苏区金融发展历程具有重要意义。① 毛帅分析了鄂豫皖革命根据地金融发展的形势，从鄂豫皖革命根据地金融机构的建立以及货币的发行和流通两方面梳理了鄂豫皖革命根据地金融体系的形成和发展，分析根据地金融建设的意义。② 曲迎波、毛彦军分析了大别山根据地建立初期货币不统一和高利贷猖獗的金融环境，梳理了鄂豫皖苏区的金融实践，认为这些金融实践有效应对了国民党军事"围剿"和经济封锁，活跃了根据地经济，为保障和改善根据地民生等作出了重要贡献。③ 胡健等学者梳理了鄂豫皖革命根据地红色金融机构发展历程与主要职能，分析了红色金融机构的历史贡献，指出鄂豫皖革命根据地的红色金融起到了巩固红色政权、发展根据地经济以及支援革命战争的重要作用。④

二是对于财政政策的研究。余坤从财政机构设置、财政收支状况，以及财政管理体系建设等方面考察苏区财政工作，将其与中央苏区财政工作进行对比，认为它们之间存在既接受领导又立足自身的良性互动关系。⑤ 金鑫归纳分析鄂豫皖苏区农业累进税以及商业累进税的特点，认为累进税制度对于解决粮食问题以及经济问题有着重要的历史功绩。⑥ 贾洁蕊考察鄂豫皖苏区税收的民主化进程，认为鄂豫皖苏区在税制设计中充分尊重广大劳苦群众的权利，在税收征管中重视按照群众的意愿及

---

① 李启星：《鄂豫皖苏区银行建设若干问题探究》，《苏区研究》2019 年第 2 期。
② 毛帅：《鄂豫皖革命根据地的金融发展》，《文教资料》2019 年第 25 期。
③ 曲迎波、毛彦军：《大别山革命根据地红色金融实践与启示》，《征信》2021 年第 12 期。
④ 胡健、贺静、董友贵、陈清武：《鄂豫皖革命根据地红色金融机构的历史贡献与启示》，《金融纵横》2022 年第 4 期。
⑤ 余坤：《鄂豫皖苏区财政工作研究》，硕士学位论文，郑州大学，2019 年。
⑥ 金鑫：《土地革命时期鄂豫皖苏区的累进税制度》，《古今农业》2017 年第 3 期。

时调整征税方式,在税务监督中苏区政府不仅惩治纳税人的违法行为,也重视对税务机构的监督和检查,这一实践也为当代我国完善税收民主化建设提供了借鉴。① 经庭如等学者认为,鄂豫皖根据地的税收制度具有安定群众生活、增加军队供给以及减少税种、减轻农民压力等作用,对于现代税收具有启迪意义。②

三是对于商业政策的研究。杨林涛以鄂豫皖苏区消费合作社为研究对象,分析了鄂豫皖苏区消费合作社产生的历史背景以及发展过程,总结其历史作用。③ 宣昊硕探讨了鄂豫皖苏区的茶叶贸易,鄂豫皖苏区通过出台《森林办法》、设立组织机构、鼓励私营商业以及统一累进税率等促进茶叶贸易发展,④ 视角独特。刘一帆在详细论述了苏区针对商人群体以及商业凋零与粮食短缺问题实行的一系列措施,总结分析了鄂豫皖苏区的私营商业政策在促进私营商业发展以及缓解财政困难、粮食危机方面的作用。⑤

四是对社会保险政策的研究。阳甜以各个革命根据地在劳工保险、社会福利、社会救助以及社会优抚四个方面的具体实践为例,分析中国共产党的社会保障思想,认为中国共产党的社会保障政策通过国家立法强制实施,内容零散却全面并且具有一定的公平性,为抗战时期乃至整个新民主主义革命时期中国共产党的社会保障的发展提供了历史经验。⑥ 胡志国则从红军战士及其家属的优待政策、烈属与伤残战士抚恤政策以及红军伤病员安置政策三方面论述鄂豫皖革命根据地的优抚政策,认为红军优抚工作的开展,不仅壮大了红军的队伍,鼓舞了红军的斗志,还密切了鄂豫皖苏区军民之间的感情。⑦

---

① 贾洁蕊:《论鄂豫皖苏区税收的民主化进程》,《税收经济研究》2021年第3期。
② 经庭如、江雨珈、张瑞婕:《鄂豫皖根据地税收政策评析与启示》,《纳税》2021年第25期。
③ 杨林涛:《鄂豫皖苏区消费合作社》,《百年潮》2019年第5期。
④ 宣昊硕:《鄂豫皖苏区茶叶贸易研究》,《今日财富》2020年第20期。
⑤ 刘一帆:《鄂豫皖苏区的私营商业政策论析》,《荆楚学刊》2021年第3期。
⑥ 阳甜:《土地革命时期中国共产党的社会保障思想与实践研究》,硕士学位论文,中南财经政法大学,2017年。
⑦ 胡志国:《鄂豫皖苏区的优抚政策及其成效》,《兰台世界》2019年第4期。

五是对交通运输业的研究。徐涛对鄂豫皖革命根据地交通站的创建进行论述，认为红色交通站在传递文件，输送人员、干部，运送药品等紧缺战略物资以及向党中央送交经费、情报等方面发挥了巨大作用，加紧了党中央同根据地之间以及根据地同根据地之间的联系。①

（三）关于农业问题的研究

对鄂豫皖苏区农业问题的研究，主要分为土地革命和粮食问题两方面。

一是对土地革命的研究。孙启正、马贵杰以鄂豫皖苏区"立三路线"为时间线，论述了在"立三路线"发展的不同时期鄂豫皖苏区土地革命推进的不同状况。认为在"立三路线"确立之前，基本上遵循了中共六大确立的路线；"立三路线"确立后，要求反富农和创办集体农场，但鄂豫皖苏区由于充斥地方主义观念并未贯彻；在"立三路线"纠正之后，土地革命进一步"左"倾和反富农政策落到实处。②张文凯认为由于封建土地占有关系的存在、生产方式的落后、自然灾害频繁以及地主豪绅剥削农民等因素，鄂豫皖苏区土地革命前的农业经济非常落后，中共在鄂豫皖革命根据地通过打破封建土地占有关系、制定农业发展政策以及实行农业累进税等一系列土地革命的措施，推动了农业经济的发展，改善了农民的生活并且激发了农民参加革命的积极性。③

二是对粮食问题的研究，关于鄂豫皖苏区粮食问题的研究多与军事行动相连接。张雷从根据地的群众和军队两方面揭示鄂豫皖革命根据地粮食危机，认为由于根据地的粮食储藏、农业生产以及粮食流通都受到阻碍和破坏，苏区粮食供应面临困境，之后苏区通过到白区打粮、发动群众支援、改善粮食储存等一系列措施来缓解粮食危机；但这些措施并

---

① 徐涛：《鄂豫皖革命根据地交通站的创建》，《合肥学院学报》2021年第6期。
② 孙启正、马贵杰：《"立三路线"与鄂豫皖苏区的土地革命》，《赣南师范大学学报》2019年第4期。
③ 张文凯：《鄂豫皖根据地的农业经济建设初探——早期土地革命的红色历史》，《黑龙江史志》2021年第1期。

不能从根本上化解粮食危机，这也是造成红二十五军长征的重要原因。① 黄志高认为贫瘠的土地、国民党的破坏以及劳动力的减少等一系列因素造成了鄂豫皖革命根据地粮食危机，中共通过发展粮食生产，加强粮食的管理工作以及武装夺粮等措施，使鄂豫皖苏区获得了充足的粮食供应。但随后由于"左"倾错误影响，红四方面军和红二十五军作战失利，被迫撤离苏区，此后军事行动逐渐为粮食问题所支配。②

鄂豫皖苏区在中共的领导下建立了一系列的军工企业以及民用企业，对保障军队武器供应，改善人民生活起到了重大作用。但近五年对鄂豫皖苏区的工业还没有相关的专门研究，仅在对鄂豫皖苏区经济建设的总体论述上有所提及，对鄂豫皖苏区商业发展的研究也较为匮乏。

四 鄂豫皖苏区教育宣传

鄂豫皖苏区的教育与宣传工作在新民主主义革命时期起到了提高人民文化水平与政治素养，动员群众参与革命斗争的巨大作用，为新时代文化建设提供了借鉴。近五年，鄂豫皖苏区的教育、歌谣文化等受到极大关注，研究视角独特，成果丰富。

（一）关于鄂豫皖苏区教育的研究

鄂豫皖苏区建立了比较完备的教育体系，摧毁了旧的封建落后文化，对革命动员和革命事业的发展起到了重大作用。学术界对鄂豫皖苏区教育的研究，首先表现为整体性梳理。冯松以鄂豫皖省苏维埃政府文

---

① 张雷：《1932—1934年鄂豫皖革命根据地粮食危机探析——兼论红25军长征原因》，《军事历史研究》2018年第6期。
② 黄志高：《地缘·粮食·革命：鄂豫皖苏区的际遇与困境》，《党史研究与教学》2019年第5期。

化委员会主席成仿吾为研究对象，梳理了成仿吾的求学经历以及教育思想的形成，分析了成仿吾在鄂豫皖苏区的教育实践活动，认为成仿吾将文化教育工作面向工农群众，把工作的重点放到社会文化教育上，为鄂豫皖苏区的教育发展做出重大贡献。① 尤月兰梳理了鄂豫皖苏区的思想政治教育理论探索的过程，考察了思想政治教育的实践路径，认为鄂豫皖苏区思想政治教育理论紧密围绕党的中心任务，与生产劳动相结合，以学校教育为平台，结合社会宣传渠道，辅以多样化政治教育形式，给苏区建设提供大批人才和精神动力。②

学术界对鄂豫皖苏区教育的研究，其次表现为对不同类别教育的探析。农民是无产阶级同盟军，谢文雄对苏区农民教育进行考察，认为苏区由于封建社会长期愚民政策、农民革命处于低潮以及共产党经验的缺乏等原因，农民教育面临极大困境。鄂豫皖苏区通过扫盲、编辑图书以及强调妇女教育等措施极大提高了农民文化水平与参政意识，培养了农民干部。③ 妇女是中国革命不可缺少的力量，张婷对鄂豫皖苏区妇女的宣传教育进行论述，认为鄂豫皖苏区妇女通过党的正确领导，学校的引导教育，社会的宣传动员以及典型示范教育，思想意识逐渐觉醒，从而在促进根据地生产发展，保障后勤供给，拥军支前等方面做出巨大贡献。④ 贺宗凯、杨勋从指导思想、制度建设、管理体制以及运行机制等方面对鄂豫皖苏区的干部思想政治教育工作体系进行系统梳理，认为鄂豫皖苏区干部思想政治教育工作卓有成效，基本形成了系统化的学校教育、实践化的支部教育、主题化的活动教育以及斗争化的肃反教育。⑤ 邓荣丽在从严治党的大背景下，梳理了鄂豫皖苏区成立之初干部队伍现

---

① 冯松：《成仿吾在鄂豫皖苏区的教育实践及启示》，《中共郑州市委党校学报》2020年第1期。
② 尤月兰：《鄂豫皖苏区思想政治教育理论及实践研究》，《通化师范学院学报》2022年第3期。
③ 谢文雄：《中共在苏区时期的农民教育实践》，《中共党史研究》2017年第6期。
④ 张婷：《鄂豫皖革命根据地妇女运动概况述评》，《职大学报》2021年第1期。
⑤ 贺宗凯、杨勋：《鄂豫皖苏区干部思想政治教育工作体系探析》，《苏区研究》2019年第5期。

状，以及中共为保持党的纯洁性在干部教育方面采取的措施。①张贤裕、胡月则从鄂豫皖苏区干部教育工作开展的社会基础、历史经验以及现实要求诸方面对干部的教育背景进行深入的分析，总结了干部教育的特点以及当代启示。②宋宗君围绕鄂豫皖干部教育的目标、内容以及教育实践形式展开论述，认为中共通过支部教育，干部训练班和干部学校，创办报刊、党刊等教育形式，锻造出了一支思想统一、纪律严明的党员干部队伍来领导苏区革命事业。③

列宁小学为革命事业培养了大批人才，对列宁小学教育的研究有助于全面系统地了解中共在鄂豫皖苏区执政时期的思想政治教育工作。夏国娟从地理位置、政治经济条件以及文化背景等方面分析了鄂豫皖苏区列宁小学设立的历史背景，梳理了列宁小学的发展阶段，归纳了鄂豫皖苏区列宁小学思想政治教育的主要内容、特点及其主要教育方法，文章最后总结归纳了列宁小学思想政治教育的主要经验及其当代启示。④刘锐对苏区列宁小学的体育教育进行研究，分析了苏区列宁小学体育教育的时代背景、教育理念与教育形式、教育内容与教学方法，认为鄂豫皖苏区的列宁小学是中国最早建立的，其注重全面发展的教学理念，注重思想教育并且密切联系军民，为革命输送了大批后备人才。⑤

（二）关于文化宣传与动员的研究

一是对革命歌谣的研究。革命歌谣由于其自身通俗易懂的特点，对动员苏区人民参与革命起到极大作用，近五年来革命歌谣的研究成果十分丰富。周宗龙、胡靖梳理了大别山民歌的发展概况，认为大别山民歌

---

① 邓荣丽：《鄂豫皖苏区干部思想政治教育工作体系》，《办公室业务》2021年第6期。
② 张贤裕、胡月：《鄂豫皖苏区干部教育的经验与启示》，《湖北成人教育学院学报》2021年第1期。
③ 宋宗君：《鄂豫皖苏区党员干部教育模式的实践经验探析》，《领导科学论坛》2022年第3期。
④ 夏国娟：《鄂豫皖苏区列宁小学思想政治教育研究》，硕士学位论文，湖南师范大学，2018年。
⑤ 刘锐：《苏区列宁小学体育教育研究》，硕士学位论文，安庆师范大学，2021年。

内容主要包括宣传党的方针政策、揭露旧社会的黑暗、展现党和军队光辉形象以及反映军民和谐关系等方面，起到了传播革命思想的重要作用，对新时代新闻舆论宣传工作起到了重要启示意义。① 陈杰认为在传统文艺、国际革命文艺以及国内歌谣运动的影响下，苏区干部和群众对革命歌谣以及西方革命歌曲进行改编与创作，通过报刊、课堂以及口口相传等形式进行广泛传播，塑造了一批不同类型的红色人物、宣传了民主自由、平等等革命思想。② 革命歌谣在普通教育、社会教育以及红军教育中得到广泛运用，起到了提升群众识字水平、宣传了革命理论思想、激发群众革命热情以及昂扬红军斗志等作用。③ 他还通过把歌谣《打麻城》改编为《毛委员派来学生军》的个案分析，探究新中国成立之后记忆与文本被重构的现象，认为"撰史者应该跳出特殊时代因素制约下重构性记忆与文本形成的书写框架"，综合运用各种原始史料来最大限度地还原历史。④ 余保刚、王婧宇对革命歌谣的思想政治教育功能进行了研究，认为由于反抗革命的需要以及歌谣易于传唱、通俗易懂的特点，鄂豫皖苏区领导对歌谣内容进行贴合实际的改造，从而使革命歌谣起到了揭露黑暗现实、激发革命斗志以及宣传党的革命思想等作用。⑤ 王婧宇还对革命歌谣的意识形态的传播功能进行了考察，认为革命歌谣通过告知功能唤醒了广大人民群众，通过解释功能深化了群众认知，通过指导功能动员了群众参加革命，通过表达功能抒发了情感。同时，革命歌谣坚持以人民群众为导向以及尊重受众者需求等特点也为新时代主流意识的传播提供了借鉴。⑥ 冯妍妍则是将妇女动员与革命歌谣

---

① 周宗龙、胡靖：《民歌媒介与鄂豫皖根据地红军宣传艺术》，《青年记者》2018年第24期。

② 陈杰：《歌谣与政治：鄂豫皖苏区革命歌谣研究》，博士学位论文，郑州大学，2019年。

③ 陈杰：《音乐与教化：革命歌曲在鄂豫皖苏区教育中的运用及成效》，《苏区研究》2021年第2期。

④ 陈杰：《歌谣与记忆：〈毛委员派来学生军〉的历史书写》，《党史研究与教学》2020年第3期。

⑤ 余保刚、王婧宇：《鄂豫皖苏区革命歌谣的思想政治教育功能研究》，《思想教育研究》2019年第4期。

⑥ 王婧宇：《鄂豫皖苏区革命歌谣的意识形态传播功能研究》，硕士学位论文，河南师范大学，2019年。

结合起来，认为由于鄂豫皖地区妇女唱山歌的传统习俗以及文化水平较低的现状，中共因势利导，以通俗易懂的革命歌谣来动员广大妇女；革命歌谣的内容通常控诉性别压迫、家庭压迫以及阶级压迫，号召妇女追求性别平等、挣脱家庭束缚、走向阶级革命，鼓励着大批妇女为革命事业不懈奋斗。[1]

二是对城市空间的研究。陈杰从地理位置、经济贸易和房屋建筑三方面分析了新集成为鄂豫皖苏区首府的历史背景，通过对新集由传统的商业经济空间转型为特殊的革命政治空间，在新中国成立后又转型为纪念空间的历程进行探讨，分析了中共在苏维埃政权意识形态的主导下，如何通过对新集空间布局的重组和扩建，来对城市进行社会控制和文化形塑，从而起到巩固苏区政权的目的。[2]

三是对新闻报刊的研究。胡志国梳理了鄂豫皖苏区具有代表性的新闻报刊的主要概况，认为鄂豫皖苏区种类丰富的报刊是构建苏区新型文化教育事业的有效载体，在宣传革命真理与马列主义、凝聚人心、打击敌人等方面发挥了巨大作用，其"全党办报、群众办报"的方针、坚持新闻报刊贴近群众的理念，以及遵循新闻报刊的党性原则对当代新闻报刊事业的发展具有重要启示。[3]

四是对革命口号与革命动员机制的研究。郑段按时间顺序梳理了根据地初步创立阶段、巩固和发展阶段、保卫苏区和三年游击战争阶段鄂豫皖苏区的革命口号的发展，认为革命口号具有内容丰富、通俗易懂、目标明确、关联性强等特点，对动员群众瓦解敌军起到了重要的作用，但部分口号还存在着不符合现实需求等不足之处。[4] 张钟天从鄂豫皖地区的乡村社会以及中共的革命活动两方面，分析了鄂豫皖苏区革命动员的历史背景，考察了中共在鄂豫皖苏区动员群众的具体措施，认为苏区

---

[1] 冯妍妍：《红色歌谣与苏维埃运动中的妇女动员——以鄂豫皖苏区为考察对象》，《河南理工大学学报》2021年第2期。

[2] 陈杰：《城市空间的政治化：鄂豫皖苏区首府的改造与转型》，《苏区研究》2018年第3期。

[3] 胡志国：《鄂豫皖苏区时期（1927—1934）的新闻报刊述论》，《新闻爱好者》2020年第1期。

[4] 郑段：《鄂豫皖根据地革命口号研究》，《三明学院学报》2018年第3期。

的革命动员是党组织动员与群众反馈的动态变化过程。①

五是对文艺工作的研究。韩大强对中央苏区文艺与鄂豫皖苏区进行对比研究，认为两个苏区的文艺无论是理论来源、指导思想、文艺制度，还是题材与体裁、表现手法、创作群体等，都具有同质同源的属性，但由于地域差异、地位差别，两者之间也有一些明显的区别，鄂豫皖苏区文艺活动更加单薄零碎、专业文艺人才短缺，并且影响不如中央苏区深远。②

近五年，学界对鄂豫皖革命根据地文化建设的相关研究成果取得了很大的进展，研究视角更加细化，研究内容更多与文化教育的动员目的联系紧密，总体上还是偏重于对中共文化教育措施的考察，但从群众角度来考察文化建设对群众的实际效果的研究也逐渐出现，在对革命歌谣以及革命动员机制的研究中表现尤为明显。

五　鄂豫皖苏区军事问题

鄂豫皖根据地的开辟与巩固均伴随着红军的军事斗争，对于鄂豫皖革命根据地军事方面的研究较为丰富，近五年对鄂豫皖苏区军事方面的研究主要包括军事斗争、军队建设以及军事现象的研究等方面。

（一）关于军事斗争的研究

首先是考察鄂豫皖革命根据地开辟时的军事斗争。金冲及对黄麻起义前后当地各种社会力量及各方面复杂因素进行具体考察，对起义前湖北秋收暴动、鄂南暴动与黄麻起义进行对比研究，从成败原因、革命主观力量的构成与特点等方面进行比较和分析，探讨了为什么"没有

---

① 张钟天：《鄂豫皖苏区革命动员机制研究》，硕士学位论文，郑州大学，2019年。
② 韩大强：《中央苏区与鄂豫皖苏区文艺特征比较研究》，《信阳师范学院学报》2021年第1期。

任何正规军队参加的黄麻起义能够在十分困难条件下取得成功"这一重要问题。① 田青刚认为商城起义是河南、湖北地方党组织跨省协作、兵运与农运有机结合以及社会关系网络运用于革命斗争、服务革命大局的成功范例，建立了河南省第一支正规红军部队以及商城县苏维埃政权，为统一的鄂豫皖革命根据地的形成创造了有利条件。② 刘喜元探讨了商城起义的命名问题，认为由于历史上行政区划的调整，学者根据不同的学术立场使用不同的名称以及革命元勋对商城起义名称使用的前后不一等，是造成商城起义名称争议的原因，而用商城起义来命名，既考虑了该历史事件的历史渊源，又符合中华人民共和国成立后对该类历史事件命名的惯例，具有一定的规范性、普适性。③ 胡友锋、王茂水以黄麻起义、商城起义以及六霍起义三次武装起义为考察对象，指出中共从真正意义上认识到掌握武装力量和坚持武装斗争的重要性是爆发三次武装起义的背景，并分析了三次武装起义的过程与历史意义。④

其次是关于鄂豫皖革命根据地建立后相关军事活动的研究。田青刚以红四方面军撤出鄂豫皖革命根据地西征与红军长征之间的关系为考察视角，认为红四方面军西征是红军长征的重要组成部分，是战略转移理论的成功实践；在红军长征确定落脚方向上发挥了启示作用；策应和支持了红二十五军的长征，并为长征中的中央红军提供了大量人员补充和物资供给。⑤ 刘向从国民党政府的角度探讨鄂豫皖苏区第四次反"围剿"失利的深层原因，认为国民政府总结前三次"围剿"鄂豫皖苏区失败的教训，拉拢群众，重视"政治剿匪"，调整了原来的军事战略战术，设立了鄂豫皖三省"剿匪"总司令部，协调行动，致使鄂豫皖第四次反"围剿"失利，红四方面军主力撤离鄂豫

---

① 金冲及：《全局视野下的黄麻起义》，《苏区研究》2018 年第 5 期。
② 田青刚：《商城起义的特点与历史贡献》，《信阳师范学院学报》2019 年第 5 期。
③ 刘喜元：《商城起义命名问题再探》，《信阳师范学院学报》2019 年第 5 期。
④ 胡友锋、王茂水：《鄂豫皖革命根据地三次武装起义的历史意义》，《决策与信息》2020 年第 8 期。
⑤ 田青刚：《论红四方面军 1932 年西征与红军长征之关系》，《信阳师范学院学报》2018 年第 6 期。

皖苏区。① 冯超则是从鄂豫皖省委认知转变的角度考察红四方面军主力撤离苏区这一事件，认为鄂豫皖省委早期强调红四方面军主力逃跑主义的错误及其危害，但共产国际与中共中央更加强调开辟川陕苏区的意义，随后鄂豫皖省委在保存力量、寻找新苏区的驱动下，逐步摆脱"逃跑主义"的阴影，为省委领导红二十五军实现战略转移奠定思想基础。②

鄂豫皖边三年游击战争牵制了国民党军队，减轻了主力红军长征的压力，对中国革命作出了巨大贡献。王亚玲分析了鄂豫皖边三年游击战争的战略地位以及贡献，认为鄂豫皖边三年游击战争是土地革命战争后期南方游击战争的重要组成部分，发挥了牵制敌军、保存鄂豫皖战略支点的作用，不仅保存和发展了革命武装力量，而且丰富发展了党的统一战线战略策略和游击战战略战术。③ 翟清华论述了鄂豫皖边三年游击战争期间红军的生存战斗策略，认为中共通过建立以便衣队为基础的新的武装体制，充分发挥了人民战争的巨大威力，从而取得了四次反"清剿"斗争的胜利，起到了支援主力红军的长征、配合南方其他游击区的斗争的历史作用。④

（二）关于军队建设的研究

一是分析军队战略思想。李健对红四方面军战略战术的形成过程进行考察，认为鄂豫皖革命根据地艰难的革命探索催生了早期革命武装的游击战术，在不断粉碎敌人"会剿、围剿"的军事斗争中，鄂豫皖红军战略战术完成了从游击战向运动战的转变。⑤ 杨增强、赵彦风结合史实分析了土地革命时期鄂豫皖和鄂豫陕省委以及红二十五军的政治品

---

① 刘向：《国民政府"围剿"鄂豫皖苏区政策与措施研究》，硕士学位论文，河南大学，2020年。
② 冯超：《走出"逃跑主义"：鄂豫皖省委对红四方面军战略转移的认知》，《广东党史与文献研究》2021年第4期。
③ 王亚玲：《鄂豫皖三年游击战争的战略地位与贡献》，《军事历史》2019年第2期。
④ 翟清华：《鄂豫皖三年游击战争的历史经验》，《军事历史》2019年第3期。
⑤ 李健：《论红四方面军战略战术的形成》，《西华师范大学学报》2019年第4期。

质，认为其拥有忠心维护党中央的忠诚品质，高扬理想、矢志不渝的坚定品质，接受批评、改正错误的诚信品质以及崇尚实践、自主创新的务实品质，这些优秀品质是保证红军胜利的重要因素。①

二是考察鄂豫皖苏区武装组织。鄂豫皖革命根据地便衣队是党政军三位一体的武装工作队，在革命进程中起到了重要作用。王黎锋分析了便衣队发展壮大的原因及其历史贡献，认为便衣队密切联系群众，依靠主力红军不断地迅速发展壮大，起到了牵制敌人兵力、发动群众筹款筹粮、安置伤病员以及补充红军兵源等重要作用。②韩军垚、王国欣梳理了便衣队的主要活动，认为便衣队具有灵活奇袭、隐蔽活动的特点，从人民群众与便衣队关系、便衣队与主力红军关系两方面探究了鄂豫皖苏区便衣队的历史作用。③黄文治从革命政党与乡村社会互动的视角，探讨中共豫南革命与商城民团之间复杂的互动关系，认为在商南暴动前，中共依靠新式党群组织，利用传统社会资源与乡村既有日常行为轨制，打入或者自办民团，促使政治倾向比较反共的民团分化。商南暴动之后，商城民团逐步畸变为反共私人武装，并与中共、工农红军及地方部队之间展开组织对立的斗争。④

三是研究鄂豫皖苏区扩红与整编。阳勇、楚艳辉对红二十五军"扩红"成效显著的原因进行分析，认为鄂豫皖省委群众工作以及民族工作的大力开展以及鄂豫陕省委和红二十五军的高度重视是红二十五军"扩红"工作取得显著成效的重要原因。⑤张磊从应对反对势力进攻、巩固根据地、改造红军及加强队伍建设三方面探讨了鄂豫皖革命根据地扩红工作的历史背景，指出中共鄂豫皖中央分局高度重视"扩红"工作，

---

① 杨增强、赵彦风：《土地革命时期人民武装力量的政治品质——以鄂豫皖省委、鄂豫陕省委和红二十五军为例》，《商洛学院学报》2021年第5期。
② 王黎锋：《鄂豫皖苏区的武装便衣工作队及其贡献》，《苏区研究》2018年第4期。
③ 韩军垚、王国欣：《鄂豫皖革命根据地便衣队的主要活动与历史贡献研究》，《南都学坛》2022年第4期。
④ 黄文治：《中共豫南革命与商城民团研究（1927—1932）》，《中共党史研究》2021年第5期。
⑤ 阳勇、楚艳辉：《红二十五军长征中"扩红"成效原因探析》，《遵义师范学院学报》2019年第2期。

加强对群众的宣传鼓动,提升扩红运动的方式技巧,大力开展瓦解敌军工作等,壮大了红军队伍,推动了根据地革命事业的发展。① 应星详细论述了各个苏区红军的整编,认为鄂豫皖苏区属于"地武联合型"的整编,开始得晚,进程更多受中央牵制,鄂豫皖苏区两次红军整编带来了外派干部与本地干部之间、军队内部之间以及军队与地方党组织之间的矛盾。② 冯超探讨了红二十八军与红二十五军前后两次合编的差异,论述了两军合编的内在原因、性质转变以及对鄂豫皖苏区革命斗争的影响,认为两军合编是鄂豫皖省委强化苏区军事领导的重要举措,促进了鄂豫皖省委与皖西北道委之间的融合关系,使其逐步走向独立领导苏区革命的正确道路。③

四是梳理大别山地区的防卫性军事设施。马玉婷论述了大别山地区堡寨兴起的原因、在鄂豫皖各省的分布以及国共双方对堡寨的争取和利用,认为堡寨在一定程度上为民众提供了安全保障,同时也有利于红色革命政权的建立;但一旦这些堡寨落到反动统治阶级手里,便会成为压迫农民的工具。④

五是剖析鄂豫皖苏区的人才建设。陈渊以鄂豫皖苏区的黄埔军校学生为研究对象,考察了鄂豫皖苏区人才招纳以及形成黄埔军校生群体的历史背景,并从军事斗争、苏区建设、人才培养等方面梳理和分析黄埔军校生在鄂豫皖苏区的实践活动,归纳他们的群体特征,总结他们对鄂豫皖苏区乃至中国革命与发展的作用。⑤

(三) 关于军事现象的研究

黄志高探讨了鄂豫皖苏区的"赤白对立"现象,指出中共鄂豫皖

---

① 张磊:《党领导鄂豫皖革命根据地扩红工作及其现实启示》,《军事史林》2021 年第 6 期。
② 应星:《1930—1931 年主力红军整编的源起、规划与实践》,《近代史研究》2018 年第 2 期。
③ 冯超:《鄂豫皖苏区红 25 军与红 28 军的两次合编考察》,《军事史林》2021 年第 8 期。
④ 马玉婷:《土地革命时期大别山堡寨研究》,硕士学位论文,信阳师范学院,2021 年。
⑤ 陈渊:《鄂豫皖苏区的黄埔军校生群体研究》,硕士学位论文,信阳师范学院,2020 年。

中央分局通过纠正"左"倾错误，加强对军队的纪律教育，积极开展白区工作，分化瓦解反动组织等措施，使"赤白对立"得到有效遏制，但未能彻底根除。① 翟清华对鄂豫皖苏区反"围剿"过程中的跑反现象进行探究，认为地方党组织和苏维埃政权的薄弱、群众生活无着、国民党军队的虐杀以及群众对红军的信任是反"围剿"时期跑反现象出现的主要原因，随后梳理了党和红军对群众跑反现象所采取的措施并分析其影响。②

近五年来，学界关于鄂豫皖苏区军事的研究，无论是从深度还是广度上都取得了丰硕的成果，更加客观地分析红军战略转移、反"围剿"失利等问题，研究视角也逐渐下移，关注便衣队、堡寨等军事问题。

六　鄂豫皖苏区医疗卫生建设

医疗卫生对保证鄂豫皖苏区人民群众健康，保障红军有生力量起到重要作用。近五年，学术界关于鄂豫皖苏区医疗卫生事业的研究，大致分为对鄂豫皖苏区医疗建设的总体考察、对卫生防疫工作的考察以及对红军救治的考察三方面。

一是对医疗建设的总体考察。李乾坤对红军长征前各个革命根据地的医疗卫生事业进行系统研究，从自然环境以及社会生态两方面论述了鄂豫皖革命根据地开展医疗卫生工作面临的困境，梳理了鄂豫皖苏区医疗卫生组织的建立、发展以及卫生工作的开展状况，认为苏区卫生工作虽然起点低、整体水平不高，但中共继承中医优秀遗产，兼采西医之长，极大改善广大军民医疗保障条件。③ 他还总结革命根据地的历史经验，认为中共兼采中西医之长、坚持对医疗工作的政治引导以

---

① 黄志高：《消弭"赤白对立"：基于鄂豫皖苏区的考察》，《苏区研究》2019年第6期。
② 翟清华：《鄂豫皖苏区反"围剿"中跑反现象研究》，《军事历史》2021年第2期。
③ 李乾坤：《长征前革命根据地的医疗卫生事业》，《军事历史研究》2018年第3期。

及开展行之有效的公共卫生宣传为新时期医疗卫生领域的工作开展提供了历史经验。① 张瑞、郭薪璞按照时间顺序梳理了鄂豫皖苏区红军医院从无到有、从有到强、从强至弱的发展历程，认为有利的政策、群众的支持以及坚持为人民服务的价值取向是鄂豫皖苏区红军医院发展的重要原因，红军医院的发展不仅提升了苏区的医疗水平，成为和谐干群、军民关系的重要推手，也为后来抗日战争中新四军医疗队伍的建设奠定了重要基础。② 董永利认为鄂豫皖苏区面临着生存环境恶劣、多发疾病盛行以及医疗条件差的困境，中共通过培养医疗人才、健全医疗机构以及促进药品贸易等措施，有效减少和控制了疫病的发生与流行，为部队建设提供医疗保障。③

二是对卫生防疫事业的考察。田刚、陈莹论述了鄂豫皖根据地五次反围剿期间的卫生工作，从人民群众支持、加强医院管理、制定抚恤制度和建立各级卫生机构等方面考察鄂豫皖革命根据地卫生工作的开展。④ 叶宗宝分析了鄂豫皖革命根据地面临的卫生防疫困境，从发展医疗卫生队伍、创建医疗卫生组织、筹集医药物资和器材、训练机动灵活的便衣队等方面梳理了鄂豫皖苏区采取的卫生防疫措施，总结鄂豫皖苏区卫生防疫事业对新时代防疫工作的历史经验。⑤ 吴从芳梳理了鄂豫皖苏区卫生组织建设的发展过程，并且从颁布的卫生条例、政策以及前后方防疫运动的角度来论述鄂豫皖苏区防疫工作的开展，认为苏区卫生防疫工作有效控制了传染性疾病的流行，在巩固苏区政权、提高军队战斗力、保障苏区军民健康等方面均有巨大贡献，并为今日新中国的预防医学奠定了基础。⑥

三是对红军伤员救治的考察。任伟梳理了在救治红军伤员时面临的困境以及中共的应对措施，客观分析红军医疗建设中存在的问题，以鄂

---

① 李乾坤：《一场无声的革命——红军时期革命根据地的医疗卫生工作述论》，《医疗社会史研究》2017年第2期。
② 张瑞、郭薪璞：《鄂豫皖苏区红军医院建设述论》，《兰台世界》2018年第7期。
③ 董永利：《鄂豫皖革命根据地的医疗贡献》，《炎黄地理》2021年第12期。
④ 田刚、陈莹编著：《20世纪30年代苏区卫生防疫研究》，中国物资出版社2017年版。
⑤ 叶宗宝：《鄂豫皖苏区开创卫生防疫事业及历史经验》，《中州学刊》2021年第9期。
⑥ 吴从芳：《鄂豫皖苏区卫生防疫的历史经验》，《统计与管理》2021年第12期。

豫皖革命根据地为例论述了本地干部与外来医务人员之间的矛盾、"洋""土"医生之间救治的差异与矛盾。① 张荣杰以苏区军医群体为研究对象，考察军医来源、群体待遇、职业活动、医德医风等内容，认为中共通过在薪金、生活、政治待遇等方面优待军医，并加强对军医的思想政治教育，使军医在保障军民健康以及保存革命力量等方面发挥了巨大作用。② 隋明浩宏观考察土地革命战争时期红军伤病员的救治问题，论及鄂豫皖苏区的红军救治体系。③

近五年，学术界对于鄂豫皖苏区医疗卫生建设的研究，内容集中于分析鄂豫皖苏区医疗建设的困境以及梳理苏区医疗卫生工作的具体措施，对鄂豫皖苏区中西医冲突以及破除医疗事业中的迷信行为等方面还缺乏专门研究。

七 研究特点、不足与展望

（一）研究特点

近五年来，学术界关于鄂豫皖苏区的研究，呈现以下四个特点。

1. 更加注重现实意义

"一切历史都是当代史"，中共在鄂豫皖苏区局部执政的历史是一部丰富生动的历史教科书。近五年对鄂豫皖苏区的研究多与现实相结合，从法制、经济文化、医疗建设等具体实践出发，分析中共在鄂豫皖苏区的历史实践对新时代发展的经验及教训，并致力于回答时代需求、时代之问。学界关于中共在鄂豫皖苏区党建方面的研究，显然是党的十九大"加强新时代党的建设"的学术呼应。

---

① 任伟：《红军将士的死伤与救治》，《苏区研究》2018年第1期。
② 张荣杰：《苏区军医群体述论》，《党史研究与教学》2018年第1期。
③ 隋明浩：《土地革命战争时期红军伤病员救治研究》，硕士学位论文，天津商业大学，2021年。

2. 走出意识形态的教条化

鄂豫皖苏区史研究早期受意识形态的影响较深，在鄂豫皖苏区肃反运动、红四方面军主力撤出鄂豫皖苏区等方面的研究上表现尤为明显。近五年对鄂豫皖苏区的研究走出了意识形态教条化的束缚，对于红四方面军撤出鄂豫皖苏区的研究，不再仅仅归结于某些领导人的个人错误，而是对红四方面军撤离苏区进行更加系统全面的分析，更多从红四方面军撤出鄂豫皖苏区与红军长征之间的关系，[①] 国民政府的政策转变，[②] 以及鄂豫皖省委认知转变[③]等角度进行考察。除此之外，近五年对鄂豫皖苏区教育宣传、党的建设以及经济建设等方面的研究不断丰富，也是走出意识形态教条化束缚的表现。

3. 跨学科研究有所发展

近五年，对鄂豫皖苏区的研究不仅坚持了历史学的研究方法，而且加强了同哲学、政治学、经济学、艺术学、心理学以及教育学等其他学科不同程度、不同范围的对话和合作，研究视野得以扩宽，研究内容得以深入。例如，在对鄂豫皖苏区革命歌谣的研究中汲取艺术学、心理学的研究方法，探究革命歌谣对群众的动员作用。考察鄂豫皖苏区的教育时，同教育学相结合，从教育形式、教育理念以及教学方法等方面对鄂豫皖苏区的教育进行更加深入的研究。跨学科可以使历史研究更加深入，但不论采用怎样的跨学科方法，都应对相关的学科知识有深入全面的把握，不能浅尝辄止。在党的建设同政治学跨学科研究方面，就存在研究粗线条化、内容重复率高、缺乏深入分析等问题。

4. 研究人员本地化

从近五年鄂豫皖苏区研究人员所在地区和单位来看，他们主要来自

[①] 田青刚：《论红四方面军 1932 年西征与红军长征之关系》，《信阳师范学院学报》2018 年第 6 期。

[②] 刘向：《国民政府"围剿"鄂豫皖苏区政策与措施研究》，硕士学位论文，河南大学，2020 年。

[③] 冯超：《走出"逃跑主义"：鄂豫皖省委对红四方面军战略转移的认知》，《广东党史与文献研究》2021 年第 4 期。

湖北、河南、安徽三省区域内的高校，如华中师范大学、郑州大学、信阳师范学院、安徽大学等，以及三省各级党史研究室。研究人员本地化一方面体现出鄂豫皖三省对鄂豫皖苏区史研究的高度重视与大力支持；另一方面也说明对鄂豫皖苏区的研究并未形成像中央苏区那样的全国性研究热潮，仍局限在鄂豫皖三省范围内。

（二）不足之处

近五年来，学界对鄂豫皖苏区的研究已取得了较为丰硕的成果，但仍然存在史料来源单一、研究视野狭窄以及研究人员缺乏交流等方面的不足。

1. 史料来源单一

20世纪八九十年代以来出版的《鄂豫皖苏区革命历史文件汇集》《鄂豫皖革命根据地》，河南、湖北、安徽当地的革命历史文献汇集与《中国工农红军第四方面军战史资料选编鄂豫皖时期》，各县党史研究室出版的地方县志及徐向前、张国焘等鄂豫皖苏区将领等的回忆录，这三部分资料构成了鄂豫皖苏区史研究的基本史料来源。不可否认，作为官方整理的鄂豫皖苏区历史文件的汇编，史料绝大部分来源于中央档案馆，书中按原件刊印，在鄂豫皖苏区史的研究中是权威和核心的一手史料。但仅仅依靠这些汇编资料和回忆史料进行研究太过单薄，选取的资料来源相似，从而使得出的结论就基本相似。因此，加强对鄂豫皖苏区史料的挖掘，拓宽史料来源，才能做出更加深入全面的研究。

2. 研究视野的狭窄

从近五年鄂豫皖苏区史研究视角来看，虽然已经出现了由战略政策以及革命精英向基层社会和普通民众下移的转变趋势，但是过于关注中共党内上层宏观政策及其效果的传统革命史学研究范式依旧普遍存在。许多研究对中共的政策及其产生的效果进行粗线条的宏观梳理，缺乏对苏区基层社会的微观考察，存在将苏区革命简单化、规律化的倾向。除此之外，近五年对中共和鄂豫皖苏区本身的研究较为充分，但对于作为苏区对立面的国民党方面的关注较为薄弱,且大多是作为鄂豫皖苏区政策实施的背景引入,专门从国民党视角对鄂豫皖苏区进行研究较为少见。史料来源单一,研究视野得不到拓展,就导致研究内容重复率高、观点同质化严重等问题的出现,这无疑制约着鄂豫皖苏区史研究的深入开展。

3. 三省学者缺乏交流合作

研究鄂豫皖苏区史的学者大多来自三省高校以及党史研究部门,未形成全国性的研究热潮,内部也缺乏交流与合作。首先是三省档案馆以及各级党史研究室之间缺乏合作与交流,近年并没有整理出版整体性、系统性的史料汇编。其次在研究内容上表现比较明显的是鄂豫皖三省的学者对大别山精神内涵的表述各执一词,学者之间缺乏必要的沟通与交流,在2016年举办"鄂豫皖革命根据地史料搜集与深化研究联席会议"之后,近五年还未有大型学术研讨会的出现。学者之间交流合作的匮乏,势必影响到鄂豫皖苏区史的整体发展,只有不断增强学术交流、加强学术合作,才能共同攻克学术问题,进行学术创新。

(三) 研究展望

鄂豫皖苏区研究需要不断加强史料挖掘工作、拓宽研究视野,并且增强研究人员之间的学术合作与对话,以期取得突破性进展。

1. 加强史料挖掘

史料是历史研究的基础,史料不足,就会制约着学术研究的深入发展。为应对鄂豫皖苏区史料来源单一的困境,可从国民党方面史料的运用、地方档案与口述访谈的整理以及开展田野调查等途径,加强史料挖掘、拓宽史料来源。

苏区时期国民党方面的资料具有较高利用价值,如存放于中国台湾的苏区档案,《扫荡报》《中央日报》《申报》《大公报》等当时的报刊中也有关于苏区的零星记载。对国民党方面资料的运用,不仅可以拓宽史料来源,而且可以更加全面客观地考察鄂豫皖苏区的历史。

在20世纪八九十年代，不少学者以及各市县史志办在基层收集了丰富的口述访谈资料，其中有些资料经过整理归档存于档案馆中，但有些资料积压于库，还没有进行系统的整理，更遑论利用。在重视对于地方市县档案资料以及口述访谈资料运用的同时，也应注意在时代久远、记忆模糊等因素作用下，这些资料可能存在着一定的错误。并且由于口述访谈资料主观性强，也会存在自我美化的现象，需要将其与文献资料对比校正之后，再进行利用。

梁启超在《新史学》中发出"民间之事，其可纪者不亦多多乎"[①]的感慨，对"民间之事"的研究常常因史料不足而无法取得突破性进展，因此在鄂豫皖苏区史的研究中可以采用人类学方法中的田野调查法，通过田野调查，广泛搜集苏区民间的宣传页、碑刻、契约文书、账本以及书信等资料，并系统地分类整理，在此基础上进行对"民间之事"的研究。同时也要注重对所搜集的资料进行辨识和求证，保障所用史料的真实性。

2. 拓宽研究视野

通过转变研究视角，加强鄂豫皖苏区与民国史的贯通，是拓宽鄂豫皖苏区研究视野，推动鄂豫皖苏区史研究深入发展的重要途径。

首先，应转变传统的"自上而下"偏重中共宏观政策的研究模式，将视角下移，注重由妇女群体、工农群体以及普通士兵群体等构成的广大人民群众的研究，通过对不同类别的群体考察，做到"把社会下层群众活动同上层人物活动连接起来，把社会下层群众活动同重大的政治、经济、文化现象连接起来"[②]。以人民群众为研究对象，不仅有利于展现传统研究模式下被忽略的历史细节，而且能够实现上下互动，更加全面地展示当时人民群众生活状况的历史图景。

其次，对于鄂豫皖苏区的研究可以兼顾国民党方面的研究。目前对鄂豫皖苏区史研究还是更侧重于苏区以及中共自身的研究，对国民党方面的关注较为薄弱。需要看到"苏维埃运动史是中国共产党史和中国革

---

① 梁启超：《新史学》，商务印书馆2014年版，第88页。
② 张静如：《以社会史为基础深化党史研究》，《历史研究》1991年第1期。

命史的一个重要历史阶段，也是中华民国史的一个重要组成部分"①。因此，应加强对鄂豫皖苏区与国民党关系的研究，鄂豫皖苏区与国民党在各个方面政策的对比研究，以及将鄂豫皖苏区置于国民党统治的大背景下的研究。这样才能摆脱自说自话的局面，更加全面、客观地审视鄂豫皖苏区史，推动研究的进一步深化。

除此之外，应打通各个苏区之间的界限，加强共通性以及差异性研究。各个苏区接受党中央统一领导，但由于各地方实际情况的不同，在革命进程中也存在着诸多差异。因此可以打通各个苏区研究之间的界限，加强对各个苏区之间的对比研究。近五年，已有部分学者致力于打通鄂豫皖苏区同其他苏区的地域界限，对鄂豫皖苏区同中央苏区的革命歌谣、文艺以及财政工作等方面进行对比研究，取得了优秀的研究成果，只是数量较少。地域、社会环境差异导致鄂豫皖苏区同其他苏区之间的政策及实际效果存在差异性，这值得深入挖掘。

3. 增强学术合作与对话

首先，三省档案馆、各级党史研究室之间在史料整理方面应加强合作。可以看到《鄂豫皖苏区革命历史文件汇集》《鄂豫皖革命根据地》等 20 世纪八九十年代整理的资料就是在湖北省、河南省以及安徽省的档案馆以及党史部门的合作之下共同完成的。三省党史部门之间的合作与交流，能够促进鄂豫皖苏区整体资料的整理、出版工作的开展，为鄂豫皖苏区史的研究提供更多系统的史料。

其次，高校与高校之间也应加强学术交流。通过举办学术研讨会、工作坊、学术沙龙等，加强对鄂豫皖苏区史研究的学术探讨，密切不同地区学者之间的联系，从而促进鄂豫皖苏区史学者共同攻克学术问题，进行学术创新。

最后，需要加强高校与地方省市县党史研究室之间的合作。县一级党史研究室是最接近基层、能够深入民间开展史料征集与整理活动的机构，但县级党史部门大多存在着人手不足、资金不足等问题；没有常态

---

① 何友良：《关于会通民国史深化苏区史研究的思考》，《江西社会科学》2005 年第 5 期。

化用于征集资料的资金和人手,导致资料征集工作开展较为困难。高校研究人员又缺少机会能够深入到各个地方进行考察。因此,加强高校与地方党史研究室之间的合作不仅能够促进县级党史部门史料整理、出版工作的开展,并且有助于推动鄂豫皖苏区史的研究开拓创新、不断发展,从而达到互利共赢的结果。

(巴杰,郑州大学历史学院教授、博士生导师;郑渝珮,郑州大学历史学院硕士研究生)

新中国成立初期妇女解放运动国内研究述评[*]

姚二涛

摘 要 新中国成立初期，为使妇女实现全面解放，党和政府曾采取多种举措，并取得了显著成效。长久以来，国内学界对该时期妇女解放运动持续进行关注，娼妓制度的废除、1950 年婚姻法的宣传贯彻、抗美援朝运动等历史事件还曾成为重点研究对象，其研究成果较为丰硕。对这些成果进行系统的回顾和梳理，可为学界了解该领域的研究现状提供一定借鉴，同时也可发现该领域研究存在的不足之处，如研究领域和视角相对固化、研究的学术性和现实性较为薄弱、研究方法相对单一等。

关键词 妇女解放运动 婚姻法 娼妓制度 抗美援朝运动

由于长期受"三从四德"等封建男权思想毒害，新中国成立时我国妇女在政治、经济、文化等方面地位远不如男性。新中国成立初期，[①] 为推动妇女的全面解放，党和政府采取了多种举措，并取得显著成效。长久以来该领域备受学界关注，取得了丰硕研究成果。为加深学界对该领域研究现状的了解，笔者将不揣浅陋，对该领域研究成果进行

---

[*] 本文是 2019 年度湖南省党建理论基地重点项目"论城市人民公社党的政治建设及当代启示"（项目号：19DJYJY01）的阶段性成果。

[①] 本文所指的"新中国成立初期"时间大致为新中国成立到 1953 年年底。

系统梳理。由于这一时期我国妇女解放运动多和一些重大历史事件紧密相连,这些历史事件对妇女解放运动的发展产生了重要影响,如娼妓制度的废除、1950年婚姻法的宣传贯彻、抗美援朝运动等。因此该领域的研究成果,除直接以妇女解放运动为专题进行研究外,还有不少是以妇女解放的视角解读这些历史事件,或是在研究这些历史事件中涉及了妇女解放运动。故笔者对这些研究成果也进行了概述。

一 新中国成立初期妇女解放运动

新中国成立初期的妇女解放运动,经过学界近半世纪的不断探索,取得了较丰硕的成果,大致可分为宏观类、个案类以及专题类三类研究。

(一)宏观类研究

该领域宏观类研究成果主要以专著的形式呈现,目前学界还无著作对该时期进行专题研究,多为妇女解放运动通史类著作中包含该时期。其中,20世纪80年代末任芬主编的《中国妇女运动史》[1]和青长蓉等编著的《中国妇女运动史》[2]较早涉及该领域,这两本著作主要从组织妇女参与政治运动、发动妇女参加生产以及保障妇女权益等方面对该时期妇女解放运动作了简要概述和初步探索。进入90年代,该领域研究有所升温,首先计荣主要从男女平等权利的确立、取缔妓院改造妓女、废除封建婚姻制度以及对妇女儿童利益的保护等方面进行了探析。[3]随后罗琼在对该领域进行系统概述的同时,还从各族各界妇女、婚姻家庭儿童、中国的妇女组织等方面探讨了妇女解放运动。[4]其次,唐娅辉主

---

[1] 任芬:《中国妇女运动史》,北方妇女儿童出版社1989年版。
[2] 青长蓉等编著:《中国妇女运动史》,四川大学出版社1989年版。
[3] 计荣主编:《中国妇女运动史》,湖南出版社1992年版。
[4] 罗琼主编:《当代中国妇女》,当代中国出版社1994年版。

要从妇女奋斗角度对该领域进行了简要概述。① 进入20世纪，妇女解放运动的通史类著作多集中在20世纪第二个十年，其中顾秀莲主编的《20世纪中国妇女运动史》（中卷）最具有代表性，该著作主要研究了该时期妇女在婚姻、劳动力、娼妓制度的废除、对抗美援朝的支援、社会主义改造等方面的解放运动，其研究较为详尽和全面；② 而《中国共产党妇女工作史（1949—1978）》一书则主要从党的领导视角系统论述了这一时期妇女解放运动。③ 最后，《当代中国妇女运动简史（1949—2000）》则对这一时期妇女解放运动进行了简要阐述。④ 总体而言，学界对这一时期妇女解放运动的宏观类研究，不仅论文方面研究成果奇缺，而且在专著方面成果也相对较少，有待于学界的进一步探究。

（二）个案类研究

该领域个案类研究成果按其类型可分为涉及该时期和专门研究该时期两大类型。个案通史类妇女解放运动著作的编撰始于20世纪90年代，如范华龄主编的《漳州妇女运动史》⑤，第七章《国民经济恢复时期的漳州妇女运动》中对漳州妇女在政治、经济、文化方面的解放，以及参加土地改革、抗美援朝运动等进行了详细阐述。随后，刘云、徐霞主编的《新疆妇女运动史》主要从妇女参与政治活动、生产劳动、妇女组织建设等方面，对该时期新疆地区妇女解放运动进行了概述。⑥ 朱玉华则主要从婚姻法等方面，对该领域进行了较为详细的论述。⑦ 21世纪初，各地对地方妇女运动史的编撰呈下降趋势，涉及这一时期妇女解放运动的仅有《福建省志　妇女运动志》。该书是福建省地方志编

---

① 唐娅辉：《中国妇女百年妇女奋斗史》，湖南师范大学出版社1999年版。
② 顾秀莲主编：《20世纪中国妇女运动史》（中卷），中国妇女出版社2013年。
③ 耿化敏：《中国共产党妇女工作史（1949—1978）》，社会科学文献出版社2016年版。
④ 全国妇联研究所编著：《当代中国妇女运动简史（1949—2000）》，中国妇女出版社2017年版。
⑤ 范华龄主编，漳州市妇女联合会编：《漳州妇女运动史》，厦门大学出版社1995年版。
⑥ 刘云、徐霞主编：《新疆妇女运动史》，新疆大学出版社1999年版。
⑦ 朱玉华：《云南妇女运动史（1949年—1995年）》，云南人民出版社1999年版。

纂委员会在编纂地方志时，对该地妇女运动志一并进行了编撰，该著作从抗美援朝运动、互助合作运动等方面对福建省该时期妇女解放运动进行了详细论述。① 2010 年后，个案类妇女运动史著作主要为《湖州妇女运动史》②和《宁波妇女运动史》③，这两本著作主要从参与政治活动、婚姻法的颁布实施、社会主义改造以及妇幼福利事业等方面，对新中国成立初期湖州和宁波两地的妇女解放运动进行了详细和全面的探究。

专门研究该时期妇女解放运动的个案类研究成果，大致可以分为城市和农村两种类型。其中，聚焦于农村地区的研究成果居多，主要是女性劳动、地位、身份等方面解放的研究。如刘洁主要从生产动员、参与生产、生产劳动的影响、男女同工同酬以及参加生产的困境等方面，对集体化时期太行山区妇女农业劳动力解放进行了较全面的研究。④ 此外，闻文则着眼于动员角度，主要从组织动员、经济动员、技术动员和福利动员等方面，对 1949 年到 1959 年温州农业生产中妇女劳动动员进行了深入研究。⑤ 地位提升方面，孙浩探讨了湖北土地改革对妇女政治经济地位方面带来的巨大改变。⑥ 袁博则主要探讨了 1949—1965 年山东农村妇女的身份建构问题，主要从国家、性别和生活三个维度，系统研究了山东农村妇女在婚姻家庭、生产劳动、健康权、政治权利以及教育、文娱等方面的解放运动。⑦ 这一时期，城市妇女解放运动的研究成果相对较少，主要有邱国盛的《20 世纪 50 年代上海的妇女解放与参加

---

① 福建省地方志编纂委员会编纂：《福建省志 妇女运动志》，福建人民出版社 2008 年版。
② 周淑舫编著：《湖州妇女运动史》，浙江古籍出版社 2017 年版。
③ 宁波市妇女联合会编：《宁波妇女运动史》第 2 卷，宁波出版社 2018 年版。
④ 刘洁：《"走向解放"：集体化时期太行山区妇女的农业劳动》，博士学位论文，南开大学，2012 年。
⑤ 闻文：《"妇女能顶半边天"？——温州农业生产中的妇女劳动力动员（1949—1959）》，博士学位论文，华东师范大学，2017 年。
⑥ 孙浩：《湖北土改时期的农村妇女翻身研究（1950—1952 年）》，硕士学位论文，华中师范大学，2016 年。
⑦ 袁博：《国家、性别与生活——山东农村妇女的身份建构（1949—1965）》，博士学位论文，山东大学，2020 年。

集体生产》，该文主要从妇女参加集体生产的角度，探究了 20 世纪 50 年代上海市城市妇女的劳动力解放。① 还有学者结合二者，如王璐瑶主要以湖南为个案研究，从妇女政治权利与社会地位、妇女劳动保障与卫生防疫、新《婚姻法》的颁布与实施以及妇女运动解放的特点和影响等角度，较全面地论述了 1949 年到 1956 年湖南地区在妇女解放方面所做出的努力及成效。②

（三）专题类研究

新中国成立前，受封建男权思想影响，妇女基本没有参与政治的权利。新中国成立初期，为从政治上解放妇女，党和政府曾出台多部法律法规，以保障女性与男性享有同等的政治权利，并采取多种举措保障法律法规的实施，最终取得了显著成效。该领域也受到了学界的普遍关注，取得了较丰硕的成果。其中，该时期妇女政治解放的专题研究成果相对较少，③ 更多的是研究妇女参政的通史类成果中涉及该时期，④ 这些成果从不同视角对新中国成立初期我国妇女参政的情况进行了较全面剖析，对这一时期妇女政治解放也进行了不同程度的论述。如《新中国妇女参政的足迹》一书从宏观及多维视角，对新中国成立初期妇女在政治权利参与、民主参与、群体参与等方面的变革进

---

① 邱国盛：《20 世纪 50 年代上海的妇女解放与参加集体生产》，《当代中国史研究》2009 第 1 期。

② 王璐瑶：《建国初期湖南妇女解放运动研究（1949—1956）》，硕士学位论文，湖南师范大学，2017 年。

③ 主要有马慧芳和张新民的《建国初期农村妇女参政状况研究》，《延安大学学报》（社会科学版）2007 年第 3 期；唐晓玲的《新中国初期湖南妇女参政研究（1949—1956）》，硕士学位论文，湖南师范大学，2018 年；任萌萌的《新中国成立初期上海妇女参政研究（1949—1956）》，硕士学位论文，华东师范大学，2019 年；等等。

④ 研究成果中专著方面有王行娟主编的《中国妇女参政的行动》，海豚出版社 1995 年版；《新中国妇女参政的足迹》编写组编的《新中国妇女参政的足迹》，中国党史出版社 1998 年版；周长鲜的《妇女参政：新中国 60 年的制度演讲（1949—2009）》，中国社会科学出版社 2009 年版；等等。论文方面有董妙玲的《中国共产党与新中国的妇女参政》，《中共党史研究》2000 年第 3 期；周娟的《我国妇女参政的历史回眸与当代中国妇女参政模式的立体构建》，硕士学位论文，陕西师范大学，2003 年；李聪丽的《新中国成立以来我国妇女参政问题研究》，硕士学位论文，西南交通大学，2009 年；等等。

行了较详尽的阐述,是这些成果中的代表之作。总体而言,学界对新中国成立初期妇女政治方面解放的研究相对薄弱,仅从研究成果数量就可以明显感受到,因此这一领域的研究有待于学界进一步加强。

陈独秀曾指出:"妇女问题虽多,总而言之,就是经济不独立。因经济不独立,遂生出人格的不独立,因而生出无数痛苦的事情。"[1] 陈独秀的这句话凸显了经济解放对于妇女全面解放的重要性。而在经济解放中,妇女劳动力解放则处于首要位置,被誉为"国际妇女运动之母"的克拉拉·蔡特金曾指出:"劳动是解放妇女的经济基础,没有这个基础,妇女的解放和妇女的权利平等,是完全不可能的。"[2] 恩格斯也曾强调:"妇女解放的第一个先决条件就是一切女性重新回到公共的劳动中去。"[3] 同时,由于新中国成立时我国百废待兴,也急需广大妇女参与到生产建设之中,因此新中国成立初期党和政府采取了多种举措,以促使妇女参与到社会生产之中,进而实现自身的经济解放。学界对该时期农村妇女的研究较多。主要从社会动员、家庭地位变迁和社会生产动员的启示等角度,对农村妇女参加农业生产进行了详细探究。[4] 除动员方面外,还有部分学者侧重从农村妇女参与土地改革和农业生产的视角,具体分析了其对农村妇女劳动力解放的推动。[5] 张静从党和政府在

---

[1] 陈独秀:《陈独秀文章选编》中,生活·读书·新知三联书店1984年版,第104页。

[2] 中国妇女管理干部学院编:《中国妇女运动文献资料汇编》第2册,中国妇女出版社1988年版,第169页。

[3] 《马克思恩格斯文集》第4卷,人民出版社2009年版,第88页。

[4] 主要有李巧宁的《1950年代中国对农村妇女的社会动员》,《社会科学家》2004年第6期;张志永的《建国初期华北农村妇女家庭地位的变迁》,《河北科技大学学报》(社会科学版)2008年第1期;马慧芳和郝琦的《1950年代国家对农村妇女社会生产动员的启示》,《探索与争鸣》2008年第4期;陈之江的《建国初期新登县农村妇女动员研究》,硕士学位论文,浙江大学,2013年;闻文的《"妇女能顶半边天"?——温州农业生产中的妇女劳动力动员(1949—1959)》,博士学位论文,华东师范大学,2017年;郭玉静的《中国共产党领导的妇女动员实践研究(1949—1956)》(硕士学位论文,东北石油大学,2020年)也对新中国成立初期党对农村妇女的动员进行了较为详细的论述。

[5] 如刘洁的《"走向解放":集体化时期太行山区妇女的农业劳动》,博士学位论文,南开大学,2012年;王克霞的《翻身与翻心:土改中女性的双重体验——以沂蒙地区为例》,《兰州学刊》2012年第4期;孙浩的《湖北土改时期的农村妇女翻身研究(1950—1952年)》,硕士学位论文,华中师范大学,2016年;刘亚的《"解放"的历程——20世纪50年代华南农村妇女的生产与社会再生产》,《开放时代》2018年第4期;等等。

土地改革中对妇女土地权益保障的角度,探究了其对农村妇女劳动力解放的推动。[1] 除农村妇女劳动力解放外,还有部分学者研究了城市妇女的劳动力解放,[2] 但总体而言其研究相对薄弱。由以上阐述可以发现,学界虽然对土地改革中的农村妇女进行了一定探究,但是土地改革并非始于新中国成立,早在中央苏区时期便已开展,因此学界对于农村妇女劳动力解放的研究主要为新中国成立之前,新中国成立之后的研究成果相对而言并不算多。此外,学界对城市妇女劳动力解放的研究则更为薄弱,有待于进一步拓展与深化。

新中国成立时,我国有80%以上的文盲人口,其中妇女文盲人口比例更高,达到了90%左右。为提升妇女文化水平,促使其文化解放,新中国成立后党和政府采取了多种举措,以推动妇女扫盲运动的开展,学界有学者对该运动进行了较深入探究。相较于政治、经济而言,研究该时期文化解放的成果相对较少。[3] 侯颖君、曹杰和梁桂舫、马月红或以农村地区或以个案为研究对象,对该时期党和政府提高妇女文化水平的举措、取得的成效进行了较详细的历史考察。而杨方则从教育学的研究视角,以江苏泰兴为个案研究对象,主要从党的教育理论与苏北地区的具体实践及成效角度,探究了新中国成立初期苏北农村地区教育情况,分析相对全面和深入。此外,学界还有部分研究成果涉及该时期妇女文化教育方面。[4]

---

[1] 张静:《土地证中的"登记"与"缺席":二十世纪中期农村妇女土地权益研究》,《中国农史》2014年第4期。

[2] 邱国盛:《20世纪50年代上海的妇女解放与参加集体生产》,《当代中国史研究》2009年第1期。

[3] 主要有侯颖君的《建国初期农村妇女扫盲教育研究(1949—1958)》,硕士学位论文,山西师范大学,2017年;曹杰和梁桂舫的《建国初期福建女子扫盲教育的历史考察》,《陇东学院学报》2019年第4期;马月红的《新中国头十七年山西临县妇女教育工作研究》,硕士学位论文,兰州交通大学,2020年;杨方的《新中国初期苏北农村妇女教育研究(1949—1956)》,博士学位论文,扬州大学,2021年;等等。

[4] 如张昭文的《中国妇女扫盲教育概述》,《中国成人教育》1995年第9期;贾春艳的《建国以来我国妇女成人教育的历史沿革及启示》,硕士学位论文,四川师范大学,2009年;陈雪儿的《新中国成立以来妇女扫盲教育政策的发展历程与展望》,《终身教育研究》2019年第4期;陈雪儿和段伟丽的《中国共产党领导下妇女扫盲教育的百年嬗变与展望》,《终身教育研究》2021年第3期;等等。

在专题研究方面，还有部分学者着眼于妇女解放思想的探究，如孙畅主要从对马克思主义妇女理论的继承、发展与深化的视角，着重对新中国成立后的毛泽东妇女解放思想进行了系统研究。[①] 段承阳则从思想内容、实践效果等方面，对新中国成立初期的妇女解放思想进行了探究。[②] 陈正辉主要从全国妇联对马克思主义妇女解放理论探索和创新的角度，对新中国成立初期妇女解放思想进行了深入探讨。[③] 此外，还有部分学者独辟蹊径，从婚姻家庭关系等视角对这一时期妇女解放运动进行了研究。如在婚姻家庭关系方面，韩頔主要从社会历史条件、妇女解放的表现等角度，对新中国成立初期新型婚姻家庭关系所带来的妇女解放进行了研究。[④] 朱晓慧探究了新中国成立初期的妇女解放，主要囊括国家主导和女性意愿、工作权和参政权、家庭地位等方面。[⑤] 金卓和杜辉主要从必要性、主要成就以及基本经验与前景展望等方面，分析了新中国成立后党领导妇女解放运动的具体实践路径。[⑥]

二 娼妓制度的废除与妇女解放运动

娼妓制度是旧社会毒瘤，为解放妓女，新中国成立后不久，党和政府便着手废除娼妓制度。经过党和政府及人民群众的不懈努力，我国的娼妓制度于1952年年底基本废除，广大妓女也得到彻底改造，成为自食其力的劳动者。娼妓制度的废除作为妇女解放的一项重大举措，长期

[①] 孙畅：《建国后毛泽东妇女解放思想研究——以马克思主义妇女解放理论为视阈》，硕士学位论文，赣南师范学院，2012年。
[②] 段承阳：《新中国成立初期妇女解放思想与实践研究》，硕士学位论文，贵州财经大学，2017年。
[③] 陈正辉：《新中国成立初期全国民主妇联对马克思主义妇女解放理论的探索与创新》，《安徽理工大学学报》（社会科学版）2020年第1期。
[④] 韩頔：《建国初期新型婚姻家庭关系下的妇女解放研究（1949—1956）》，硕士学位论文，广西师范大学，2014年。
[⑤] 朱晓慧：《新中国建国初期的妇女解放：人权视角的透视》，《人权》2015年第3期。
[⑥] 金卓、杜辉：《建国后党的妇女解放运动路径探析》，《赣南师范大学学报》2018年第2期。

以来备受学术界青睐，产生了丰硕的研究成果，这些成果大致也可分为宏观、个案和专题三类研究。

（一）宏观类研究

学界对娼妓制度废除的宏观研究成果较少，其中郭艳英的著作《新中国成立初期娼妓改造研究》[①]最具代表性，作者主要从娼妓问题、娼妓改造的理论依据和实践基础、新中国娼妓改造的基本思想、改造的实践与主要方式以及改造的成效和基本经验等方面，对新中国成立初期娼妓改造问题进行了系统的研究。此外，马慧芳和高延春则在分析新中国成立后娼妓状况和社会影响的基础上，对这一时期废除娼妓制度的举措进行宏观层面的分析。[②] 杨秀兰[③]、侯磊[④]则分别对新中国成立初期的禁娼运动和娼妓的改造问题进行了简要论述。总体而言，学界对娼妓制度废除宏观层面的研究较薄弱，有待于进一步拓展和深化。

（二）个案类研究

该领域个案类研究成果较为丰硕。新中国成立之初，北京一夜之间对妓院进行了彻底查封，在全国产生了重要影响，很多城市纷纷进行学习和效仿，学界对北京市查封妓院也较关注。在专著方面，《北京封闭妓院纪实》对北京封闭妓院的来龙去脉、妓院的查封过程、妓女的改造等方面都进行了详细论述；[⑤] 论文方面，振扬[⑥]、廖胜平[⑦]、

[①] 郭艳英：《新中国成立初期娼妓改造研究》，人民出版社2016年版。
[②] 马慧芳、高延春：《新中国初期废除娼妓制度的措施及现实启示》，《党史文苑》2008年第4期。
[③] 杨秀兰：《新中国成立以来的娼妓治理研究》，硕士学位论文，河北工业大学，2012年。
[④] 侯磊：《建国初期全国禁娼运动述论》，硕士学位论文，天津商业大学，2012年。
[⑤] 北京市公安局编：《北京封闭妓院纪实》，中国和平出版社1988年版。
[⑥] 振扬：《北京改造娼妓秘闻》，《湖南档案》2002年第11期。
[⑦] 廖胜平：《新中国建立初期北京解决娼妓问题述论》，《中共桂林市委党校学报》2009年第4期。

滕莺莺①主要论述了北京市娼妓改造前的情况、改造的具体举措、实施的过程和取得的成效等；而廖胜平则主要分析了北京市查封妓院的准备、经过以及产生的影响，同时还对妓女的具体改造进行了深入研究。②

还有学者对上海娼妓制度的废除进行了研究。如黄金平③、陈文联和刘伟④主要探讨了上海市妓女改造问题；阮清华则对上海市废除娼妓制度运动进行了较为详细和深入的研究，并对娼妓的改造和安置问题进行了探究；⑤胡远杰则主要从娼妓解放的角度，对上海市的娼妓制度的废除进行详细的研究。⑥

此外，还有学者从娼妓制度的废除、妓女改造等视角，对武汉、云南、广州、四川、长春、南京、西安等城市和省份的娼妓制度废除问题进行了详细探究。⑦

(三) 专题类研究

在专题类研究方面，郭艳英对娼妓制度的废除进行了较为深入的研究，其文《新中国成立初期中国共产党成功治理娼妓问题的原因论析》主要分析了党成功废除娼妓制度的原因，认为主要在于党坚定的决心和

---

① 滕莺莺：《建国初期北京受害娼妓的成功改造》，《黑龙江史志》2015年第11期。
② 廖胜平：《建国初期北京解决娼妓问题述论》，《山东女子学院》2010年第1期。
③ 黄金平：《净化社会环境　促进社会和谐——上海解放初期的妓女改造》，《上海党史与党建》2005年第3期。
④ 陈文联、刘伟：《建国初期上海娼妓的治理与启迪》，《衡阳师范学院学报》2007年第5期。
⑤ 阮清华：《建国初期上海废娼运动再认识》，《华东师范大学学报》（哲学社会科学版）2009年第4期。
⑥ 胡远杰：《是共产党救我们跳出火坑——摧毁旧上海娼妓制度实录》，《档案春秋》2011年第6期。
⑦ 如张峰《武汉市取缔娼妓的斗争》，《武汉文史资料》1999年第1期；李金莲和朱和双《新中国建立以来云南省对娼妓现象的取缔与改造》，《昆明理工大学学报》（社会科学版）2005年第1期；陈育《建国初期广州市对娼妓的取缔与改造》，硕士学位论文，暨南大学，2007年；宋春苓《建国初期四川娼妓改造运动述评》，《重庆文理学院学报》2013年第4期；付启元《拯救和规训：建国初期南京市的娼妓治理——以南京为中心的考察》，《学海》2015年第5期；等等。

科学的举措、新的社会制度的建立、社会控制体系的建立、公共权力的保障等。① 其另一文则着重评析了新中国成立初期党在废除娼妓制度方面所取得的成效与不足，作者认为废除娼妓制度成功改造了妓女，促进了社会的良好发展，促进了人民群众良好价值观的形成，改善了社会风气等，但理论认识方面的局限使实践操作方面存在一定不足等。② 除郭艳英外，刘伟则侧重于对新中国成立初期娼妓治理政策的分析，从"以人为本"的政策机制、社会保障体系、长效治理机制、治理意志和治理机构、社会舆论的正确导向等方面总结了这对当下的启迪意义。③ 此外，还有学者从人物角度出发对娼妓改造问题进行研究，如徐世强论述了陈毅对上海市娼妓改造问题所作出的突出贡献。④

（四）研究评析

从以上分析可以看出，学界涉及该领域的成果较丰硕，呈现出系统化研究，特别是个案类研究方面。但总体而言，学界对于娼妓制度的废除在宏观及专题方面研究还相对薄弱，有待于学界做进一步研究。此外，娼妓制度的废除作为党和政府解放妇女的一项重大成就，以妇女解放视角解读娼妓制度废除的相对较少，其成果多侧重于史实的论述。因此，学界从妇女解放角度对娼妓制度废除的研究还远远不够，有待于进一步加强。

三　1950年婚姻法的贯彻与妇女解放运动

1950年5月1日新中国第一部法律《中华人民共和国婚姻法》（下简称"婚姻法"）正式实施，该婚姻法较充分地保障了妇女婚姻权益，促使

---

① 郭艳英：《新中国成立初期中国共产党成功治理娼妓问题的原因论析》，《改革与开放》2015年第10期。
② 郭艳英：《新中国成立初期中国共产党治理娼妓问题的成效评析》，《传承》2015年第4期。
③ 刘伟：《新中国建立初期娼妓治理政策的启迪》，《现代妇女》（下旬刊）2012年第2期。
④ 徐世强：《陈毅大刀阔斧改造娼妓》，《党史文苑》2002年第5期。

了妇女的婚姻解放。婚姻法这一功绩引起了学界广泛关注，但早期报刊涉及婚姻法的文章，多为促使婚姻法贯彻的宣传性文章。对于婚姻法的学术研究，始于 20 世纪 90 年代欧阳小松的论文《新中国〈婚姻法〉在福建的宣传与贯彻（1950—1953）》①，文章详细考察了福建婚姻法的宣传、贯彻及成效，指出婚姻法的贯彻实施推动了该地区妇女婚姻的解放。

进入 21 世纪后，学界对婚姻法的研究升温迅速，其研究成果多侧重于个案类研究，② 大部分成果在研究该地区婚姻法宣传贯彻的成效时，也都探讨了妇女婚姻解放，且部分成果还涉及妇女劳动力解放、社会地位和政治地位提升等方面。同时，也有部分学者着眼于宏观视角，探究了婚姻法对妇女婚姻解放的推动。③ 此外，还有学者着重研究了婚姻法贯彻中妇女死亡问题，论述了婚姻法的进一步贯彻减少了妇女死亡事件。④

进入 21 世纪第二个十年，婚姻法逐渐成为学界的研究热点，成果井喷，大部分成果也涉及妇女婚姻解放。其中，个案类研究热度只增不减，成果层出不穷，⑤ 虽然主要侧重于研究婚姻法的宣传贯彻，但在成

---

① 欧阳小松：《新中国〈婚姻法〉在福建的宣传与贯彻（1950—1953 年）》，《党史研究与教学》1995 年第 2 期。

② 其中涉及妇女解放方面的有庆格图勒《建国初期绥远地区贯彻婚姻法运动》，《内蒙古社会科学》（汉文版）2000 年第 2 期；杨丽萍《新中国成立初期上海贯彻婚姻法运动》，《中共党史研究》2006 年第 1 期；李洪河《新中国成立初期华北地区婚姻制度的嬗变》，《河南师范大学学报》（哲学社会科学版）2009 年第 4 期；李洪河《新中国成立初期中南区婚姻制度的改革》，《当代中国史研究》2009 年第 4 期；等等。

③ 如姚红梅《新中国第一部婚姻法若干问题探讨》，硕士学位论文，中共中央党校，2006 年；张成洁、莫宏伟《新中国第一部〈婚姻法〉宣传与贯彻运动述论》，《河南师范大学学报》（哲学社会科学版）2008 年第 1 期；韩志《新中国第一部〈婚姻法〉述略》，硕士学位论文，吉林大学，2008 年；等等。

④ 相关学术成果有肖爱树《建国初期妇女因婚姻问题自杀和被杀现象研究》，《齐鲁学刊》2005 年第 2 期；李洪河《建国初期与婚姻家庭相关的妇女死亡问题探析》，《妇女研究论丛》2008 年第 3 期；等等。

⑤ 主要成果有连少甫《关于新中国成立初期北京市贯彻婚姻法运动的考察》，《北京党史》2011 年第 5 期；范连生《构建与嬗变——新中国成立初期〈婚姻法〉在黔东南民族地区的推行》，《当代中国史研究》2012 年第 6 期；于兵《浅析建国初期西南地区婚姻法制》，《重庆科技学院学报》（社会科学版）2013 年第 2 期；张海《新中国成立初期湖南省宣传贯彻婚姻法运动研究》，博士学位论文，中共中央党校，2017 年；白若楠《新中国成立初期贯彻婚姻法运动研究——以陕西省为中心》，博士学位论文，陕西师范大学，2018 年；邓红、王丽娟《1950 年新〈婚姻法〉的推行及其影响——基于天津市的考察》，《河北大学学报》（哲学社会科学版）2019 年第 4 期；等等。

效中都分析了婚姻法在妇女婚姻自由、婚姻权益保障、家庭地位提升等方面的作用。除个案类研究外，这一时期也有学者从宏观视角分析，[①]主要侧重于分析婚姻法对人民群众特别是妇女群众婚姻观念的改变，从而在思想层面推动妇女的婚姻解放。张成洁主要分析了婚姻法贯彻实施后，新婚姻制度对妇女婚姻解放的推动。[②]

通过以上分析可以看出，学界对婚姻法的研究相对完善和成熟，特别是个案类研究方面。但学界对婚姻法的研究主要侧重于婚姻法的宣传贯彻，涉及妇女解放的多为婚姻法贯彻成效的评析方面，鲜有以妇女婚姻解放为专题解读婚姻法的成果。然而，妇女婚姻解放不仅体现在婚姻法的实施成效，还体现在婚姻法的筹划、制定、颁布、宣传、贯彻等方面。此外，学界的研究成果还多集中在农村地区，对城市地区关注较少。以城市妇女婚姻解放的视角对婚姻法的制定、颁布以及实施进行系统深入的研究，可以更加全面了解婚姻法的贯彻成效，进一步完善学界对于婚姻法以及妇女解放领域的研究。

四　抗美援朝运动与妇女解放运动

1950年10月我国在作出"抗美援朝，保家卫国"的决策后，于10月19日派志愿军奔赴朝鲜作战。由于战争面对的是综合国力最强的美国，同时战争需要充足的物资作保障，为调动全国力量支援战争，党和政府发起了抗美援朝运动。在党和政府及妇联的号召下，广大妇女也积极参与抗美援朝运动，并作出突出贡献，学界对妇女参与抗美援朝运动进行了一定探究。改革开放之前报刊上涉及抗美援朝运动的多为宣传性

[①] 成果有马冀《新中国成立初期贯彻婚姻法运动述论》，《江西社会科学》2010年第4期；王思梅《新中国第一部〈婚姻法〉的颁布与实施》，《党的文献》2010年第3期；刘维芳《1950年〈中华人民共和国婚姻法〉贯彻实施的历史考察》，《中华女子学院学报》2020年第6期；等等。

[②] 张成洁：《1950年〈婚姻法〉及其引发的社会变革——纪念1950年〈婚姻法〉颁布60周年》，《江苏大学学报》（社会科学版）2010年第5期。

文章，改革开放特别是 90 年代之后，随着国家档案资料的逐步开放，学界对于抗美援朝运动的研究逐渐升温，产生了较丰硕的研究成果，主要集中在政治动员、开展及成效、主要群体和人物研究等方面。

（一）政治动员角度

黄秋霜等以福建妇女组织为个案研究，着重对动员广大妇女参与抗美援朝运动的机制进行了分析，并对妇女组织在社会动员的开展和成效方面的作用进行了较为深入的探究[①]。李智星在分析抗美援朝运动"多重性人民主体的参与"时，着重论述了北京市妇联对妇女的动员，以及妇女在抗美援朝运动中的巨大贡献。[②]

（二）开展及成效

欧阳小松在论述"开展捐献武器、普及爱国公约、优抚军烈属运动"以及"福建抗美援朝运动的结束"时提及福州劳动妇女王国樵和福州第二女子中学学生在运动中的积极表现。[③] 周鸿分析了抗美援朝运动中北京市的爱国主义教育，其中针对妇女中存在的崇美、恐美及亲美的思想，北京市采取了多种爱国主义教育举措，促使了北京市妇女界爱国情绪高涨。[④] 这一时期学界对该领域的研究尚处于起步阶段，其研究成果相对较少，涉及妇女的更是少之又少。

21 世纪初，学界对该领域的研究逐步升温，[⑤] 其中王宏在分析北京

[①] 黄秋霜：《抗美援朝运动中福建妇女组织社会动员机制研究》，硕士学位论文，福建师范大学，2015 年；叶青、黄秋霜：《论抗美援朝运动中妇女组织的社会动员——以福建为例》，《中共福建省委党校学报》2015 年第 11 期。

[②] 李智星：《新中国抗美援朝运动中的社会动员和人民主体——以北京市历史档案为基础进行分析》，《东方学刊》2020 年第 4 期。

[③] 欧阳小松：《福建抗美援朝运动回顾》，《党史研究与教学》1994 年第 4 期。

[④] 周鸿：《论北京市抗美援朝运动中的爱国主义教育》，《当代中国史研究》1995 年第 5 期。

[⑤] 研究成果主要有王宏《北京市抗美援朝运动的一些特点》，《北京党史》2000 年第 3 期；钟霞《苏南农村抗美援朝运动》，《党史研究与教学》2006 年第 1 期；等等。

市抗美援朝运动"讲求实际,以行动支援前线"特点时,着重分析了妇女通过订立爱国公约、三八游园活动、捐献飞机的形式积极参与抗美援朝运动。钟霞则在分析山东"和平签名运动""时事宣传运动""参军运动"以及对志愿军的慰问等部分时,对山东各界妇女在抗美援朝运动中的重大贡献进行了详细探究。

毕晓敏和孟维改论述上海、开封等地的抗美援朝运动时,对妇女群体在该运动中的积极表现和突出贡献也进行了分析。① 施树有、赵倩倩和赵阳阳等分别论述了妇女在抗美援朝运动中积极参与捐献、制作慰问袋、订立爱国公约等具体情况。②

(三) 主要群体和人物

范登生和毕晓敏对抗美援朝运动中妇女的贡献进行了较深入分析。特别是范登生以北京妇女为研究对象进行专题研究,着重分析了北京妇女在抗美援朝中的突出贡献。毕晓敏则对抗美援朝运动中上海青年的贡献进行论述时,对上海女工、女学生等妇女群体的突出贡献也进行了分析。③

刘全在分析邓小平在西南地区领导的抗美援朝运动时,对邓小平积极动员妇女参与该运动以及妇女在运动中的突出贡献也进行了探究。④ 张洁则主要从发动妇女参加和平签名运动、号召妇女支援抗美援朝战争、动员妇女投身抗美援朝运动等方面,阐述了蔡畅在发动妇女参与抗美援朝运动的重要作用。⑤

---

① 毕晓敏:《上海的抗美援朝运动研究(1950—1953)》,硕士学位论文,上海师范大学,2013年;孟维改:《开封市抗美援朝运动的历史考察》,硕士学位论文,河南大学,2016年;等等。
② 主要有施树有《松溪县抗美援朝运动回顾》,《福建党史月刊》2020年第10期;赵倩倩、赵阳阳《论焦作地区抗美援朝运动》,《三门峡职业技术学院学报》2021年第3期;等等。
③ 范登生:《抗美援朝运动中的北京妇女》,《北京党史》2009年第2期;毕晓敏:《抗美援朝运动中的上海青年》,《上海党史与党建》2020年第10期;等等。
④ 刘全:《邓小平领导西南抗美援朝运动》,《党史文苑》2013年第17期。
⑤ 张洁:《蔡畅动员全国妇女投身抗美援朝运动》,《百年潮》2020年第10期。

（四）研究评析

抗美援朝运动作为全国人民支援抗美援朝战争的群众运动，广大妇女自然是党和政府争取的重要对象。但学界无论是在抗美援朝的政治动员、开展及成效还是在主要群体和人物等方面，对妇女群体的研究严重不足。因此，从妇女的研究视角对抗美援朝运动进行着重分析和解读，无论是在加深对抗美援朝运动的认识方面，还是在突出妇女在抗美援朝运动贡献方面，都十分必要。

五 不足与展望

通过以上的分析，可以发现学界对该领域的研究，无论在广度还是在深度方面都形成了相对系统的研究体系。但同时该领域研究也存在一些不足之处，例如研究的学术性和现实性较为薄弱、研究领域和视角相对固化、研究方法相对单一等。

（一）研究的学术性和现实性急需提升

就学术性层面而言，学界对该领域的研究存在着低水平的重复现象，例如在婚姻法的贯彻、娼妓制度的废除、抗美援朝运动等方面妇女解放运动存在着个案类研究的重复，其中很多成果在研究对象的选取之上也存在着一定的随意性，并不具备代表性和典型性，因此得出的结论大同小异。同时，很多研究成果在学术严谨性方面存在很大不足，如史料的选取方面较为单一，要么主要为档案史料，要么主要为报刊史料，口述史料以及日记等资料的挖掘明显不足。此外，在史料使用方面，有不少研究成果存在断章取义和以偏概全的现象。因此，学界对于这一时期妇女解放运动的研究应在研究质量、严谨性等方面进一步提升。

除学术性外，研究的现实性也有待进一步加强。习近平总书记在

2021年"七一"讲话中明确指出:"以史为鉴,可以知兴替。"[①] 学术研究特别是史学研究,最主要的目的是给当下以启迪。新中国成立之初,党和政府为促使妇女全面解放的实现,曾付出了巨大努力,也取得了显著成效,这些宝贵经验对当下我国妇女问题的解决具有重要的借鉴意义。学界应加强该时期妇女在劳动力、婚姻等方面解放运动的研究。

(二) 研究领域和视角尚需突破

学界目前对新中国成立初期妇女解放运动的研究,虽然其成果较丰硕,也形成了系统的研究体系,但总体而言还存在着很多薄弱环节。例如,婚姻法宣传贯彻方面的研究成果呈现出扎堆、重复于个案类和专题类研究之中,宏观类研究相对较为欠缺,研究领域和研究视角急需突破;除婚姻法外,娼妓制度的废除、抗美援朝运动以及这一时期妇女在政治、经济、文化等方面的研究成果也存在类似问题,急需在研究领域和研究视角方面进行创新。就研究领域而言,学界应侧重于这一时期妇女解放运动的宏观方面研究。在研究视角方面,新中国成立初期党和政府在很多方面的努力正是为了真正实现广大妇女的全面解放,然而学界以往大部分研究成果多侧重于史实论述,以妇女解放视角探究这些历史事件方面相对薄弱,应在以后的研究中加强。

(三) 研究方法有待丰富与完善

就研究方法而言,多为历史研究法。这种研究方法对于还原这一时期我国妇女解放运动的历史原貌固然重要,但随着研究的继续,仅用这种研究方法就显得有点单一,也不利于研究的继续深入。具体而言,可以采取比较研究法、概念分析法等。如可以进行纵向与横向比较,纵向是新中国成立初期和新中国成立之前、新中国成立后的其他时期等妇女

---

① 习近平:《在庆祝中国共产党成立100周年大会上的讲话》,人民出版社2021年版,第10页。

解放运动进行比较，横向则可以对新中国成立初期与苏联、美国、日本等国家重要时期的妇女解放运动进行比较。概念分析法则可以引入概念史等研究方法。此外，妇女解放除受历史学科关注外，还备受人类学以及社会学的青睐，因此这一时期妇女解放运动的研究可以运用历史学、人类学和社会学等多学科研究方法进行交叉研究。

（作者系长沙理工大学马克思主义学院讲师）

【史料评介】

中原解放区的重要文献
——肖章革命历史档案（1946—1949）探析

赵长海　王国伟

摘　要　解放战争时期，肖章先后担任豫皖苏八地委组织部副部长，中共确山地委组织部部长及信阳地委副书记等职务。这一时期保存下来的肖章革命历史档案数量巨大、详细连贯且内容丰富。肖章革命历史档案对于中共党史，特别是中共政权建设、中原解放区的政治经济社会情况等均有重要参考价值。

关键词　中原解放区　肖章　档案

肖章个人档案收藏于郑州大学图书馆河南文献特藏室，这批档案数量巨大、内容丰富，延续70余年，有很高的历史研究价值，但学界知之甚少，故很有介绍的必要。

一　肖章其人

肖章革命历史档案是其个人档案中最重要的部分，主要是肖章战争年代的日记、往来信函、工作记录及其他零散资料等。

肖章原名张士科（1913—2015），河南省确山县人，先后用名有周云亭、赵灿章等。在汝南做地下工作时，因陈少敏等同志常称其为"小张"，故其地下工作时即用"晓章"为代号，并改名肖章。①

肖章家境贫寒，在舅祖父王士泮资助下进入私塾读书，后入县城小学。1930年加入中国共产主义青年团，1931年春作为工人代表到鄂豫皖根据地新县参加苏区共青团代表会议，会后任共青团正阳县委书记。1932年春至1934年秋，任中共确山县委委员、游击队指导员，后又任中共汝南地委委员。1935年春至1937年11月，河南党组织遭受大破坏，肖章在家乡顺山店隐蔽任小学教师，实际上负责汝南、确山、正阳地下党组织的联络工作。其间与王国华、周骏鸣、张星江、张旺午联系，组建豫鄂边游击队和省委。1941年秋汝南地委撤销后，肖章转移至信阳境内的淮南抗日根据地，负责与汝南中心县委所属地区党组织及豫鄂边区党委联系，代号"晓章"。1944年8月，新四军五师挺进河南，汝阳正阳确山抗日根据地建成，先后任汝正确县委副书记、书记，四地委路东中心县委组织部部长等职。

解放战争时期，肖章身体状态差，仍坚持工作，且记录并保存下众多档案材料。肖章档案中记载了自己身体情况："从一九四四年春在豫鄂皖区党委整风班垮下来，因神经衰弱、肺炎病，休养以后，身体一天天垮下来，增加极大苦闷。"② 因体弱多病，肖章摸索出一套保健经验："参加体力劳动，注意营养，多接触日光。到野外运动散步，每天晒两次太阳，睡前饭后不用脑。多睡，早起。吸收新鲜空气。用脑一小时，要休息几分钟。解除苦闷，做到活泼愉快。"③ 肖章103岁的长寿秘诀或与此注重保健及良好的工作生活方式密切相关。

1946年至1947年年底，中原突围后，肖章以地委特派员身份在湖

---

① 肖章口述，蔡康志整理：《艰苦战斗的革命岁月：肖章回忆录》，河南人民出版社2006年版，第1页。
② 《肖章日记：自我检讨》（手稿），1949年11月4日，郑州大学图书馆藏，第1页。
③ 《肖章日记：身体健康问题》（手稿），1948年12月4日，郑州大学图书馆藏，第1页。

北随县祝林店乡周家东湾隐蔽，负责同确信正汝地区秘密党的联系工作，此时斗争环境恶劣，生活艰苦，可见其意志之坚。1948年8月，肖章任豫皖苏八地委组织部副部长。1949年肖章先后任中共汝南地委、确山地委、信阳地委组织部部长。新中国成立后又先后担任河南省直工委副书记、河南省委组织部副部长、河南省民政厅副厅长等职务。1983年离职休养。

肖章长期从事地下秘密工作，其和父老乡亲有深厚感情基础。肖章在回忆录中表达了对村里父老乡亲的感激："回顾我的故乡张茨林村的父老乡亲，不由得激情满怀，他们对我和我家所从事的革命活动曾给了很大的支持。从1930年柏沟庙暴动后我离开家乡，直到1948年即将解放，在长期白色恐怖下，全村没有人暴露我家的身份。一个国民党的谍报队，在村西头我的同族哥嫂家中住了很久，我家竟安然无事。"①

肖章为人谦逊，善于总结经验教训，经常反省并自我批评。档案中留存有多份自我检讨材料。如肖章在1949年11月4日的自我检讨，一共有6700多字，审视自己过去工作经历及犯下错误。其检讨修改四五遍，且请多位领导审核修改。

肖章长期在鄂豫皖及豫皖苏地区坚持地下斗争，并担任地区组织领导职务。做事沉着冷静、精干务实，心思缜密、意志坚定，与各方势力周旋，有丰富的秘密斗争经验。如肖章提到："公开工作与秘密工作要严格分开。服装也要随环境变化而变换。在乡下要换上旧衣服。去汝南城马鸿谟家，就要穿像样的衣服，他父亲是回民救国会的会长，汝南城内的有名人士。"②

解放战争时期形势严峻多变，工作繁重琐细，县区领导工作更是复杂。肖章日记中有1948年在汝正确的具体情况："（汝正确）是豫皖苏最边沿的游击区，敌人黄维兵团十师，十一师盘踞在平汉线确山、驻马

---

① 肖章口述，蔡康志整理：《艰苦战斗的革命岁月：肖章回忆录》，河南人民出版社2006年版，第121页。

② 肖章口述，蔡康志整理：《艰苦战斗的革命岁月：肖章回忆录》，河南人民出版社2006年版，第119页。

店、正阳一带,经常结合土蒋匪向我区扫荡袭扰,我们不能不经常打游击,这样就感觉身体精神都有些难以支持。"① 工作除了受战争影响外,还有本地人情关系,"在本地区工作,特别麻烦,顾虑也多,地方上熟人、秘密党、失掉联系的,五师突围落伍掉队自首份子,士绅亲友匪霸,乱七八糟的都找我来了,不接见吧,从人情世故来说不太好,而且还觉得有些人是可以吸收工作的,以后有好处,接见吧,份内的工作都搞不好,一天忙于应付,正当工作时间重大问题都耽误了。"② 另外为求更好领导还需要不断加强理论学习,"干部来自各方,理论水平工作经验都有一套,而自己空空如也,又是土包子,感觉这个组织部长实在难当,人真是鼓肚子硬撑。想着党信任你,给你工作你干不了,不能胜任,想搞好,又无本领,不知如何下手,唯恐人家看不起。"③ 肖章在解放战争时期工作十分勤奋且辛苦,有时晚上急行军,凌晨还在开会讨论工作。

二 档案简介

肖章(1913—2015),享年103岁,身后留下上千万字的档案资料,时间从1946年到2015年。肖章一生有写日记及记账的习惯,生活和工作甚至谈话,事无巨细,都有记录。仅其成本的日记就有近300册,记在单片纸上的日记数量更大;保存下来的革命战友及亲属信札有4000余封。而其最珍贵的革命历史档案主要是解放战争时期(1946—1949)留存资料。战争年代,肖章长期从事地下斗争及组织领导工作,故思维缜密,特别注意记录个人生活及工作中的各类事务,也有保存自身档案的强烈意识,故留存下大量的珍贵手稿及其他工作档案。肖章革命历史档案主要分为三类:日记、往来信函以及会议记录,还有部分其他零星

---

① 《肖章日记:自我检讨》(手稿),1949年11月4日,郑州大学图书馆藏,第1页。
② 《肖章日记:自我检讨》(手稿),1949年11月4日,郑州大学图书馆藏,第3页。
③ 《肖章日记:自我检讨》(手稿),1949年11月4日,郑州大学图书馆藏,第2页。

档案。

肖章革命历史档案，从1946年10月在湖北随县隐蔽开始，到1949年12月。1948年肖章担任豫皖苏八地委组织部副部长后，因工作生活比较稳定，这一时期的生活日记和工作记录很详尽，漏记极少。1949年到信阳地区工作后，有时因忙于公务，这一阶段的日记较为简略。战争年代的日记有大量工作和生活的细节描写，工作记录主要是各种会议及听取汇报的内容。往来信函分为公函和私人信件，公函为政策执行及公文命令，私人信件多为战友及亲朋来函。但战争年代艰苦的生活及残酷的斗争完全融为一体，函件的公私有时很难截然分清。作为史料，档案资料的真实性是无可置疑的，其生前所撰写的回忆录，即主要以自己所藏档案为基础。

肖章日记和会议记录多用钢笔书写，用单页毛边纸，有时随手撕下古籍或账簿，用其背面书写。后期再把成系列的内容用纸捻装订。其往来信函大多用毛边纸钢笔或毛笔书写，有些则较为随意，用线装书、报纸、文件或账簿纸的背面书写。

肖章观察入微，记载翔实，把自己亲历及见闻如实记载。举凡各种大小会议，新政策推行，建立基层党组，城市恢复工作及建设政策，与他人的对话等，档案中多有详细记述。肖章档案中还包含大量豫南地区各县区主要干部的任免、城市建设具体措施、风土人情、物价水平、奇闻逸事、社会谣言等内容。

肖章档案多密行小字甚至双面书写，有些信件即用来信时的背面写回信，或用书报的纸背书写，故字迹背透严重，给辨识带来一定的困难。有些记录涂改较多，如发现错误较多即整段涂掉；若有漏记，先用补充符号再加补充内容。有些档案特别是会议及工作记录，肖章生前自己曾按类别和时间整理装订。

从肖章档案中的日记和工作会议记录补写情况以及其繁忙的日常工作可以判断，他的日记及工作会议记录是当时记下的原始状态，并非起稿后修改抄成的。而保存下来的部分公函是起稿后誊抄的，因为公函字迹工整无修改痕迹，另发现数页公函底稿。即使是在打仗行军、地委开会等繁忙工作中，他仍坚持记日记或记录工作会议情况，往往几天写几千字。如"1948年12月12日召开地委扩大会议纠正急性土改问题"①，会议分为早午晚三场，在12日至14日三天内，肖章记了五千多字。

因各阶段任务之不同，肖章档案资料的重点各有侧重，1946年和1947年的档案多为强调军事斗争和土改等，1948多为土改支前剿匪等内容，1949年解放战争即将胜利，其档案资料多是政权建设及稳定社会秩序措施等，如城市接管政策、建立基层党组、培养及整训干部及剿匪反霸等。很多事情记载详细，某乡某地每户几口人，家庭背景，个人经历等都有记录。

肖章档案中保留有大量重要信函，如河南著名农民领袖，时任桐柏二分区司令员王国华给肖章信件，豫皖苏八地委书记兼分区政治委员谭冠三，在调任入藏十八军政委时给肖章交代工作的长篇信函，都很有价值。此批个人档案数量巨大，记录连贯，内容详细。能在战乱岁月留下如此丰富且细致的原始记录，很是难得。肖章长期从事地下工作，有博闻强记随时记载的习惯，及书写迅疾的特长，自己也很重视保藏档案，故经历70多年，仍能保存完好。

肖章自1930年参加革命工作，战争年代在豫南和豫东从事地下工作和组织领导工作。其和中原局、豫皖苏、鄂豫边及豫南特委等上层和基层都有大量的工作关系和接触。其在豫皖苏八地委任组织部副部长（无部长），其实八地委主要领导人即是谭冠三和肖章，所以很多下面请示和来信，都是写给谭政委、肖部长。新中国成立后又长期担任省直工委副书记、省委组织部副部长及民政厅副厅长，举凡政权建设、组织关系变动、人员调配、民政优抚等，是其档案内容的主体。故其来往接待、信访、组织证明等事务就特别多。其在三四十年代的战友如王国华、张旺午、周骏鸣、周春鸣等，新中国成立后还时常通信联络。其在豫南豫东的很多战友及熟悉的群众，因落实政策、党籍证明、军烈属优抚等，有很多人和其联系。故其战争年代的档案是其一生档案中的重要

---

① 肖章：《会议记录：于政委传达张玺同志意见报告》（手稿），1948年12月12日，郑州大学图书馆藏，第1页。

组成部分，很多人物事件，在其后期的档案及回忆录中，均可得到印证。

肖章日记及工作会议记录大部分字迹潦草，密密麻麻，内容凌乱，仅辨认文字和辨析内容就需要花费大量时间和精力。解放战争时期的肖章负责基层的组织人事工作，在档案中有大量名不见经传的小干部、恶霸土匪及其他小人物，有时一页纸往往有几十位基层干部，翻阅地方史志及其他资料也找不到相关人物的记载。[①] 此外，日记和工作记录中错别字及同音异体字也经常出现，而且使用特殊符号来代替文字，形成了肖章自己独特的文字风格。如果不是从头看起，中间抽一段来读往往不知所云，难以判断何人何事何地。肖章档案中还大量存在隐语、方言及简写缩写，如"反坝，县书，穴子，T"等内容，特别是一些地下工作者来往情报信函，更是隐语甚多。[②] 虽可根据其他内容结合其他资料做出判断，但未必都能完全准确地解读，加上肖章档案分量如此之大，整理难度可想而知。

三 档案对中原解放区研究的价值

解放战争时期的豫皖苏是国共斗争最为激烈的地区，肖章档案为我们研究中共中央政策的实施，中原解放区的政治经济社会情况，新解放城市的政权建设，豫南地区中共党史以及中共党史人物等方面，均提供了翔实而丰富的原始资料，有重要参考价值。

肖章作为地委组织部长，上接豫皖苏中央分局及中原局、河南省委，下面同各级干部打交道，档案资料内容丰富，涉及面非常广。当时很多重大或具体问题都可在肖章档案资料中找到印证，为研究中原解放区、中共河南党史提供了丰富的原始文献。

---

① 肖章：《会议记录：杨树森同志和曹家齐同志回报情况》（手稿），1948年12月7日下午，郑州大学图书馆藏，第1页。

② 肖章：《会议记录：地委会议讨论干部问题》（手稿），1949年11月27日下午，郑州大学图书馆藏，第1页。

第一，档案反映了中原解放区政权建设的情况。国民党在军事上迅速溃败，解放区面积不断扩大，新的解放区各级政权干部问题成为首要。肖章档案中记载新解放地区干部主要是以外地调过来的为主，以培养本地为辅，"一分区区级以上干部多外来，有华北的，有路东七分区的，区以下多是本地干部，都经过土改，党员不少。三地委干部以萧县波动较大，要求不到中原"①。从肖章档案来看，新解放的豫南地区各县区干部以外来为主，"东岸区干部八个（六个外来的），区长张登兴，党员，太行人。区书记孙华均，太行人，区组织部邓同伦。蔡沟区干部八个，外地六个，本地两个，副区长吴芳善，党员，区书记杨进贤，太行人"②。从外地调一大批工作经验丰富的干部弥补了新解放区缺少干部的问题，迅速建立起基层组织和政权，巩固了新解放区。

第二，肖章档案中记载了中共接管城市后的方针政策，对了解中共如何管理新解放城市提供了翔实资料。档案中记载城市工作必须重视商业："工业是基本的，当前重点是发展商业，当前发展商业，靠工业可解决一部失业工人，解决剪刀差额，基本稳定资方。主要是恢复商业，土货运销，城乡交流，商业好转，失业就可减少。"③ 档案中提到利用资本家和私有制经济来稳定社会经济的发展，"公私关系：公是主要的，但当前重点是扶助私营，对各种私营事业都要扶助发展，私人银行也要扶助，因为公营企业小要发展，搞私营正是为了发展公营营造机会，创造条件，当前重点是要放在争取团结稳定资本家这一方面"④。肖章在手稿中记载了城市工作依靠力量的问题："整个城市工作路线是首先依靠工人阶级，团结城市其他劳动者，争取知识分子。不能并列，也不能

---

① 肖章：《会议记录：豫皖苏三地委会议讨论干部问题》（手稿），1949年4月1日，郑州大学图书馆藏，第1页。
② 肖章：《会议记录：关于洪河县干部问题》（手稿），1949年3月15日，郑州大学图书馆藏，第5页。
③ 肖章：《会议记录：邓主席邓老讲话》（手稿），1949年11月28日，郑州大学图书馆藏，第1页。
④ 肖章：《会议记录：邓主席邓老讲话》（手稿），1949年11月28日，郑州大学图书馆藏，第2页。

主观上依靠工人，实际上依靠贫民。"① 这些资料有助于新解放区城市管理工作的研究。

第三，肖章档案为研究解放战争时期匪患及社会治理问题提供了新资料。解放战争时期处于国共政权新旧交替之际，社会秩序尚未稳定，这一时期各地存在大量土匪，解决土匪问题是中共巩固新政权所面临的一大考验。

肖章档案中记载了当时对土匪的具体策略，要"清楚地了解对象（特务的、政治的、失意军官、被逼下水的等）"，然后区别对待。另外剿匪要与其他工作如土改相结合。要发动强大的舆论宣传，"部队与党政结合，在基本群众中生根。宣传穷当土匪是帝国主义与国民党剥削内战结果，号召立功赎罪"②。

中共对土匪的处理教育问题很重视，各县成立了专门机构，"有功者赏，有错误者批评处罚。对匪处理问题：县一级及分区一级成立委员会专门处理，县长、副政委、公安局局长等组成。方针一般是争取教育，生活待遇同一般战士，教育时间约一星期。宁可错放勿错杀，各县要在一月内将匪情调查清楚"③。此外肖章档案中提到了清匪的六个具体方法："……1. 领导上示范（典型示范），必须从实际行动，使群众认识到我们的政策，看到相信我真正剿匪。2. 打击少数的匪首大恶霸，组织广泛的统一战线。一般的守法的地富可能卷入到剿匪运动，打准打狠。3. 解除群众的顾虑，解决群众当前的问题。群众怕打黑枪，怕我剿匪剿不彻底走了，我们要解除他们的顾虑，帮群众挑水耕作。4. 大规模的动员。我们往往小手小脚，怕依靠不了贫雇。可采取初期农代会或积极分子会的方式，防止不敢放手搞。5. 一方面进行面的剿匪，同时要注意扎正根子组织起来，这个组织工作只是零零星星的，没有组织

---

① 肖章：《会议记录：地委会议》（手稿），1949 年 3 月 6 日，郑州大学图书馆藏，第 1 页。

② 肖章：《会议记录：确山地委会议》（手稿），1949 年 4 月 18 日，郑州大学图书馆藏，第 3 页。

③ 肖章：《会议记录：确山地扩会总结》（手稿），1949 年 5 月 3 日，郑州大学图书馆藏，第 2 页。

形式的组织只是规模大。6. 有领导的群众革命戒严。站岗放哨查坏人。这六个方法要结合起来搞。提匪首,斗大恶霸,检举匪特。"①

在解放战争时期,土匪破坏中共建立的新社会秩序,威胁到中共基层政权稳定。肖章档案中有一封中共息县县委书记张树藩给确山地委的公函,详细记载1949年4月大规模支前运动时,土匪于息县郑楼劫粮之经过:"卜司令、吴政委、王专员各位首长:我们本月十七号接专署信,令我们在二十四号以前运米粮至正阳五十万斤,掩护运粮由新独立团负责。我们即将分区给新独立团之信转交县府和支前司令部,及动员一批干部到包信东岳等区配合。区政府组织民力车辆等待,部队赶到,立即起运。奈独立团因在东边配合阜阳、临泉剿匪,至今未来。我们将县大队一个连放在正息交界处活动,掩护运粮。不料我东岳区及县仓库运粮至岳城南六里郑楼,被土匪于二十二日晨八时包围,战斗四小时,我县仓库主任杨如尧及区队学生以下四十二位同志全部牺牲,民夫牺牲多少还未弄清。五万余斤米粮全被抢光。我们闻悉后,县大队和全两个区队立即前往清剿,并决定金副书记、李副政委、左秘书、孙科长前往抚恤安葬,组织复仇,继续准备运粮。李云亭、张树藩。四月二十三号。"② 郑庄劫粮事件发生后,息县县委书记张树藩及县委委员李云亭写此公函向确山地委汇报情况。从这封公函可以看出当时土匪猖狂,武装攻击县区民兵运粮部队,袭杀基层干部。土匪活动十分猖獗,甚至到了调解放军来镇压土匪的地步。

肖章档案中关于土匪问题的史料记载有助于开展解放战争时期土匪问题的研究。

第四,统一战线是中共的突出工作优势,肖章档案中有丰富的具体资料。

解放战争时期中共中原局要求在各县区建立农协并召开农代会,以此作为在农村地区开展统战工作的重要途径和抓手,"各省要召开省农

---

① 肖章:《会议记录:张副校长报告》(手稿),1949年10月7日,郑州大学图书馆藏,第2页。
② 肖章:《往来公函:张树藩呈确山地委之信函》(手稿),1949年4月23日,郑州大学图书馆藏,第1页—2页。

代会,成立省农协,扎正根子是对的,但要结合自上而下的大手大脚的方式,省成立农协时期,可分召开各界代表会、农代会,最后人代会,主要是要合法地听取群众的呼声,可起联系群众宣传政策,发现积极分子,稳定地主等作用。代表会的作用(是)联系群众,本身就是统一战线。发展按中原局指示,集中发展农会"①。

在城市里,为尽快恢复城市发展,强调将资本家作为统一战线的对象,"城乡互助问题,会要开好,要抓紧两个环节:一、工人工作搞好,二、对资本家的统一战线,行政负责人要表态动员"②。各种"旧人员"也是中共的统战工作对象,并提出包起来的方针,"过去决定关键统战工作的,今天巩固胜利也是在军事胜利的基础之上。旧人员,要使他不捣乱,给他饭吃,包起来的方针,上层一万,干部十万,其他军队一百万,过去人员流散的不对的要收回来"③。这也为我们了解解放战争时期统一战线的具体情况提供了丰富翔实的资料。

第五,肖章档案中记载了当时中原解放区的物价、会门活动、谣言等问题,社会史的学者一定很感兴趣,这也利于更加全面深入地了解中原解放区的情况。档案中记载了汝南县1949年6月的情况,"镰在麦前每张1000—2000涨到五六千。物价:锄头在麦前只一斗黄豆(含五升麦),收大麦时涨到两斗半麦,现在涨到三斗麦。粪土改前一般的每车三两千元,今年最贵。现在大粪每斤50元,一般粪每车一斗麦子三十多斤,路上看不到粪"④。也提到了一些具体稳定物价政策:"①发公债,两万万银元。②借外债,三万万美元(五年)。③增加税收,明年农业税百分之四十几,商业税百分之三十几。"⑤

肖章在日记中提到皖北的特务还编造新四军的谣言动摇军心,还有

---

① 肖章:《会议记录:李雪峰同志报告》(手稿),1949年11月28日,郑州大学图书馆藏,第1页。
② 肖章:《会议记录:杨政委和吴政委报告》(手稿),1949年12月9日,郑州大学图书馆藏,第1页。
③ 肖章:《会议记录:邓主席邓老讲话》(手稿),1949年11月28日,郑州大学图书馆藏,第1页。
④ 肖章:《会议记录:常焕锦同志报告》(手稿),1949年6月11日,郑州大学图书馆藏,第1页。
⑤ 肖章:《会议记录:邓主席邓老讲话》(手稿),1949年11月28日,郑州大学图书馆藏,第2页。

地主为了阻止青年人入团入党和反对土改编造的许多谣言。这为我们了解和研究这一时期社会情况提供了丰富的真实性细节性的资料。

第六，档案中有大量政权及组织建设，行政区划变更等资料。肖章1949年以后先后担任中共汝南地委、确山地委、信阳地委副书记兼组织部长等职务，肖章档案中有大量豫南各县区的干部任免、组织架构情况以及行政区的建立与撤销等内容。

如洪河县的废除，"洪河西：四个区去年11月份才建立，一月份还不能进去。城关区，乌（五——引者注）龙区，邵店区，黄埔（埠——引者注）区。洪河县可合并到上蔡。六个区尚未接收，上蔡为二等县，四十多万人口"①。

又如肖章档案中提到了驻马店建市及豫南地区各县干部任免的问题，当时肖章以确山地委名义向河南省委发了一份公函，此信字迹潦草，多处涂改，应为信件原草稿：

> 河南省委：三月十五日指示信于二十七日接到，杨青同志二十六日由遂平来汝，据谈范青民、张一峰、肖英同志及原桐柏一二两分区的一部分地专干事人员都在遂平停着，已去信要他们即来。经我们研究，现有以下几点意见，盼即示知：一、驻马店车站及老街据说共有八九万人口，我们意见：可以建立等于县级属地委领导的市，调汝南县委副书记刘玉振同志任市委书记，调新蔡县长贾荣同志任市长，专署民政副科长秦明同志调到新蔡县任副县长。在从桐柏过来的那批干部中，配备一县长到新蔡去。信阳县和市分开最好。段远钟、□景尧二同志可以专搞城市工作。肖英同志可去任县委书记，马平同志任副书记。二、汝南是个大县，有一个地委专员担任县委书记，再配备一个较强的县长去。三、地委社会部长如何决定？是否可要杨青同志任地委第二副书记兼社会部长，专署公安局长李达裕同志是否可任社会部副部长？地委组织部及宣传部是否

---

① 肖章：《会议记录：关于洪河县干部问题》（手稿），1949年3月1日，郑州大学图书馆藏，第7页。

要设副部长及科，有新编制吗？各级工农青妇武组织应如何建立？都有新的组织章程吗？地委三月二十八日。①

根据肖章往来信函所载内容，四月时驻马店市已经成立，"中州农民银行与中国人民银行支行所在地应与市行合并为市支行，我区驻马店已遵示建市，市行支行同住驻马店市，是否合并，请示。四月二十七日"②。此外肖章档案中在1949年2月底便已经提到了确山地委，而确山县中共党史著作指出确山地委成立时间是1949年3月15日，此处存疑，期待更多有其他原始文献材料加以考证。

肖章档案中有豫南各县区干部，甚至乡一级干部的任免记录，这为我们了解豫南地区中共组织发展史提供了原始文献。

第七，肖章档案反映了斗争的残酷复杂及生活的艰辛。

这一时期革命斗争十分残酷，社会动荡，有些公函反映了当时复杂多变的斗争形势及具体战斗部署。如1949年2月3日，豫皖苏八地委书记谭冠三、副司令员卜万科、专员王更生共同给肖章等的命令函，布置息县解放事宜：

> 罗、肖、侯同志：先发来信均入目。一、郑率三骑两团于三日四时占息城。土蒋保安部队300向我投诚。另有夏策三托人来与我接洽投降事宜，我已派登紫前往处理。二、潢川、信阳均为我军进占，土蒋保二旅张玉龙部未及逃脱，现折回潜伏罗山以北地区，你们所得谣言，可能由此传出，或与此有关。三、原汝境土蒋一个大队，预定明（四）日在我指定地点万砦缴械投诚。四、正城土蒋估计是造谣，放散流言，乘机抢劫发财之奸计。如该敌实在顽固狡猾，你应选定其最反动之一股，坚决歼灭之。以达整一警百之效。我区未及逃脱之土蒋，已成热锅上的蚂蚁，无处可走了。你应认清

---

① 肖章：《往来公函：确山地委呈河南省委之信函》（手稿），1949年3月28日，郑州大学图书馆藏，第1页—第2页。

② 肖章：《往来公函：确山地委呈河南省委组织部之信函》（手稿），1949年4月27日，郑州大学图书馆藏，第1页。

目前大势，谨慎大胆的处理之。五、请告诉我朱思毅股长前派去正阳之李参谋，如病势沉重，应予服有效中药。六、分区、地委、专署各机关，均决于七日自新蔡出发，以二日半行程抵汝城。希注意联络地点的变更。谭、卜、王。二．三。[1]

以上命令公函，简洁明确，是1949年年初豫南解放战争势如破竹，形势复杂多变的最好说明。

解放战争时期，国共双方反复激烈争夺各地控制权。肖章1948年档案中记载："在该区牺牲干部，县书记一个，区书记两个，区干部四个，副区长一个。区队被打三四次，牺牲数十人。群众反映八路军好是好，就怕你们走，不怕广顽怕土顽。为什么攻不开？我们比你们清楚的多，你们走了，我们不得了，分了地大部分都退回给地主了。"[2] 革命斗争激烈，有的干部几乎全家被杀，肖章档案中1948年11月江祯祥信函载有：

> 我们已全部展开了工作，群众情绪极为高涨。□粮布匹损失很多，村干部被杀的很多，都是全家被杀的。因此须要救济的很多，请指示我们从何处开支救济粮，请批准我们救济粮五万斤。其次我们现在还未穿上棉衣，现在我们派专人去找老后方了，请告后方的专署在何地。敌情，城内仍有敌人，听群众说敌人到了瓦店，新蔡之敌有的向北走，还有的说敌人返回息县包信了，不知究竟如何，请告。我们县跟专署在一起跑反的，是否现在能回来，请告。现在我们看不到报纸，请将近来的报纸借给看一下。江祯祥1月20日上午。[3]

这封信是江祯祥1948年写给肖章和谭冠三询问专署及敌人情况的，

---

[1] 谭冠三：《往来公函：豫皖苏八地委关于息县解放之命令》（手稿），1949年2月3日，郑州大学图书馆藏，第1页。
[2] 肖章：《会议记录：二分区报告》（手稿），1947年6月17日，郑州大学图书馆藏，第1页。
[3] 江祯祥：《往来公函：江祯祥写给肖章之信函》（手稿），1948年1月20日，郑州大学图书馆藏，第1页。

从这封信中可知国共双方斗争之激烈。在解放战争后期，国民党军溃败后便开始转入隐蔽斗争，暗杀中共基层干部。肖章档案提到"十二月二日夜，曾明山被暗杀"①。从肖章这些档案材料中，可见解放战争时期斗争之残酷。

第八，肖章档案为研究解放区的土改提供了丰富的原始材料。

新解放区的土改首先是剿匪与反霸，为土改创造稳定条件。肖章档案中有大量土改政策实施及土改效果的调查访谈资料。肖章档案中也提出了农村改革的步骤：

> 农村改革工作：1. 三个过程，两个阶段。三个过程剿匪反霸，减租减息，土地改革。整个华中必须经过双减，不能超过双减过程。河南情况有些不同，有些地方也经过双减。双减是否不可跳越呢？从原则上讲没什么不可以，也可不经过，如华北老区、东北都未经双减。因主客观情况（要兵，不经土改不出兵），湘鄂干（赣——引者注）必须经过双减。内战时期经双减，有查田，东北不经双减又来夹生饭，要煮夹生饭，由反霸直接入土改，队伍不够纯。若经过双减，双方阵营队伍就明朗化，中小地主及富农就不能钻进来，新富农可能参加。②

双减是新解放区土改的一个准备过程，肖章档案中提到了双减的具体政策："双减应注意的问题：条件 1. 应在土匪大体肃清之后，主要指股匪消灭，秩序安定，即可进行反霸双减。对地主一定要双减，宣布法令，通过代表会变成决议，把农民约束到双减纲领之内。2. 双减进行步骤，一般应先减租后减息。对租先减现租，后减旧租。对息先减当年息，后减旧息。最后清债，再最后退还押金。要根据群众要求，有步骤地进行。3. 双减必须结合生产。"③ 同时成立农代会宣传土改政策来

---

① 《肖章日记》（手稿），1949 年 12 月 2 日，郑州大学图书馆藏，第 1 页。
② 肖章：《会议记录：邓主席邓老报告》（手稿），1949 年 11 月 28 日，郑州大学图书馆藏，第 1 页。
③ 肖章：《会议记录：邓主席邓老报告》（手稿），1949 年 11 月 28 日，郑州大学图书馆藏，第 3 页。

推动土改进行。

此外，在肖章档案中会议记录明确提出了土改的具体策略，如地主买卖土地问题及大佃农问题等：

> 土改中的具体政策的规定：①不挖底财。省委的精神就是不挖底财，比任之报告进一步，把口堵死了，不能开口。若准挖，一定会成为一个运动。底财是金银珠宝比较贵重的东西，难搞出来，在纲领上不能把挖底财作为内容，地主真能拿出来，当然不是不要。②工商业：需要没收的工商业由政府依法没收，工商业有霸占部分可依法控诉，在土改中不牵连工商业。③禁止乱打乱杀，说出于义愤，哪一个不是出于义愤呢？④对地主在土改前土地的买卖，采取什么态度？真正买地户只是中农以下的户。若是假卖当然不能承认，若是真卖，买户是中贫农者要承认。若是地主的亲友买的数量过多，实际上是保护地主的财产，要适当调整，现在对地主卖地是限制政策，要区农会批准，再加对贫农宣传要土改，买地多花钱。准备土改区宣布禁止买卖。⑤地富在城市出租的房屋，按新华社及华中局给中央报告是不动，为避免开后门起见，按城市土地房屋政策办理，意思是不动，需要没收的由政府没收。⑥不扫地出门，分给地主一份时，不一定就不给他原来的，也不是一定要给他原来的。⑦对佃富农的问题，大佃农是中间剥削，本质是同地主的矛盾。分地时对大佃户自己土地少于平均数，补足于平均数。不太多时不动。若分给他地，要多分给他原种的地，运动开始是大佃户有些落后，但在运动中打击他们是错误的。①

这样的土改政策得到解放区贫困百姓的支持，为解放战争胜利奠定基础。

肖章工作上注意联系群众，实地调查研究土改政策及执行情况，肖

---

① 肖章：《会议记录：张副校长报告》（手稿），1949年10月7日，郑州大学图书馆藏，第4页。

章去王桥乡实地考察土改情况，并写有《王桥乡拾零》《汝南五区》等记载土改情况的材料。肖章档案中有关于土改政策执行后的详细描述，并指出土改政策执行的优缺点：

> 中农一般未侵犯，个别中农在划阶级中有错的，是富裕中农及界限不清的，短工报长工，一年报三年。富农留地在两头平以上，中农以下，主要因找标准户有毛病。留牲口只够用，个别乡对征收富农犁耙，留的少，已纠正。五要五不要，执行地尚好，做到了未动工商业。缺点：1. 没收征收当中，主要是搞粮食方面，农民迫切要求，地富不愿拿。搞粮办法，发动群众算细账结合调查，开大会打一儆百。2. 划阶级，经区批准，这点区扣得紧。划时一般超10%，只有个别户错。这是在重点乡划阶级时，到面的乡划时就好了。①

肖章档案以大篇幅记载了河南解放区的秘密工作、政权及组织建设、战斗部署、统战工作、整党整风、剿匪土改等内容，且许多是以往难以看到或容易忽略的细节资料，值得深入开发和研究。

（赵长海，郑州大学图书馆研究馆员；王国伟，郑州大学历史学院研究生）

---

① 肖章：《会议记录：五区常焕锦同志报告》（手稿），1949年6月11日，郑州大学图书馆藏，第5页。

《嵩山学刊》征稿启事

《嵩山学刊》（原名《近现代河南与中国研究》）是河南省人文社科重点基地——郑州大学近现代河南与中国研究中心主办的学术集刊，创始于2013年，目前已出版发行8辑。自第8辑起，刊名变更为《嵩山学刊》，每年出版1辑，由中国社会科学出版社出版。

本集刊秉承"以中国的视野审看河南，用河南的事实解读中国，从厚重历史里延续中原文脉，在伟大现实中传承华夏文明"的宗旨，主要刊发中国近现代史领域的优秀学术成果，栏目包括本刊聚焦、专题研究、学术争鸣、研究综述、读史札记、学术书评、学术信息等，突出原创性、前沿性、系统性，同时适当刊载有关地方史研究的珍稀资料与口述史料。本集刊以学术建树为唯一的择稿标准，提倡实事求是的学风，贯彻"双百"方针，热诚欢迎海内外学者惠赐稿件。

来稿请提供WORD格式文档，字数以1.5万—2.5万字为宜，在正文前附内容摘要（200字左右）和关键词，论文标题、内容摘要、关键词请译成英文。详细注明引文出处，注释一律为页下注，文章格式及注释体例参照中国社会科学出版社出版体例规范，请各位作者投稿前务必参照改订，并校勘无讹。所投稿件如有基金资助，请注明基金项目名称和编号。

来稿请投本集刊统一投稿邮箱，勿寄个人。本集刊审稿周期为30个工作日。稿件一经采用，稿酬从优，并寄赠样刊。

投稿邮箱：jxdhn@zzu.edu.cn

咨询电话：0371—67739497

通讯地址：河南省郑州市高新区科学大道100号 郑州大学历史学院

《嵩山学刊》编辑部